www.tredition.de

Rüdiger Syring

Reiseführer
durch die
Anderswelt

Die Kunst des Sterbens
Auflösen von Angst und Tabus

© 2019 Rüdiger Syring

Verlag & Druck: tredition GmbH, Hamburg

ISBN
Paperback   978-3-7482-3716-7
Hardcover   978-3-7482-3717-4
e-Book   978-3-7482-3718-1

Das Werk, einschließlich seiner Teile, ist urheberrechtlich geschützt. Jede Verwertung ist ohne Zustimmung des Verlages und des Autors unzulässig. Dies gilt insbesondere für die elektronische oder sonstige Vervielfältigung, Übersetzung, Verbreitung und öffentliche Zugänglichmachung.

.... und Jesus sprach:

„Wahrlich, ich sage Euch, es gibt keinen Tod für die, welche an das kommende Leben glauben. Was Ihr für den Tod haltet, ist das Tor zum Leben, und das Grab ist die Pforte der Auferstehung für die, welche glauben und gehorchen. Trauert nicht noch weinet um die, die Euch verlassen haben, sondern freuet Euch lieber über ihren Eintritt in das Leben".

(Johannes-Evangelium, Kapitel 94)

Inhaltsverzeichnis

Einleitung 9

Leben heißt loslassen
Vom ewigen Kommen und Gehen

Ebenen unserer Existenz 14
Es gibt kein Oben und kein Unten

Die Astralwelt 19
Die Beschaffenheit der Geistigen Welt

Psychogramm der Seele 29
Vom EGO zur Essenz

Die Seelenfamilie 39
Archetypen der Seele

Der Seelenplan 46
Gesetze der Anziehung und Polarität

Der Inkarnationsvertrag 51
Lektionen statt Privilegien

Die beseelte Natur 67
Von Erdgeistern und Gnomen

Karma 70
Gesetz von Ursache und Wirkung

Sinn des Lebens 79
Kreislauf der Inkarnationen

Morphogenetische Felder 87
Rückkopplung mit der Ur-Matrix

Mythos Tod 104
Verborgene Sehnsüchte und Ängste

Hilfen für den letzten Weg *Vorsorge schafft Entlastung*	112
Was passiert beim Sterben? *Mit Lichtgeschwindigkeit ins Jenseits*	124
Nahtoderfahrungen *Beweise für ein Leben nach dem Tod?*	131
Selbstbestimmtes Sterben *Pro und Contra*	143
Blut- und Organspende *Von Humanität keine Spur*	152
Kontakte zu Verstorbenen *Wir bleiben dauerhaft verbunden*	165
Channeling *Gott bleibt Glaubenssache*	173
Okkultismus & Magie *Verwünschungen, Voodoo & Satanismus*	182
Exorzismus und Kirche *Befreiung vom Bösen hat Renaissance*	191
Fremdenergie & Clearing *Vom Erkennen zum Trennen*	199
Neues Diagnose-Verfahren	212
Tele-Radiästhesie/Fernabfrage	217
Die Verantwortung beim Clearing	220
Elementale und negative Emotionen	228
Schutz-Suggestionen	236
Auflösung von Elementalen/Emotionen	237
Ablösen von Flüchen/Verwünschung	238

Epilog	240
Über den Autor	246
Literaturverzeichnis	247

Einleitung

Der Opa stirbt. Das Kaninchen bewegt sich plötzlich nicht mehr. Jemand ist schwer krank. Das Thema Tod und Sterben ist keineswegs eines, das nur Erwachsene betrifft. Ebenso die Frage, die uns seit Urzeiten bewegt: Was passiert eigentlich nach dem Tod? Welche Jenseitsvorstellungen haben die großen Weltreligionen? Wie behält man verstorbene Verwandte, Freunde und Bekannte in Erinnerung?
Soll ich mich für die Organspende entscheiden oder dagegen und ist mit dem Hirntod wirklich das Leben beendet?
Können wir wissen, ob es ein Leben nach dem Tode gibt? Und wenn ja, wohin geht die Seele? Und was geschieht mit jenen Verstorbenen, die an der irdischen Dimension „hängen bleiben", weil über den Tod hinaus die Seele nicht loslassen kann?
Der Tod hat in unserem Alltag oft keinen Platz. Nur wenige wissen daher, was sich im Sterbeprozess abspielt und was eigentlich „tot" bedeutet. Auch um Ängste abzubauen, ist es sinnvoll, über die Abläufe informiert zu sein. Dazu wurde dieses Buch geschrieben!
Jährlich sterben in Deutschland etwa 850.000 Menschen. Zusammen mit den Angehörigen sind über drei Millionen Menschen betroffen. Und die heutige Generation ist dem Tod gegenüber so rat- und hilflos, wie es wahrscheinlich keine bisher war. Insbesondere, was nach dem Sterben kommt, ist für viele Menschen ein Mysterium, das nicht selten tabuisiert und verdrängt wird.
Vor dem körperlichen, steht oft der soziale Tod. Schwerstkranke werden viel zu selten umfassend betreut, Angehörige häufig aus Unsicherheit allein gelassen. Hilfe bei körperlichen, psychischen, spirituellen und sozialen Problemen kommt zu kurz. Dieses liegt sehr häufig daran, dass die meisten Menschen in Krankenhäusern sterben, diese Häuser aber nicht als Orte des Sterbens zu verstehen sind.

Und dann ist da die Angst. Das "Kleben" am Leben, der Überlebenswille, alles dies sind Bestandteile unserer Biologie.
Je größer das Ego des Menschen ist, desto mehr wird er sich gegen den Tod wehren, desto mehr glaubt er, unersetzlich zu sein. Die Evolution hat unsere Ängste so programmiert, dass sie uns beim Überleben, nicht aber beim Sterben helfen.
Was aber genau fürchten wir eigentlich an der „Vergänglichkeit"? Sind es all die Dinge, die wir nicht getan haben? Sind es die Dinge, die wir nicht mitnehmen können? Bedauern wir die Chance, ein großer Sportler, Erfinder oder Forscher zu werden, nie ergriffen zu haben, weil wir unsere Talente verkümmern ließen? Bedauern wir es, nie ein Bild gemalt, nie ein Buch geschrieben zu haben oder es versäumten, in ferne Länder zu reisen? Sind es all die Möglichkeiten, die wir verpasst haben? Sind wir verzagt, weil wir unsere Träume nicht gelebt, es womöglich nicht einmal versucht haben?
Sterben heißt Veränderung, sterben heißt, dass wir Abschied nehmen und alles loslassen. Sterben heißt, dass alles weniger wird, Tag für Tag, von Stunde zu Stunde. Unser Körper wird weniger, unsere Wahrnehmung lässt nach, unser Lebenswille versiegt. Wir atmen anders, unser Bewusstsein verändert sich - manche sind verwirrt, unruhig und wieder andere schlafen einfach ein, weil sie ihren inneren Frieden gefunden haben.
Auch wenn jede Schönheit unweigerlich der Vergänglichkeit geweiht ist und alles, was wir je geliebt haben, entwertet scheint, weil wir es letztlich verlieren, unser Leben bleibt dennoch wertvoll.
Sigmund Freud war überzeugt, dass es gerade „die Beschränkung in der Möglichkeit des Genusses ist, die die Kostbarkeit des Lebens erhöht."
Wir können den Tod nicht verhindern, doch wir können dafür sorgen, dass wir für den letzten Weg gut vorbereitet sind, ihn achtsam und würdevoll gehen und ihn damit wieder als einen Teil des Lebens sehen können, der keine Angst auslöst.

Bei einem Todesfall sind die Hinterbliebenen emotional meist stark belastet und kaum in der Lage, wichtige Entscheidungen zu treffen. Zusätzlich ist es wichtig, bestimmte Schritte und Fristen einzuhalten, wenn ein Angehöriger verstorben ist. Für das Tun oder Unterlassen der Ärzte gibt es kein automatisches Mitspracherecht der Familienmitglieder oder Ehegatten. Hierzu sind vorsorgliche Regelungen wie Gesundheitsvollmacht, Patientenverfügung und Vorsorgevollmacht notwendig. Da es viele Schritte zu beachten gibt, finden Sie neben den vorgenannten Themen in diesem Buch auch eine „Checkliste Todesfall", um sich bereits früh mit den Formalitäten rund um das Sterben zu beschäftigen.

Den Mut zu haben, dem Tod ins Gesicht zu sehen, mildert nicht nur unsere Angst, er macht auch unser Leben lebenswerter, kostbarer und glücklicher. Oder, wie Osho es beschreibt: Wir sterben immer wieder neu.

„Wenn du tief und eindringlich schaust, wirst du tatsächlich sehen, dass du jeden Moment stirbst, weil du dich jeden Moment änderst – etwas entgleitet deinem Wesen, und etwas tritt in dein Wesen ein. Jeder Moment ist eine Geburt und ein Tod. Du fließt zwischen diesen beiden Ufern, Geburt und Tod. Der Fluss deines Lebens ist nur durch Geburt und Tod möglich – und das geschieht in jedem Moment." Bereits das Wort „Leben" ist ohne den Tod undenkbar und umgekehrt.

Was das Sterben für den Menschen so schwer macht, ist die Tatsache, dass wir das einzige Lebewesen sind, das um sein Sterben weiß. Wir können unsere „endliche Zukunft" und damit auch unseren Tod innerlich vorwegnehmen. Das löst bei vielen Menschen Ängste und Zweifel aus, gibt uns aber auch die Freiheit, das Thema zu verdrängen oder uns frühzeitig darauf einzulassen, sich mit dem Sterben auseinander zu setzen. Der Tod wird auf diese Weise zur letzten großen Herausforderung des Lebens. Auch, weil die Schulwissenschaft uns erklärt, Bewusstsein sei lediglich ein Produkt biologischer Funktionen, dessen Existenz beim Sterben des Körpers für immer aufhört zu bestehen.

Die meisten Kirchen hierzulande schließen sich dieser Meinung an oder vertreten die Ansicht, dass die Seele nach dem Ablegen des Körpers in eine Art Todesschlaf verfällt und erst in ferner Zukunft den Weg zum jüngsten Gericht und zu seiner Sühne gehen muss.

Absicht des Buches ist es, die Welt des Sichtbaren zu verlassen und den ursächlichen Zusammenhängen von Leben und Tod, Schein und Sein, u.v.m auf die Spur zu kommen: Ein „Reiseführer" auch für jene, die nach Informationen und Techniken suchen, um mit den Methoden der Biofeld-Testung mögliche Energie-Manifestationen fremder Seelenexistenzen, Gedanken-Wesen (Elementale) oder Flüche und Verwünschungen zu analysieren. Manche Seelen wollen nach ihrem Tod in einem fremden Körper weiterleben und in der Materie handeln, weiter sinnliche Erfahrungen machen oder Macht und Einfluss über andere ausüben. Labile oder traumatisierte Menschen, die nicht zwischen fremden und eigenen Gedanken unterscheiden können, überlassen sich dann dem fremden Willen.

Die hier vorgestellten Methoden der Nelya-Analysekarten stellen eine Weltneuheit dar, um Anhaftungen von Fremdenergien, Umweltbelastungen und geopathischen Anomalien zu testen. Sie dienen aber nicht der Behandlung von Krankheiten. Vorrangig geht es um Dys-Balancen der Aura und das „systemische Abfragen" feinstofflicher Blockaden.

Dabei ist es wichtig, den Menschen in seiner Vollständigkeit zu sehen. Bereits der antike Philosoph Plotin (205 -270 n.Ch.) hatte auf die Einheit von Körper, Geist und Seele hingewiesen: „Die ganze Seele ist in jedem Teil des Körpers und ganz auch in seiner Gesamtheit."

Wird Ganzheitlichkeit in den modernen Wissenschaften zum Leitgedanken erhoben, spricht man von Holismus (Ganzheitslehre). Dafür muss der Mensch aber bereit sein, etwas zu tun. Eigentlich ist das zu lahm ausgedrückt. Vollständigkeit zu erlan-

gen ist etwas für Kämpfer, weil wir dabei immer mehreren gewaltigen Widersachern begegnen. Da ist beispielsweise die „Seelenkammer der Gewohnheit", gepaart mit der „Seelenkammer Innerer Schweinehund" und der „Seelenkammer Ratio". Letztere ist zu einem riesigen Ballsaal mutiert, in dem der allwissende Professor rauschende Feste feiert und an dessen Thron es niemand wagen sollte, zu rütteln.
Hier bietet sich die Nähe zu „Fentanyl" an; beides hat etwas Betäubendes, Einschläferndes.
Der reine Verstand ist nämlich ohne Demut, Gefühle und Intuition. Und er reagiert zornig, bisweilen rabiat, wenn er sich mit dem Tod auseinander setzen soll. Wir haben Angst vor dem Ungewissen, vor der Veränderung, Angst, weil wir nicht wissen, was nach dem Tod mit uns geschieht. Dabei ist Angst eigentlich ein ganz normales, sogar ein notwendiges Gefühl.
In den meisten Situationen, in denen sie auftritt, erfüllt sie eine wichtige Warnfunktion und weist uns auf Gefahren hin. Eigentlich steckt in vielem, was wir tun, immer auch ein Quäntchen Angst: Wir haben Angst, uns zu verletzen, Angst zu versagen, unseren eigenen oder den Ansprüchen anderer nicht zu genügen. Wir lernen, automatisch Widerstand zu leisten. Wir glauben, das Leben sei von Natur aus heimtückisch und gefährlich, und dies macht es erforderlich, immerfort aufzupassen und beständig nach Gefahren Ausschau zu halten. Aus psychologischer Sicht gesehen liegt unter der Angst ein Teil, der etwas will, was es so gar nicht mehr gibt. Die Sehnsucht nach Heil-Sein und der Unsterblichkeit.

Doch bevor wir sterben, leben wir. Gerade die Begrenztheit unseres irdischen Daseins, das Wissen darum, dass wir keinen Augenblick für immer festhalten können, sondern ihn auskosten müssen, weil er unwiederbringlich ist, sollte uns jeden Tag genießen lassen. Es ist gerade die Beschäftigung mit dem Tod, die unser Leben so wertvoll macht.

Leben heißt loslassen
Vom ewigen Kommen und Gehen

Leben heißt Entwicklung, Veränderung. Leben heißt fließen. Alles, was nicht mehr fließen kann, was sich nicht mehr verändern kann, stirbt. Wenn wir festhalten, verharren wir im Sein. Wenn wir klammern, stirbt die Beziehung. Wenn ein Unternehmen sich nicht mehr verändert, wenn es starr und unflexibel bleibt, bremst das jede Entwicklung. Wenn Sie ein Samenkorn nicht loslassen, kann es nicht wachsen. Es stirbt.
Auch der Mensch stirbt immer wieder neu. Alle sieben Jahre sind wir – rein rechnerisch – ganz neue Menschen: Im Durchschnitt sind die Zellen eines 50-Jährigen gerade mal zehn Jahre alt. Allerdings gibt es im Körper große Schwankungen, denn manche Gewebe sind regelrechte Regenerationsprofis, andere bleiben ein Leben lang erhalten. So bildet der Mensch pro Jahr so viele neue Leberzellen, dass es theoretisch für 18 ganze Organe reicht. Auch sehr statisch wirkende Gebilde wie Knochen baut der Körper permanent ab und wieder auf. Kopfhaare haben eine Wachstumsphase von ca. 5 Jahren, eine Ruhephase von 2-3 Wochen und eine Ausfallphase von 5-7 Wochen. Alles bewegt sich und ist im ständigen Fluss.
Die Redewendung: Ich glaube nur, was ich sehe, ist daher überhaupt keine physiologische Tatsache. Genau das Gegenteil ist wahr: Wir sehen (erfahren) nur, was wir aufgrund unserer Konditionierung glauben. Somit stellt sich die folgende Frage: Was ist die Welt wirklich, wie sieht sie in Wirklichkeit aus, was ist ihre wahre Beschaffenheit? Die Antwort lautet: Es kommt ganz darauf an, wer sie anschaut oder erfährt, und mit welchem Sinnesapparat wir sie betrachten. Die Augenzellen einer Honigbiene etwa können Licht in der für Sie und mich normalen Wellenlänge nicht wahrnehmen, dafür jedoch ultraviolettes Licht. Wenn nun eine Honigbiene von weitem eine Blume „sieht", dann nimmt sie

nur den Duft des Honigs wahr, nicht aber die Blume.
Eine Schlange würde von derselben Blume nur die infrarote Strahlung wahrnehmen; eine Fledermaus das Ultraschall-Echo. Und es gibt Tiere mit „Rundumblick": Die Augäpfel eines Chamäleons sind an zwei Achsen beweglich aufgehängt. Wir können nicht im Entferntesten erahnen, wie dieser Raum hier für ein Chamäleon aussehen würde!
Nun also, was ist die Welt in Wirklichkeit, wie sieht sie aus, wie ist ihre wahre Beschaffenheit?
Der Neurophysiologe und Nobelpreisträger Sir John Eckles machte folgende Aussage: In Wirklichkeit gibt es keine Farben, keine Stoffe, keine Gerüche, weder Schönheit noch Hässlichkeit. Da draußen gibt es nur pure Energiesuppe. Es ist eine im Grunde genommen formlose, undefinierbare, fließende Quantensuppe, aus der wir im Akt der Wahrnehmung in unserem Bewusstsein die stoffliche Welt konstruieren. Diese stoffliche Welt da draußen ist ein Feld unendlicher Möglichkeiten, das wir im Prozess der Wahrnehmung zu unserer vertrauten stofflichen Realität machen, sozusagen kristallisieren.
Auch Trends kommen und gehen. Zu den Megatrends der vergangenen Jahrzehnte gehört bspw. die Demografie oder die Globalisierung, die bereits seit vielen Jahren andauern, deren volle Tragweite sich jedoch erst noch entfalten wird. Mit dem Fall des Eisernen Vorhangs und der Öffnung der Märkte in Russland, China oder Indien wurden weltweit neue Warenströme geschaffen. Das Internet hat einen weiteren Megatrend erschaffen, der das Leben der Weltbevölkerung nachhaltig verändert hat und weiterhin verändern wird.
Der menschliche Organismus ist so beschaffen, dass die Körperzellen nach einer bestimmten Anzahl von Lebensjahren einem eingebauten "Selbstmordprogramm" folgen - und sterben. Biologen und Evolutionsforscher fragen nun, warum das geschieht, denn es gibt Lebewesen, denen potentiell das ewige Leben beschieden ist. So können Einzeller wie das Pantoffeltierchen

unendlich lange leben, weil sie sich immer wieder teilen, und Schwämme werden immerhin mehr als 10.000 Jahre alt.
Die moderne medizinisch-technische Definition vom Tod eines Menschen ist vergleichsweise banal: In der Regel beendet Sauerstoffmangel im Gehirn das Leben. Wenn die Nervenzellen nicht mehr ausreichend versorgt werden, ist kurz darauf keine elektrische Aktivität mehr messbar.
Jahrhundertelang war es für jeden Arzt Alltag, Sterbende auf ihrem Weg zu begleiten. Aber durch den medizinischen Fortschritt ist die Lebenserwartung erheblich gestiegen. Der Tod lässt sich heute oft lange aufhalten. Viele Ärzte, so glaubt der Palliativmediziner Gian Domenico Borasio, ließen sich davon blenden. Das Sterben lässt sich nicht technifizieren und den Tod sollte man nicht tabuisieren: Beides fällt schwer in einer Zeit, in der Jugend, Dynamik und Erfolg hoch im Kurs stehen. Umso größer ist die Angst vor dem Danach. Die könne er seinen Patienten nicht nehmen, meint Borasio.
Doch auch der Älteste und Weiseste stirbt irgendwann. „Eine Theorie besagt, dass es evolutiv sinnvoll ist, zu sterben: Dadurch macht das Individuum Platz für die nächste Generation. Denn der größte Konkurrent um Ressourcen ist immer der Artgenosse", sagt der Zoologe Gerhard Haszprunar, Lehrstuhlinhaber der Ludwig-Maximilians-Universität München. „Möglicherweise erhöht der eigene Tod ab einem bestimmten Zeitpunkt die Überlebenschancen der Nachkommen. Schon mit den heutigen 80 Jahren oder mehr ist der Mensch weit jenseits dessen, was evolutiv vorgesehen ist. Er ist ein Produkt der Evolution und darauf getrimmt, sich fortzupflanzen und das Überleben seiner Nachkommen zu sichern."
Trotzdem bleibt rätselhaft, wie das Zusammenspiel zwischen Veranlagung, Verhalten und Umwelt genau funktioniert, und wie weit sich die Spanne der mittleren Lebenserwartung noch dehnen lässt. Experten gehen davon aus, dass sie in wohlhabenden Ländern auch weiterhin ansteigen wird.

100 Jahre könnte der Durchschnittsdeutsche in ein paar Jahrzehnten werden. „Wir haben die besten Chancen, die ältesten Menschen zu werden, die jemals gelebt haben", sagt Humanbiologe Denzel. Für unsere Nachfahren stehen die Chancen auf ein noch längeres Leben hervorragend. Je nach Fortschritt der Wissenschaft, beispielsweise in der Stammzellenforschung, sind noch etliche zusätzliche Jahre denkbar.
Wie alt wir auch immer werden, irgendwann müssen wir loslassen. Abschied nehmen ist ein sehr persönliches Thema, und es gehört zum Leben: Wir müssen unsere Kinder loslassen, wir müssen auf dem Lebensweg Freunde und Freundinnen loslassen, oft eine Lebenspartnerin oder einen Lebenspartner. Wenn der Tod bevorsteht, gilt es aber, sich selber loszulassen. Zu diesem Thema gibt es in der Literatur über das Sterben und Loslassen nur wenige Reflexionen. Die deutsche Therapeutin Anne-Marie Tausch hat sich bereits Ende der Siebziger Jahre des letzten Jahrhunderts mit der Situation sterbender Krebskranker beschäftigt, und ihre Forschungsarbeit darüber ist bis heute aktuell geblieben. Ihr Buch "Gespräche gegen die Angst" erschien erstmals 1981 und enthält im Kapitel über "Loslassen und Abschied den folgenden Text:
Den meisten Sterbenden fällt es schwer, 'aufzugeben', 'sich selbst loszulassen'. Sie sind in ihrem Leben zu viel 'Kämpfer' gewesen, um dem Tod gelassen entgegenleben zu können. Andere dagegen haben Vertrauen zum Leben und auch zu ihrem Tod. Sie sind nicht damit 'beschäftigt' zu sterben, sondern warten ab, lassen die Ereignisse auf sich zukommen, lernen, entwickeln sich dabei weiter. Eine Patientin: „Es wird zunehmend leichter. Manchmal ist es noch sehr schmerzlich, aber ich lerne, Abstriche zu machen, Abschied zu nehmen von kleinen Dingen, von Hoffnungen, Wünschen, Erwartungen."
Auch von seinem Körper lernt mancher Sterbende, sich mehr und mehr zu lösen. Er klammert sich nicht an ihn, sondern lässt ihn gleichsam zurück – und damit auch den Schmerz: „Ich lasse den

Schmerz zu, selbst wenn ich meine, es geht über die Grenze hinaus, dass ich mich sozusagen auflöse. Wenn ich den Schmerz zulasse und sage: So, nun immer tiefer hinein, dann ist es der Schmerz, der sich auflöst."
Das Loslassen des Körpers, das Aufgeben von Fragen und quälenden Gedanken, der Verzicht auf das Sorgen für andere und um andere – all diese Vorgänge wirken sich entspannend auf den Sterbenden aus. Er fühlt sich frei, seinen Weg zu gehen: „Und dann merkte ich plötzlich: Ich muss nicht mehr bleiben! Dies ist ein befreiendes Gefühl." Auch Angehörige können und sollten dieses Loslassen unterstützen.
Wenn eine Heilung nicht mehr möglich ist, und der Kranke von Tag zu Tag schwächer wird, spüren die Angehörigen, dass ihr Familienmitglied bald sterben muss. Je nachdem, wie intensiv die Beziehung zu dem Kranken ist, können auch bei ihnen die gleichen heftigen Gefühlsreaktionen auftreten wie beim Sterbenden selbst: Sie wollen zeitweise nicht glauben, dass der Betroffene wirklich sterben wird, sind wütend und haben Angst. Auch sie durchleben ein Wechselspiel von Hoffnung und Verzweiflung oder sind zutiefst traurig und deprimiert, wenn der Tod unausweichlich bleibt. Oftmals empfinden Angehörige auch Schuldgefühle gegenüber dem Betroffenen. Tiefe Gefühle gehören zum Prozess des Abschiednehmens. Sie sind wichtig und helfen, den drohenden Verlust zu verarbeiten. Manchmal ist der Kranke bereit zu gehen, aber der Angehörige kann ihn nicht loslassen. Klammern Sie sich nicht an ihn. Erlauben Sie ihm zu gehen.

Ebenen unserer Existenz
Es gibt kein Oben und kein Unten

Es herrscht die Vorstellung, dass es unendlich viele Ebenen der Existenz oder der Realität gibt. Und nur weil wir sie nicht wahrnehmen, heißt das nicht, dass es sie nicht gibt.
Unter Ebenen verstehen wir normalerweise Lagen, die aufeinandergestapelt sind, wie Kisten auf einer Palette. Es gibt eine klare Reihenfolge von Unten und Oben. Es fällt schwer, sich vorzustellen, dass unterschiedliche Ebenen - entsprechend dem individuellen Bewusstsein – ganz unterschiedlich wahrgenommen werden. Es gibt kein Hier und Dort. Schon die Quantenphysik lehrt uns: Alles ist Hier und Jetzt. Die Entwicklungsstufe der Seele und das damit verbundene Bewusstsein erzeugt die jeweilige Realität.

Burkhard Heim formuliert es so: „Unsere fünf Sinne haben nur einen bestimmten Wahrnehmungsbereich, in dem sie etwas registrieren können. Das ist jeweils nur ein Ausschnitt von dem, was wirklich vorhanden ist. Wir erkennen und registrieren dieses Meer aus Energie aus einem bestimmten Blickwinkel und formen uns ein Bild davon. Das geformte Bild ist weder vollständig noch objektiv richtig, es ist eine Interpretation unserer (Sinnes)- Wahrnehmung. Durch unsere Gedanken sind wir mit dieser Energie verbunden. Wir bestimmen, formen und gestalten mit unseren Gedanken Stück für Stück die Realität."
Jeder Mensch lebt also in seiner eigenen Realität. Entsprechend seinem physischen Wahrnehmungsvermögen und seinen Wahrnehmungsfiltern, die er braucht, um nicht völlig „wahn"-sinnig zu werden ob der vielen Eindrücke, die unser begrenztes Hirn gar nicht komplett verarbeiten kann. Der menschliche Körper ist begrenzt und mit ihm das Fragment der Essenz (stofflicher Körper), das ausschließlich auf ihn fokussiert ist.

Zu diesem physischen Wahrnehmungsvermögen zählen auch einige Fähigkeiten, die nur wenige Menschen besitzen, z. B die Aura eines Menschen zu sehen, Naturgeister, wie Elfen, Feen und Kobolde wahrzunehmen und Schwingungen von fester, flüssiger oder gas-förmiger Materie zu spüren, wie es z. B. Rutengänger tun. Alles, was Menschen – wie auch immer – wahrnehmen können, gegebenenfalls auch mit Hilfsinstrumenten, gehört zur physischen Ebene.

In der Esoterik weit verbreitet ist das System von sieben negativen und sieben positiven Ebenen, mit der Erde im Mittelpunkt. Ich denke, dieses Modell ist aus irdischer Sicht verständlich. Dennoch ist die Erde nur ein Planet unseres Sonnensystems und es gibt Milliarden – oder noch mehr – andere Galaxien in unserem Universum, die ebenfalls existieren und eine zentrale Stellung einnehmen können.

Das Christentum unterscheidet zwischen Gott (Vater, Sohn und heiliger Geist), Erde, Himmel und Hölle. Es gibt Unterstützung durch die himmlischen Heerscharen, Engel und Erzengel, Selige und Heilige, und es gibt die Versuchung durch das Böse, den Teufel, mit all seinen "dunklen" Helfern. Alle gläubigen Menschen wollen in den Himmel, die Hölle ist nicht attraktiv und wird von den Menschen gefürchtet, wie der Teufel das Weihwasser.

Insgesamt erscheint mir dieser Erklärungsversuch nicht völlig falsch, vielleicht etwas vage und zu eng. Er basiert auf der dualen Vorstellung der physischen Ebene und überträgt diese auf alles, was ist. Auch auf die Geistige Welt.

Der Begriff "untere Ebene", der sehr häufig in Verbindung mit der astralen Welt gebraucht wird, ist im Prinzip nur eine Hilfskonstruktion. In der jenseitigen, feinstofflichen Welt gibt es kein Oben und kein Unten. Entsprechend verhält es sich mit "weiter" und "näher", "vorher" und "nachher" und mit "besser" und "schlechter". Zeitbezüge und Wertungen sind Errungenschaften der dualen Existenz, der Stofflichkeit. Wir brauchen Gegensätze,

bis hin zur Unvereinbarkeit, um die Welt zu ordnen. Es sind erst die Ursache-Wirkungs-Ketten, die es dem Menschen möglich machen, komplexe Zusammenhänge unmittelbar zu verstehen.
Schwierig wird es auch mit Namen, denn die gibt es außerhalb unserer physischen Ebene nur in den unteren Sphären der Astralwelt. Namen sind hier ein Mittel der Kommunikation, auf den höheren, jenseitigen Ebenen wird telepathisch und durch Schwingungen kommuniziert, da braucht es keine Namen.
MICHAEL, der Erzengel des Rechts und der Gerechtigkeit, legt sich bei der Beschreibung der Ebenen der Existenz auf das System der Sieben fest.
Er nennt sieben Ebenen, die jeweils in sieben Bereiche unterteilt werden. Es sind: Die physische Ebene, die Astralebene, die Kausalebene, die Akasha-Ebene und die drei "höheren" Bewusstseinsbereiche, die mit Mental-, Messianisch -und Buddhistische Ebene bezeichnet werden. Andere esoterische Quellen wiederum nennen die physische, die mentale, die emotionale, die kausale und die astrale Ebene (Juliane Molitor: Übersinnliches & Okkultis-mus. Ein Blick in die Ewigkeit).
Aber ist es von Belang, ob es nun sieben verschiedene physische Ebenen gibt oder mehr? Jenseits der physikalischen Ebene gibt es in jedem Fall noch zig andere Energie-Welten und Transformationen. Wenn nach den universellen Gesetzen alles schwingt, dann bewirkt die Bewusstseinsänderung in jedem Fall eine Veränderung der Schwingung. Die Fähigkeit, die Schwingungen zu transformieren und damit ein anderes Bewusstsein zu erlangen, das ist die Lernaufgabe der Seele. Sie „arbeitet" während ihrer Inkarnationen daran und auch in ihren „Leben zwischen den Leben".
Varda Hasselmann und auch andere Autoren bezeichnen die Ebene der Seelen-Existenz als Essenz mit dem Namen "Astralebene". (Varda Hasselmann: Welten der Seele). Es ist ein Name, der nur der Unterscheidung dient und aus der Tradition stammt, dass der Himmel etwas mit den Sternen zu tun hat (astral = zu den Sternen gehörend). Viele Religionen nennen diese Ebene

auch „Jenseits" und meinen damit Himmel, Reich der Engel und der körperlosen Seelen.
Wichtiger als die Betrachtung der Ebenen scheint mir die Struktur der jenseitigen Schwingung zu sein, die Günther Heede in seinem Buch:„Heilung im Licht der Quantenphysik" mit „Liebe, Wahrheit und Schöpferkraft" umschreibt.
Entsprechend sind die höheren Ebenen der Existenz zu verstehen. Die Mentale Ebene hat den Fokus auf "Wahrheit", die Messianische ist das Reich der "Liebe", und die Buddhistische Ebene ist ausgerichtet auf die Schöpferkraft und die Energie der Transformation.
Wichtig und richtig scheint indes noch zu sein, dass alle Ebenen der Existenz miteinander verbunden und die Grenzen durchlässig sind. Unsere Seele ist nur mit einem Teil ihrer Energie hier auf der physischen Ebene manifestiert.Wir (als Seele) haben Zugang und Kontakt zur Astralebene, wann immer die Seele es will. Der Verstand des Menschen kann sie nicht daran hindern; er kann nur verhindern, dass diese Fähigkeit in sein Bewusstsein dringt. Im übrigen ist das „Zeitproblem" eines der schwierigsten bei der Jenseitsfrage.
Ein reanimierter Patient zu Dr. Raymond MOODY: "Sobald man sich aus dem Erdenkörper gelöst hat, scheint sich alles zu beschleunigen." (Dr. R. Moody: Leben nach dem Tod)
Höher entwickelten Jenseitigen ist, so sagen sie, "alles gegenwärtig": Vergangenheit, Gegenwart und - bis zu einem gewissen Grade - auch die nächste Zukunft. Da es aber auch im Jenseits eine Abfolge der Ereignisse gibt, muss man auch hier auf eine Art Zeit schließen, nur das Zeitbewusstsein scheint ein anderes zu sein. In einer gechannelten Botschaft von drüben heißt es: "Es wird uns oft schwer, zu bestimmen, was Vergangenheit, Gegenwart und Zukunft ist."
Trotzdem werden Zeitvereinbarungen mit Jenseitigen von diesen meist pünktlich eingehalten. Gefragt, wie ihnen das möglich sei, lautet die Antwort: "Wir sehen eure Uhren und eure Sonne".

Oder: "Wir kennen eure Erdenzeit." (Doreen Virtue: Himmlische Führung. Kommunikation mit der geistigen Welt)
In einer weiteren Mitteilung von drüben, die sich im Buch von Virtue findet, heißt es: "Arbeit ist auch hier die Würze des Lebens; aber die Arbeit, die mit Mühe verbunden ist, kennen wir nicht mehr. Für Nahrung und Kleidung brauchen wir nicht mehr zu arbeiten. Unsere Arbeit steht ganz im Zeichen der Liebe; sie gilt dem Nächsten, nicht eigenen Interessen."
Dies scheint vorwiegend für höhere Sphären zu gelten, deren Bewohner sich den göttlichen Gesetzen angepasst haben: sie helfen denen, die noch nicht soweit sind; oder denen, die von der Erde kommen. - Helfen, Lernen und Lehren scheint die Hauptbetätigung in höheren Jenseitsbereichen zu sein. "Im Vordergrund steht unser Mühen um die finsteren Sphären," heißt es in einer Mitteilung.
"Es ist reiner Dienst am Nächsten, ohne irgendwelche persönliche Vorteile." (Isabelle Fallois: Die heilende Kraft der Engel)
In vielen Jenseitsbotschaften ist auch von Häusern die Rede, ja sogar von herrlichen Palästen, die dort vorhanden seien. Auf eine diesbezügliche Frage lautete die Antwort:
"Unsere Häuser sind so, wie wir uns die Mühe nehmen, sie zu gestalten. So wie Ihr irdische Materie zum Bau Eurer Häuser verwendet, so nehmen wir ätherische Materie und gestalten diese nach unserem Willen. So sind auch unsere Häuser die Produkte unseres Planens. Wir denken und konstruieren. Es ist eine Frage der Gedankenschwingung, und solange wir diese Schwingungen beibehalten, so lange bleibt der betreffende Gegenstand... für unsere Sinne objektiv vorhanden" (Arthur James Findlay : "Gespräche mit Toten", Freiburg 1960).
In den niederen Schwingungssphären bleibt als Verständigungsmittel die herkömmliche Sprache. In (entwicklungsmäßig) mittleren Bereichen der Astralwelt werden noch verschiedene Sprachen gelernt, während auf höheren Ebenen Telepathie das allgemeine

Kommunikationsmittel ist und Sprache weitgehend überflüssig macht.
Allgemein wird auch versichert, dass es im Jenseits keinen Tag-Nacht-Wechsel gebe, jedenfalls nicht in der Form wie bei uns. Dasselbe gelte für den Wechsel der Jahreszeiten. Auch Essen und Trinken im Jenseits wird häufig als unnötig bezeichnet. Andere sagen:"Wir können essen, aber es ist nicht, was ihr darunter versteht. Die Früchte, die wir genießen, dienen lediglich der Freude durch ihren herrlichen Geschmack.Verdaut werden sie nicht, sondern geben unserem Leib geistige Kräfte, wie wir sie auch direkt aus der Atmosphäre ziehen... " (Jean Ritchie: Blicke ins Jenseits)
In der Regel hat die spirituell entwickelte Seele Einblick in jene unter ihr liegenden Sphären, was umgekehrt nicht der Fall sei. Was sich hingegen auf unserer irdischen Ebene abspielt, das können nur jene Geistwesen sehen und hören, die über die unteren Sphären der Astralwelt noch nicht aufgestiegen sind. Das bedeutet, dass der Entwicklungsstand des Bewusstseins (Rache, Wut, Sucht, Gewalt) darüber entscheidet, ob eine Seele im „Schrecken des Todes steckengeblieben ist" und weiterhin fasziniert auf die stoffliche Welt schaut, oder ob Wesenheiten die irdische Nabelschnur durchtrennen und in die Essenz der Seelenfamilie zurückkehren.
Diese Essenz, die den Körper als Ausdruck auf dieser irdischen Ebene benutzt hat, bleibt bestehen - und zwar nicht nur als Vorstellung, sondern als erlebte Realität!
Wir Menschen befinden uns in einem großen kosmischen Zyklus von Werden und Vergehen; selbst wenn es uns so scheinen mag, als könnten wir nicht dorthin gelangen, wo wir gerne hin möchten, bekommen wir immer wieder Zeichen, dass wir mit der universellen Schöpferkraft verbunden sind.
Beim Erleben unserer intuitiven Eigenschaften kommt uns allerdings die Alltagswirklichkeit oft in die Quere, und so gehen wir durchs Leben, ohne uns wirklich dessen bewusst zu sein, wer wir sind und was wir mit unserer Reise auf Erden anfangen sollen.

Alles im Leben ist im Fluss: der Körper, die Arbeit, die Beziehungen, selbst unsere Überzeugungen.
Dieses Wissen bildet die Verbindung zwischen unserer Realität und unserer Seelenessenz. Es ist die Stimme des „Höheren Selbst", die uns begleitet und uns nie verloren geht, egal, was wir tun oder wozu wir uns entscheiden. Gott schuf den Menschen nach seinem Bilde, Ja! Aber was ist daraus entstanden?
Ich bin sicher, Gott wusste, dass wir keinen Fortschritt machen können, wenn wir nicht für eine gewisse Zeit von ihm getrennt sind. Aus diesem Grund schickte er uns zur Erde, damit wir die Freude – und auch das Leid – eines sterblichen Körpers erfahren. Das Leben ist manchmal so schwer, weil wir uns nicht mehr buchstäblich in Gottes Gegenwart befinden. Außerdem können wir uns nicht mehr an das vorirdische Dasein erinnern und müssen uns mehr an das halten, was wir glauben. Gott hat nicht gesagt, es werde einfach sein, doch er hat uns verheißen, dass sein Geist mit uns sein werde, wenn wir ihn brauchen. Wir unternehmen diese Reise durch die irdische und die geistige Welt also nicht allein, auch wenn sich das manchmal so anfühlt.

Die Erfahrungsbereiche der Geistigen Welt
In esoterischen Schriften ist oft nur von "der Geistigen Welt" die Rede, was die Vorstellung nahelegt, sie wäre eine Struktur ungefähr so groß wie die Erde und es würde sich tatsächlich nur um eine einzige Welt handeln.
Yogananda gibt die Aussagen seines Meisters Sri Yukteswar mit folgenden Worten wieder: Das astrale Universum (gemeint ist die Geistige Welt) (...) ist vielhundertmal größer als der physische Kosmos. Die ganze grobstoffliche Schöpfung hängt wie eine kleine massive Gondel unter dem riesigen leuchtendem Ballon der Astralsphäre. Ebenso, wie es viele physische Sonnen und Sterne gibt, die im Weltraum schweben, so gibt es auch zahllose astrale Sonnen- und Sternensysteme.

Tatsächlich sind die Verhältnisse wesentlich komplexer.
So spricht Osho davon (Der Höhepunkt des Lebens), dass sich in der Geistigen Welt nahe der Erde, gewöhnlich viele verwirrte Wesen aufhalten. Es handelt sich um abgespaltene Anteile lebender und toter Menschen, die sich nicht bewusst sind, dass sie den Kontakt zum Körper verloren haben. Sie wissen nicht, wie sie sich in der Geistigen Welt orientieren sollen, oder die starr auf einem materiellen Weltbild beharren, so dass sie nicht in der Lage sind, die feinstoffliche Realität so wahrzunehmen.
Laut Steiner und Brennan steht die Geistige Welt zur irdisch-stofflichen Dimension in einem ähnlichen Verhältnis wie ein Foto-Negativ zum eigentlichen Bild. Wo in der physischen Welt ein Stein ist, ist in der Empfindungswelt ein Loch und wo in der Empfindungswelt alles ausgefüllt ist, ist in der physischen Welt leerer Raum.
Die esoterischen Autoren sind sich einig, dass jeder Gegenstand und jede Person, die auf der Erde leben, auch einen Körper in der Geistigen Welt besitzen. Umgekehrt aber nicht jedes Wesen, das in der Geistigen Welt verkörpert ist, auch einen materiellen Körper besitzt.
Neben den astralen Gegenstücken der uns bekannten Menschen, Tiere und Pflanzen, gibt es in der Geistigen Welt Schutzengel, Geistführer, Feen, Wassernixen, Kobolde, Gnomen, Halbgötter, Geister, Erzengel, Gefallene Engel (James von Praagh in „Jenseits-Botschaften") .
Gefühle werden wir in der Empfindungswelt ähnlich wahrnehmen, wie man hier das Wetter sieht: als farbige Nebel, Blitze und dergleichen. Wenn ein Wesen in der Geistigen Welt etwas verdrängt, wird es für ihn unsichtbar. Auch können wir in der Geistigen Welt unsere Aura-Ebenen allein durch die Vorstellungskraft verändern.
Eine Person, der es auf Erden nicht gelungen ist, ein Bewusstsein der Liebe zu entwickeln, wird in der Geistigen Welt in ihrer Bewegungsfreiheit eingeschränkt sein. Wenn es dort beispielsweise

Tore gibt, die es zu durchschreiten gilt, mag diese Person eines der Tore passieren können, aber das nächste nicht. Möchte sie sich jedoch in jeder Jahreszeit, an jedem Ort und in jeder Zeit bewegen, muss sie vorher einen vollkommen liebesfähigen Charakter entwickelt haben.

Die Qualität des Lebens in der geistigen Welt wird also direkt beeinflusst von der Herzenseinstellung und den Aktivitäten während des Lebens auf Erden. Nachdem die Liebe das Höchste ist, werden die Möglichkeiten, diese Liebe zu praktizieren, nicht nur fortbestehen, sondern noch verstärkt. Die Mittel für geistiges Wachstum sind durch die Dynamik der Liebe, dem Dienen anderer, gegeben. Die Beziehungen der Seelen untereinander in der geistigen Welt sind daher von größter Bedeutung.

Gemäß den Schriften von Emanuel v. Swedenborg (1688-1772) treffen sich Menschen, die auf Erden verheiratet waren, auch in der geistigen Welt. Sie erkennen einander und wollen möglichst zusammenleben, so wie sie es auf Erden getan haben. Da alle irdischen Oberflächlichkeiten abfallen, wird das Paar erkennen, wie sie wirklich innerlich fühlen, was ihre Liebe und ihre Anziehung waren und ob sie tatsächlich gemeinsam weiter leben können. Eine Heirat ohne Liebe und ohne den Segen Gottes wird bald auseinanderfallen. Wenn die Liebe nicht entwickelt ist, ist Wachstum notwendig, bevor das Paar eine solche gesegnete Einheit erfahren und genießen kann. In der Tat lässt der Missbrauch von Liebe und Sex während des Lebens auf Erden eine tiefe geistige Narbe zurück, welche nur durch wahre Liebe in der geistigen Welt behoben werden kann.

Eine Verbindung von Mann und Frau, die wahre Liebe fühlt und lebt, ist somit das größte Geschenk Gottes. Auch können sie in der jenseitigen Welt Sex und erotische Gefühle ähnlich wie auf Erden genießen, nur in einer viel tieferen Weise, weil auch dieses Fühlen geistig wird.

Obwohl die Mehrheit der Menschen nichts davon weiß, findet das Hin und Zurück der Geistwesen zu denen, die sie auf Erden lieben, überall in der Welt Tag und Nacht statt. Wie bereits angedeutet, sind wir uns der geistigen Welt deswegen nicht bewusst, weil die Menschen unfähig sind, geistig zu sehen. Was aber wie ein Traum erscheint, beispielsweise Visionen von Verstorbenen, die wir lieben und Erscheinungen von religiösen Persönlichkeiten, dies alles sind Manifestationen von zurückkehrenden Geistwesen. Der Hauptzweck dieser Besuche dient dazu, diejenigen, die noch auf Erden leben, zu leiten oder um jene, die große Trauer über das Ableben eines geliebten Menschen empfinden, zu trösten. Die Geistwesen arbeiten unentwegt daran, den auf Erden Lebenden in ihrer Entwicklung weiterzuhelfen. Indem sie einen Menschen auf Erden in seinem geistigen Wachstum helfen, erhalten auch die unterstützenden Geistwesen Energie für ihr eigenes Weiterkommen.

Die Astralwelt
Die Beschaffenheit der Geistigen Welt

Wir Menschen sind Wanderer in verschiedenen Welten. Legen wir für eine bestimmte Zeit unseren physischen Körper ab, dann tauchen wir ein in die Astralsphäre; jener Bereich, den die Weisheitslehrer „Unterwelt" oder „Fegefeuer" nennen.
Wie aber müssen wir „gewöhnliche Menschen", die über kein höheres Wissen verfügen, uns diese jenseitige, astrale Welt genau vorstellen?
Ich habe für dieses Kapitel eine Vielzahl von Ansichten, Theorien, Weissagungen oder Channelings studiert, habe Geistesforscher wie Steiner, Leadbeater, Osho oder van Praagh gelesen und füge die wichtigsten ihrer Aussagen zu einer Gesamtschau zusammen.
Unmittelbar nach dem Tode, solange ein Mensch noch mit seinem Lebensleib (Ätherleib) verbunden ist, läuft das Leben des Gestorbenen wie in einem Film vor seinem geistigen Auge ab. Es beginnt die Verarbeitung der „Früchte des Lebens". Dieses rückblickende Schauen auf das vergangene Leben kann bis zu drei Tagen dauern. Lautes Wehklagen von Angehörigen kann dabei sehr störend wirken und ist nach esoterischer Ansicht völlig fehl am Platze und tunlichst zu vermeiden. Die Seele wird durch solches Trauern abgelenkt und in ihrem Verarbeitungsprozess gestört, wodurch Lernprozesse aus der vergangenen Verkörperung verloren gehen können.
Danach löst sich die Seele von ihrem Lebensleib, der Matrize des physischen Körpers und geht in die Astralwelt ein.
Dieser Lebensleib verbleibt über dem Grab des physischen Körpers und löst sich langsam auf. Während das Lebenspanorama aus dem Ätherleib ohne Beteiligung von Gefühlen an der Seele vorüberzieht und sie dieses als neutraler Beobachter zur Kenntnis

nehmen kann, setzt auf der Astralebene ein Verarbeitungsprozess ein, der die Gefühle intensiv mit einschließt.
Zu allen Zeiten beschäftigten sich Philosophen, Mystiker und Okkultisten mit dem inneren Aufbau der unsichtbaren Welt, ihrer Abstufung und Beschaffenheit. Bereits Paracelsus sprach vom Siderischen Körper, dem nicht-irdischen Seelenleib des Menschen. Dieser verfügt nach Paracelsus über eine fein-materielle Konsistenz, zeigt bestimmte energetische Abläufe und spielt demnach nicht zuletzt bei der Entstehung und Heilung von Krankheiten eine bestimmte Rolle.
Die Theosophie (Rudolf Steiner) beansprucht die „zeitlosen Wahrheiten" zu lehren und versucht ein Erklärungsmodell für Aufbau und Ursprung, Entwicklung und Zielsetzung des kosmischen Geschehens zu liefern. Das "Panorama der Welten und Kräfte", einschließlich der zugehörigen körperlichen Träger, ist eines der zentralen Lehrgebiete der Theosophie und zugleich das Kerngebiet des westlichen Okkultismus. Die Lehren stimmen bei beiden Disziplinen nahtlos überein, lediglich einige Begriffe weichen voneinander ab.
Der physische Körper ist danach das "Instrument", durch den sich die menschliche Seele in der physischen Welt bewegt, diese wahrnimmt und an ihr teilnimmt. Aber der „wahre Mensch" befindet sich dahinter. Der "Erdenkörper" wird in der Geheimwissenschaft (Esoterik) als bloßes Werkzeug der Seele begriffen, um im Widerstreit mit der irdischen Materie zu wachsen. In der klassischen Esoterik ist die irdische Welt also nichts anderes als eine Reifungssphäre, die sie eine gewisse Zeit lang als natürliches Umfeld benötigt, um sich zu entwickeln und sich in steten Herausforderungen zu bewähren. Dabei ist der Ätherkörper der Sitz aller Lebensfunktionen und bildet die Brücke zur geistigen Welt. Zieht sich der Ätherkörper vom irdischen Leib zurück, tritt der Tod ein.
Seiner Form nach ist er ein exaktes Abbild des physischen Körpers und kann auch unabhängig von diesem, nur in Verbindung

mit dem Astralkörper, weite Distanzen überwinden (Projektion, Exteriorisation (Entfaltung psychischer Komponenten), mentales Wandeln).
Anders als der Astralkörper bleibt er jedoch an die irdische Welt gebunden, Okkultisten sprechen von der Silberschnur, die die Energieversorgung des irdischen Körpers aufrechterhält.
Der menschliche Astralleib, von Rudolf Steiner auch als Trieb- und Empfindungsleib bezeichnet, ist aus den Substanzen der astralischen Welt gewoben. Der Mensch umhüllt dadurch seinen geistigen Wesenskern mit teilweise sehr niederen Astralkräften, was aber unumgänglich notwendig ist, um in der stofflichen Dimension zu inkarnieren. Ohne Nahrungstrieb, Fortpflanzungstrieb usw. könnten wir auf Erden nicht existieren. Allerdings müssen wir spätestens nach dem Tod, wenn wir wieder in die geistigen Weltbereiche aufsteigen wollen, diese triebhafte Bindung an das irdische Dasein abstreifen. Der größte Teil unseres Astralleibes wird dadurch wieder der astralen Welt übergeben und löst sich in ihr auf.
Das geschieht während der Läuterungszeit der menschlichen Seele im Kamaloka (in christlicher Terminologie als Fegefeuer bezeichnet). Welche Seelenkräfte wir dabei in die Astralwelt mitnehmen, hängt im Wesentlichen von unserer irdischen Lebensführung ab. Wir schaffen dadurch zugleich bessere oder schlechtere Bedingungen für jene menschlichen Individualitäten, die gerade zu einer neuen irdischen Inkarnation herabsteigen. Jeder einzelne von uns trägt also Verantwortung für das, was wir als Seelen-Essenz in die Astralwelt einfließen lassen.
Solange der Astralkörper über irdische Anziehungen verfügt, kann die Kette der Wiedergeburten nicht durchbrochen werden, weil es den Menschen immer wieder auf die grobstoffliche Ebene zurückzieht, um seine Wünsche (Macht- und Geltungsstreben, Triebe) auszuleben. Er entspricht dem Unterbewusstsein der Psychologie und korrespondiert mit dem Sexualchakra.

Das Kamaloka, so die theosophische Auffassung, umfasst die 3 bzw. 4 niederen Ebenen der Astralwelt, in denen der Mensch nach dem Tod jene Begierden ablegen muss, die während der irdischen Lebenszeit nur über den physische Körper befriedigt werden konnten.

Solange wir auf Erden in einem physischen Leib verkörpert sind, wird das, was wir seelisch erleben, wesentlich durch die sinnliche Außenwelt und die eigenen körperlichen Bedürfnisse bestimmt. Diese Erlebnisse hören mit dem Tod auf. Die irdisch-sinnliche Wahrnehmung ist nicht mehr möglich und auch die unmittelbar durch den physischen Körper erregten Empfindungen, wie etwa Hunger- oder Durstgefühle, Kälteempfinden und Schlafbedürfnis verschwinden.

Anders ist es allerdings, wenn sich der Feinschmecker nach dem anregenden Geschmack köstlicher Speisen sehnt. Dabei handelt es sich nicht um ein bloßes (körperliches) Hungergefühl, sondern der Feinschmecker hat während des Erdenlebens eine seelische Begierde nach bestimmten lustvollen Geschmackserlebnissen erworben und im Bewusstsein abgespeichert.

Auch nach seinem Tod sehnt sich diese Seele weiterhin nach solchen Gelüsten, und sie wird so lange darunter leiden, bis sie sich dieser rein lustvollen Begierden, die aber nur in einem physischen Leib auslebbar sind, entwöhnt hat.

In alten Überlieferungen wird immer wieder von einer solchen Läuterungszeit gesprochen, welche die Seele nach dem Tod durchzumachen hat, egal ob man sie nun gemäß der jüdisch-christlichen Tradition Fegefeuer, oder der indischen Anschauung folgend Kamaloka nennt.

Es wäre gewiss zu schulmeisterlich gedacht, darin ein göttlich verordnetes Strafgericht zu sehen. Vielmehr ist es ein notwendig-geistiger Prozess, durch den die Seele den irdischen Verhältnissen entwächst und offen für ihr neues seelisch-geistiges Dasein ausgerichtet wird.

Die freie Wahl, sich der Begierde hinzugeben oder sie zu vermeiden, ist nur während des Erdenlebens möglich, wo diese Begierde grundsätzlich auch immer wieder befriedigt werden kann. Allein diese Tatsache der freien Wahl entscheidet über den moralischen Wert einer menschlichen Handlung.

Die Erde ist ein Ort beständiger Versuchung, zugleich aber auch ein Ort, der es ermöglicht, uns moralisch zu bewähren. Mit dem Tod wird die große Summe unseres Lebens gezogen; mit der moralischen Qualität, die wir uns bis dahin erworben haben, müssen wir unseren Weg in das körperlose Dasein antreten. Von nun an, so in den Texten von Osho „Tod und Sterben" nachzulesen, vermögen wir daran nichts mehr zu ändern. Unser eigener moralischer Wert kann nicht mehr erhöht oder vermindert werden. Dafür aber lernen wir nun, den erreichten moralischen Reifegrad immer besser einzuschätzen. Die Selbsterkenntnis ist nach dem Tod radikal und beleuchtet die verborgensten Winkel unseres Seelenlebens.

Charles W. Leadbeater („Die Astralwelt) beschreibt es so: Was wir während des Erdenlebens wach bewusst erlebt haben, wird nach dem Tod weitgehend bedeutungslos, während alle die Erlebnisse, die wir auf Erden mehr oder weniger „verschlafen" haben, nun immer deutlicher vor das Bewusstsein gerückt werden. Schicht für Schicht unseres Seelenlebens wird nun gleichsam abgetragen und bewusst gemacht.

Wenn das Lebenspanorama, das uns einen Gesamtüberblick über die äußeren Ereignisse des vergangenen Lebens liefert, wenige Tage nach dem Tod weitgehend abgeklungen ist, beginnen wir, auf die inneren Seelenerlebnisse zurückzuschauen, und zwar zeitlich rückläufig, beginnend mit dem Moment des Todes. Immer weiter schauen wir so Schritt für Schritt zurück auf all die tieferen seelischen Empfindungen, die während des abgelebten irdischen Daseins unbewusst durch unsere Seele gezogen sind, bis wir das Tor der Geburt bzw. Empfängnis erreichen.

Für Rudolf Steiner und Charles Leadbeater („Das Höhere Selbst") sind vor allem jene Seelenerlebnisse wichtig, die uns während des irdischen Lebens mit unseren Mitmenschen verbunden haben. Offensichtlich tauchen wir bei jeder Begegnung mit einem anderen Menschen unbewusst sehr tief in dessen Seelenleben ein, so sehr, dass sich unsere Seele für kurze Momente immer wieder geradezu in die seelische Eigenart und Erlebnisweise des Mitmenschen verwandelt. Bewusst werden uns von diesen bedeutsamen Erlebnissen aber meist nur ganz leise Reflexe, durch die wir uns dem einen Menschen zugetan fühlen, einem anderen gegenüber geradezu eine instinktive Antipathie entwickeln. Das hängt meist sehr stark davon ab, wie weit unsere verborgenen seelischen Gewohnheiten mit denen unserer Mitmenschen zusammenstimmen.

Prinzipiell vollzieht sich jeder soziale Kontakt so, dass wir uns rhythmisch abwechselnd ganz in die Seele des anderen versenken und uns dann wiederum ganz in unser Eigenwesen zurückziehen. Wenn wir etwa einem anderen Menschen mit heftiger Antipathie entgegentreten, dann erleben wir bewusst nur diese unsere Ablehnung. Unbewusst leben wir uns aber auch in die andere Seele ein und spüren den Schmerz oder Zorn, den wir durch unsere Ablehnung ausgelöst haben.

Was wir auch immer an seelischen Wirkungen in anderen Seelenwesen erregt haben, wir werden dies sehr intensiv nacherleben. Alle Freude und Heiterkeit, die wir ihnen schenken konnten, leuchtet in uns auf, aber auch all die Schmerzen und Leiden, die wir ihnen zugefügt haben. Wenn wir andere Menschen gekränkt, beleidigt oder verletzt haben, werden wir all das nach dem Tod genauso erleben, als wäre es uns selbst geschehen. Und das betrifft wirklich alle beseelten Wesen, mit denen wir im Erdenleben zu tun hatten, also nicht nur unsere Mitmenschen, sondern auch die Tiere, denen wir Lust oder Leid bereitet haben. Was dann in der Seele eines Toten vorgehen mag, der sich während seines Erdenlebens im „Dienste der Wissenschaft" zu grausamen Tierversuchen hergegeben hat, kann man ohne große Fantasie erahnen. Ändern können wir in unserem körperlosen Dasein daran zunächst nichts – darauf wurde bereits hingewiesen. So wie wir nur auf Erden schuldig werden können, so ist es uns auch nur im irdischen Leben möglich, aus eigener Kraft Wiedergutmachung zu üben und unsere Mitgeschöpfe seelisch in dem Maße zu fördern, indem wir sie zuvor geschädigt haben. In der jenseitigen Welt gelten andere Gesetze.

- **Gestaltungsregeln der Astralwelten**

Die äußere Erscheinung der astralen Ebenen und der jenseitigen Wesen wird in erster Linie durch die Psyche (dieser Wesen) und die Gewohnheiten der (verstorbenen und dort lebenden) Menschen bestimmt. Aus diesem Grund sind die Gestaltungsregeln sehr häufig jenen der Traumsymbolik ähnlich.

Wenn wir uns mit der Welt des Astralen vertraut machen wollen, dann ist es am besten, wenn wir unsere Träume beobachten und uns mit den ihnen innewohnenden Gestaltungskräften und Gesetzmäßigkeiten vertraut machen.

Himmel und Hölle ergeben sich dann ganz automatisch als astrale Außenprojektionen unserer Psyche mit ihren Spannungen und Aggressionen, mit ihrer Harmonie und liebevollen Zuwendung.

Gemäß dem Leitsatz der Tabula Smaragdina des Hermes Trismegistos besitzt die jenseitige Welt analoge Gesetze zu jenen unserer irdischen Welt, - erweitert ausgelegt auch zur inneren Welt unserer Psyche.

"...was unten ist, ist auch oben.... "
"Wie innen, so außen"

- **Ebenen**

Die Ebenen sind keine Bereiche der Belohnung oder Bestrafung, sondern ergeben sich ganz von selbst auf Grund psychischer Mechanismen - z.B. Selbstbestrafung, Bedürfnis sich auszuleben oder auch geistige Unkontrolliertheit. Mit zunehmender Kenntnis transzendenter Gesetze und innerer Ausgeglichenheit können wir als beseelte Wesen in der Astralwelt mehr und mehr unsere Daseinsbedingungen über den Mental- oder Wunschkörper beeinflussen.

Der Begriff "untere" oder „obere" Ebene ist allerdings auch schon wieder eine Hilfskonstruktion. Es gibt eigentlich kein Oben und kein Unten ohne Dualität. Entsprechend verhält es sich mit "weiter" und "näher", "vorher" und "nachher" und mit "besser" und "schlechter".

- **Schwere**

In den niederen Ebenen der Astralwelt herrscht eine Schwere, die auf jeden Fall individuell unterschiedlich empfunden wird. Man könnte sagen, es ist die innere Müdigkeit, welche den Körper schwerer macht. Das Gegenteil gilt dann für höhere Ebenen. Schon auf Erden erfasst bei Freude den Menschen ein Gefühl der Leichtigkeit. Kinder beginnen dann zu springen und zu tanzen. Die niederen Ebenen werden oft als dämmrig empfunden, oder so wie an einem bewölkten Wintertag. Die hohen Ebenen zeichnen sich durch starke Farbigkeit aus.

- **Versuche lokaler Aufhellung**

Durch Willensanstrengung kann ein kleines Umfeld von einem Astralwanderer kurzfristig in der Schwingung aufgebessert werden. Sobald die Konzentration nachlässt, fällt die veränderte Nahumgebung wieder in den Grundzustand zurück (Kollektivschwingung wird wieder dominant).

- **Sichtbarkeit**

Von einem tieferen Standpunkt aus können höhere Ebenen nicht gesehen werden, wohl ist aber das Umgekehrte möglich. Durch Training kann man durch den "Boden" schauen und den Blick auf tiefere Ebenen fokussieren.

- **Übergänge**

Die Bezeichnung hohe und niedere Ebenen ist insofern gerechtfertigt, als man zu diesen über Niveaubrücken wie Stiegen, Schächte usw. wechseln kann.

Hinunter zu gelangen, ist einfach. Wenn man hinauf will, so sieht man zumeist keine Stiegen oder dergleichen. Bisweilen kann es vorkommen, dass verstorbene Seelen wegen Adaptionsmangel nur mühselig schwer eine Stiege oder einen Steilweg hinaufklimmen können.

- **Empathie**

Empathie, das Erspüren von Absichten und Gefühlen anderer Mitwesen ist auf der Astralebene eine normale Wahrnehmungsart. Durch die Mauern der Häuser dringt die Ausstrahlung ihrer Bewohner und sättigt die ganze Umgebung. Diese Aufladung wird bisweilen „prickelnd" auf der gesamten „körperlichen Oberfläche" des Astralwanderers empfunden.

Die Wahrnehmung und Sensitivität für Absichten und Gefühle wächst mit dem Grad der Astralebene, die sich ein Bewohner durch Entwicklung seiner Seelenschwingung erworben hat.

- **Das Wiederfinden von Bekannten**

Es funktioniert nur über ein inneres Band der Liebe oder wenn die innere Verbindung so stark ist, dass man bestimmte Seelen als nah empfindet.

Komplexe Weltbilder enthalten Festlegungen mit mehreren Ebenen oder Dimensionen. Die Vorstellung und die Überlieferung über die sieben Himmel ist sowohl im jüdischen, islamischen und im christlichen Glauben fest verankert. Man kann sich die sieben

Himmel als konzentrische Kreise mit der Erde in ihrer Mitte vorstellen. Der siebte Himmel ist die Sphäre der höchsten Perfektion. Es ist der Ort, an dem Gott residiert.

Auch unsere Tiere besitzen neben dem materiellen Körper einen feinstofflichen Astralkörper, der in der Astralwelt weiterlebt. Kein Wunder also, dass es in den Jenseits-Sphären ein Tierreich gibt. Bei einem Channeling, nachzulesen bei W. Hinz: Neue Erkenntnisse über die Schöpfung Gottes, S. 198, findet sich die nachfolgende Durchsage: „Es ist so, dass jedes Lebewesen auf Erden – ab einer bestimmten Entwicklungsstufe – nach seinem Tod in derselben Form als geistiges Wesen fortbesteht, wie es beim Ableben aus dem irdischen Leib ausgeschieden wurde. Beim Tod eines Tieres entweicht auch seine Seele aus dem irdischen Leib; sie wird ihren odischen Leib mit sich nehmen und im geistigen Dasein fortbestehen, wo auch die Tierseele ihren Entwicklungsweg zu durchschreiten hat." An anderer Stelle erklärte die gleiche Geistbotin, dass in ihrer Umgebung Tiere leben, „die ihrer Entwicklung und ihrer geistigen Natur zu ihnen passen und mit denen sie teilweise zusammenleben. Diese Tiere sind wunderbar und haben auch ein ganz anderes Aussehen als bei euch auf Erden. Bei euch sind sie in irdische Materie eingehüllt. In der Gotteswelt jedoch ist die Materie von feinstofflicher Art, und darum erscheinen die Tiere dort in entsprechender Pracht."

Psychogramm der Seele
Vom EGO zur Essenz

Welche Mechanismen und Funktionen machen einen Menschen so einmalig und unverwechselbar? Was steuert nach der Geburt die Entwicklung der Persönlichkeit, was prägt uns und: sind diese Persönlichkeitsanteile mit dem Tod erloschen?
Bislang scheint es ein unergründliches Wunder zu sein, dass ein Säugling in wenigen Jahren zu einer eigenen Persönlichkeit heranwächst. Nicht verwunderlich ist es also, dass die Menschheit seit Jahrtausenden ein wie auch immer geartetes immaterielles Prinzip, eine übergeordnete (spirituelle) Kraft sucht, die womöglich Antworten auf die Ur-Fragen der Evolution liefert.
Für Platon gehörte die „Persönlichkeitsbildung" zu den „ersten Schöpfungen, noch vor allen Körpern". Der Leib galt ihm nur als Fahrzeug der Seele. Und der Philosoph Gottlob Frege (1848 bis 1925) urteilte: Jeder sei „sich selbst in einer besonderen und ursprünglichen Weise gegeben, wie er keinem anderen gegeben ist". (Über Sinn und Bedeutung in: Zeitschrift für Philosophie, 1892). Wer mag da schon glauben, dass das Enigma des menschlichen Geistes allein mit biologischen Prozessen zu erklären ist? Zwar haben Philosophen das Problem in den vergangenen 3000 Jahren vielfach durchdacht, kluge Fragen formuliert und versucht, ein Begriffssystem der Seelenerkenntnis zu erarbeiten. Doch ihre Bemühungen erschöpften sich im immer neuen Nachdenken über die innere Natur des Menschen.
Dabei muss man wissen, dass Geist und Seele im metaphysischen oder theologischen Sinn nach der heutigen Auffassung nicht Gegenstand der Psychologie sind. Bei ihrer Begründung im 19.Jahrhundert wurden metaphysische Elemente explizit ausgeklammert und später dann mit den Methoden der Biologie, der Mathematik und Statistik, vor allem aber der Physik analysiert.

Von dort kennen wir alle den physikalischen Begriff der Resonanz (lateinisch: resonare = zurückklingen). Eine Stimmgabel schwingt bei einem Ton nur dann mit, wenn der Ton ihrer Eigenfrequenz entspricht. Ist dies nicht der Fall, dann ist der Ton für die Stimmgabel gar nicht vorhanden, denn sie kann ihn nicht wahrnehmen.

Ein Radioempfänger, der auf Mittelwelle abgestimmt ist, wird auf Grund seiner Resonanz nur Mittelwelle empfangen. UKW und Langwelle kann er nicht kennen, sie gehören deshalb auch nicht zu seinem "Weltbild".

Ebenso braucht der menschliche Geist für jede Wahrnehmung in sich selbst eine Entsprechung, die in der Lage ist, "mitzuschwingen" und ihm durch diese Resonanz erst die Wahrnehmung ermöglicht.

Goethe formuliert dies in dem Satz: *"Wär nicht das Auge sonnenhaft, die Sonne könnt es nie erblicken; läg' nicht in uns des Gottes eigne Kraft, wie könnt uns Göttliches entzücken?"*

Diese Formulierung Goethes verlässt bereits die rein physikalische Ebene der Resonanzfähigkeit und überträgt damit das Gesetz der Resonanz analog auf das Gebiet, welches uns hier interessiert. Jeder Mensch kann immer nur jene Bereiche der Wirklichkeit wahrnehmen, für die er eine Resonanzfähigkeit besitzt.

Dies gilt nicht nur für den Bereich der rein sinnlichen Wahrnehmung, sondern für die gesamte Erfassung der Wirklichkeit. Da alles, was außerhalb der eigenen Resonanzfähigkeit liegt, nicht wahrgenommen werden kann, existiert es auch für den betreffenden Menschen nicht. Deshalb glaubt jeder Mensch, dass er die Gesamtheit der Wirklichkeit kennt und es außerhalb dessen nichts mehr gäbe.

Ein mögliches Hindernis für die Kommunikation mit der universellen Kraft sind die eigenen Vorstellungen von der Welt, wie man sie gerne hätte. Wir bauen uns ein System von Gut und Böse, von Richtig und Falsch und versuchen alles in diese Schubladen zu packen. Damit hindern wir jedoch das Universum, per Zu-Fall in Aktion zu treten. Gewohnheiten legen sich wie ein Netz über uns und lähmen die Intuition.

Nur wenn wir frei und ohne Angst, ohne negative Glaubenssätze sind, können wir offen die vielfältigen energetischen Resonanzen aus dem Universum empfangen.

Wer sonst, außer ich selbst, könnte die Weichenstellung für mein Denken und Handeln übernehmen? Auf welche andere Instanz sollte ich die Verantwortung dafür schieben?

Ich selbst bin der Verursacher und Schöpfer dessen, was mit mir geschieht. Niemand sonst ist „schuld".

Es gibt energetisch schlechte Plätze, destruktive Menschen und ungesundes Essen. Dinge, die ich vermeiden sollte.

Gleichermaßen gibt es Abhängigkeiten, die mich festhalten und zum Loslassen zwingen. Nein, es existiert auch keine böse Welt, die mir übel mitspielen will. Die Ereignisse eines Lebens hängen immer davon ab, ob man bestimmte Dinge getan hat oder nicht.

So wie die Gegenwart das Ergebnis vergangenen Handelns ist, so ist die Zukunft bereits in meinen heutigen Gedanken und Taten „angelegt".

Alles, was bis jetzt in meinem verantwortlichen Leben geschah, ist geschehen, weil ich dies vorher so strukturiert habe. Und wir schreiben unser Programm täglich weiter.

Diesem Gesetz der Resonanz liegt die Wahrheit zugrunde, dass sich alles in steter Bewegung befindet, alles schwingt und ein Stillstand nicht möglich ist.

Die moderne Wissenschaft der Quantenphysik pflichtet dieser Tatsache bei, und auch jede neue wissenschaftliche Entdeckung bestätigt dieses Prinzip.

Bemerkenswert, wenn man bedenkt, dass dieses hermetische Gesetz von Ursache und Wirkung schon vor tausenden von Jahren von den alten ägyptischen Meistern verkündet wurde.

Es erklärt, dass alle Unterschiede zwischen den unterschiedlichen Manifestationen des Stoffes, der Energie, der Gedanken und sogar des Geistes von den verschiedenen Graden der Schwingung abhängen.

Die Seele ist das Spiegelbild unserer Gedanken und Taten. Weil Gleiches nun einmal Gleiches anzieht, sollten wir weniger an das denken, was wir nicht wollen, sondern stärker an das, was wir wollen und wünschen. Oder, indem wir damit aufhören, dauernd gegen etwas anzukämpfen, was uns nicht wünschenswert erscheint und uns statt dessen in Dankbarkeit vor Augen führen, wie viel Gutes und Schönes wir bereits im Leben bekommen haben.

Sobald wir selbst die volle Verantwortung für unser Leben übernehmen und weder anderen Menschen noch widrigen Umständen die Schuld geben für das, was nicht klappt, genau dann sind wir bereit, unsere Gedanken bewusst und gezielt für unsere ureigenen Wünsche einzusetzen.

Die Energie aus dem Universum ist unser erster und übergeordneter Stoffwechsel. In dieser Energie sind alle Informationen des Lebens enthalten.

In ständigem Informationsfluss sind wir mit dem universellen Geist verbunden. Alle unsere Gedanken sind Gedanken jenes universellen Feldes, in welches wir eingetaucht sind. Jeder Gedanke den wir denken ist ein Teil jenes universellen Gedankenspeichers und war schon vor uns da; er war schon vorhanden, bevor ich ihn gedacht habe. Ich muss mir ihn nicht aneignen oder ihn erlernen. Es sind dies Intuitionen, Eingebungen - die plötzlich da sind und die Verstehen und Vertrauen bringen, wo vorher Fragen und Ängste waren.

Durch die Intuition erweitert sich unser Wissen und verkleinert sich das Ego. In dem Maße, wie sich das Ego verkleinert, erweitert sich die konstruktive Resonanz zum Universum.

Es existieren viele unterschiedliche Modelle, was Geist und Seele im menschlichen Körper manifestiert und was sie nach dem Tod unsterblich machen. Und natürlich auch, welches denn der Sinn unseres Lebens sei. Lassen wir dazu einen der bedeutendsten Wissenschaftler zu Wort kommen, den 2001 verstorbenen Physiker Burkhard Heim. Anlässlich eines Besuches von Schriftstellern und Studenten antwortet Heim im Alter von 40 Jahren auf die Frage, wie er denn sein eigenes Schicksal beurteilen würde: "Ich habe den Eindruck, dass alles, was geschieht, von vornherein seine Richtigkeit hat und dass ich am eigentlichen Plan, der hinter allem steht, nicht viel ändern sollte. Ich stehe auf dem Standpunkt, dass das, was auf mich zukommt, seine Richtigkeit hat und für die Gegebenheiten, die nun mal da sind, sowieso das Optimum ist. Denn ich meine, manches mag mir vielleicht schlimm erscheinen, ist es in Wirklichkeit aber überhaupt nicht, weil eben alles seine Richtigkeit hat. Und ich sage mir: Ich habe eine bestimmte Aufgabe, zweifellos.
Denn es hat einen Sinn, dass ich überhaupt als Mensch existiere. Ich habe also die Aufgabe, eine bestimmte Sinngebung zu erfüllen. Und das ist der Sinn meines ganzen Daseins überhaupt, und dieser Sinn ist zu erfüllen. Das ist einmal das Wesentliche. Und alles, was ich zur Erfüllung dieser Sinngebung brauche, das kriege ich sowieso. Denn wenn ich das nicht bekommen würde, dann wäre es sinnlos, dass ich überhaupt da bin."

Zahlreiche Autoren (Andreas Ebert, Ulrich Warnke, Anselm Grün, Armin Risi, Rosina Sonnenschmidt, Colin C. Tipping) sprechen vom „Höheren Selbst" als Bindeglied zwischen dem sterblichen Menschen und dem Ursprung allen Seins. Die Essenz des höheren Selbst ist der Aspekt der Individualisierung, also jene schöpferische Kraft, die eine Seele im Laufe ihrer Inkarnationen erlangt.

Das, was wir Eigenschaft oder Persönlichkeitsstruktur nennen, erfährt im Zyklus immer neuer Inkarnationen ein mehr an Erfahrungen und Einsichten.
Entsprechend dem Entwicklungswunsch der Essenz entscheiden wir uns für unterschiedliche Körper -und Geschlechtstypen, Lebenspläne und „Casting-Herausforderungen" (Rolf Herklotz), weil wir nur so die Schwingungsfrequenz des höheren Selbst transformieren können.
Die Essenz, durch die Inkarnation „Mensch" geworden, entwickelt sich von der Geburt bis zum körperlichen Tod in einer irdischen Inkarnation ohne Erinnerung an das „Sein" auf der Astralebene. Im körperlichen Tod löst sich die Essenz vom Körper. „Die Entscheidung, wann das geschieht, ist nicht vorherbestimmt." (Beat Imhof: Wie auf Erden so im Himmel).
Im Zusammenwirken zwischen Körper und Seele ist es die Essenz, die über Anfang und Ende der Beseelung entscheidet. Entweder geht sie, weil sie ihre Lebensaufgabe erfüllt hat, oder sie sieht keine Chance mehr, dem Seelenplan zu entsprechen. Dann nutzt sie die aus ihrer Sicht nächstbeste Gelegenheit zum „Ausstieg". Der Körper muss dann loslassen, muss die Dualität von Licht und Schatten, Armut und Reichtum, Liebe und Hass hinter sich lassen. Ähnliches gilt für die Zeit. Auch Zeit ist eine Variante der Stofflichkeit, ein menschliches Hilfskonstrukt, um Entwicklung im Sinne von Anfang und Ende zu begreifen.
Die enge Bindung der Seele an den schwerstofflichen, irdischen Körper ist dabei von größter Wichtigkeit. Die unabänderlichen Naturgesetze bieten offenbar die besten Möglichkeiten, um die zum „haltlosen Schweifen geneigte Seele" (Edith Fiore: Besessenheit und Heilung) in Schranken zu halten und eine gesetzmäßige Ordnung einzuprägen.
Wird der Seele durch den körperlichen Tod der sie stützende Rahmen genommen, dann ist sie hilflos, wenn sie nicht während des Erdenlebens gelernt hat, sich dem Gesetz von Leben und Tod unterzuordnen.

In diesem Falle entfernt sich die Seele von ihrem „Fahrzeug", das es zur Erkundung dieses Planeten gebraucht hat. „Danach folgt dann ein Prozess der Re-Integration der Seelen-Essenz in die Seelenfamilie. Eine Enitität (Sammelbegriff für alles Seiende) umfasst ca. eintausend Essenzen."(Arthur Ford: Es gibt ein Leben nach dem Tod.)

Eine beträchtliche Zahl aber der entkörperten Seelen ist förmlich geblendet vom „Geist der irdischen Dimension und schaut weiter gebannt auf das Treiben der irdischen Ebene." (Arthur Ford: s.o.) In diesem Fall werden sie u.a. von der magnetischen Aura angezogen, die von medialen Menschen ausgehen. Sofern diese nicht gelernt haben, sich zu schützen, ist ihr Astralkörper offen für Seeleneinflüsse der Astralen Welt.

Allerdings kann eine Seelenanhaftung nur erfolgen, wenn Resonanz für den Einlass solcher Fremdenergien vorhanden ist. Wenn beispielsweise das psycho-spirituelle Immunsystem geschwächt ist (durch Operationen unter Vollnarkose, Drogenkonsum, Meditationen, Rückführungen). Die stärksten Einflüsse aber auf der Ebene der Resonanz haben Ängste, Energielosigkeit, Schuldgefühle, Helfersyndrom und Todessehnsucht. Ein solcher Prozess der Anhaftung kann oft 20, 30 oder mehr Jahre andauern und führt meistens zu starken physischen und psychischen Veränderungen. Erst durch die Ablösungstechniken des Clearings (benannt nach Chris Griscom) gelingt es, die entkörperte Seele von den Biofeldern des „Wirtes/Medium" zu trennen und in das Licht zu entlassen.

Die Seelenfamilie
Archtypen der Seele

Alle Mitglieder einer Seelenfamilie bilden eine Entität (Gruppe, Instanz) mit einem eigenen Bewusstsein. Auch in fragmentierter Form (UR-Matrix), als einzelne Essenz also, gibt es so etwas wie eine "Familien-Vibration". Die Einzelseelen wurden für ihre künftigen Rollenbestimmungen „gecastet", die ersten Erfahrungen als Fragment auf der Astralebene, noch vor der ersten Inkarnation, haben Verbindungen geschaffen, die in jeder Inkarnation zum Tragen kommen.

Als Seelenvolk sind alle Seelenfamilien und entsprechend auch die größeren Seelenverbände aktiver und passiver Teil der Schöpfung, in unserem Fall im Hinblick auf die Spezies "Mensch".

Die Rollenbestimmung ist der wichtigste "Baustein" der Essenz einer Seele. In wie vielen Leben sie ihre unterschiedlichen Erfahrungen mit einer physischen Existenz auch machen wird, ihr Rollencharakter bleibt immer gleich.

Erst wenn alle Seelenaltersstufen durchlaufen sind und die Seele wieder mit dem Tao, dem Ursprung allen Seins verschmilzt, verliert sie ihre Individualität und damit auch ihre Funktion.

Auf Erden scheint jedes Individuum den Wunsch nach Individualität in sich zu tragen. Ob nun bewusst oder unbewusst – wir definieren uns selbst immer in Abgrenzung zu anderen. Individualität scheint heute wichtiger zu sein denn je. Diese Eigenschaft ist maßgeblich gesteuert vom persönlichen EGO.

Betrachtet man Egoismus im weitesten Sinne, dann wird und muss jedes menschliche Verhalten als egoistisch eingestuft werden, denn jedem bewussten Tun liegt eine individuelle Abwägung des Eigennutzens zugrunde. Somit kann im weitesten Sinne selbst altruistisches Verhalten dem Egoismus-Begriff untergeordnet werden, denn auch der sog. Gutmensch bewertet subjektiv sein Handeln als vorteilhaft.

Ist allerdings überhaupt kein Bewusstsein für die Folgen des eigenen Tuns mehr vorhanden, so sprechen wir von Egozentrismus, eine Art „Selbstverliebtheit". Der Andere wird hierbei nicht als gleichberechtigtes Subjekt wahrgenommen, sondern ist nur Instrument des eigenen Lustgefühls. Dieser Egoismus-Begriff ist daher negativ belegt und wird oft im Rahmen moralischer Vorwürfe benutzt. Eine solche Egozentrik mehr und mehr abzulegen, ist eine ganz wesentliche Aufgabe in den verschiedenen Seelenaltersstufen. Erreichen wir irgendwann die Einheit von Schein und Sein, dann bedeutet dies das Ende eines jeden Individualisierungsprozesses.

Die Entscheidung über Rolle und Funktion der Seele fällt bei der Rollenbesetzung, dann, wenn sich eine Entität in ca. 1.000 individuelle Seelen „ergießt" und so eine Seelenfamilie bildet.

Es gibt sieben Seelenausformungen zur Wahl. Dabei sind die Namen nur eine Anlehnung an die irdische Welt und nicht wörtlich zu verstehen. Der Name einer Rolle versucht in einem Wort zu beschreiben, welche Aufgaben und Handlungsprioritäten die Seele zu durchlaufen hat.

Die Lehre der "Archetypen der Seele" von der Struktur und Entwicklung der menschlichen Seelen existiert in der Öffentlichkeit seit 1993, als die Bücher "Welten der Seele" als Einführung und die "Archetypen der Seele" als zentrales Standardwerk in mittlerweile sehr hoher Auflage im Goldmann Arkana Verlag erschienen sind. Dass ein renommierter Verlag wie dieser überhaupt ein solches Sachbuch verlegte und seit dem noch weitere 12 Bände des Autorenpaars Frank Schmolke und Dr. Varda Hasselmann folgen ließ, spricht für die Seriosität und Tiefe dieses spirituellen, jedoch ohne "Esotouch" auskommenden Konzepts.

Die sieben Rollen sind:

1 Helfer
2 Gestalter
3 Kämpfer

4	Gelehrter
5	Verkünder
6	Priester
7	Herrscher

Jede Matrix einer Essenz, die hier auf dem Planeten Erde inkarniert, wählt sich für jedes Leben eine Aufgabe, die auch immer zur Weiterentwicklung der Seelenfamilie und ihrer Aufgabe beiträgt. Auch hier gilt, im Großen wie im Kleinen.
In der stofflichen Existenz während einer Inkarnation sind es physische Aufgaben und Erfahrungen, mit allen Facetten des Menschseins. Diese Aufgaben werden nicht bestimmt, es ist vielmehr ein gemeinsames Wollen. Auch hier gibt es wieder keine Wertigkeit, weil jede Teilaufgabe, und sei sie auch noch so klein in unseren Augen, unverzichtbar für das Ganze ist.
Unser Leib wird der Träger eines Geistes, der ein früheres Leben in neuer Gestalt wiederholt. Zwischen beiden steht die Seele, die ein in sich geschlossenes Eigenleben führt. Ihre Neigungen und Abneigungen, ihre Wünsche und Begierden dienen ihr; sie stellt das Denken in ihren Dienst. Sie empfängt als Empfindungsseele die Eindrücke der Außenwelt; und sie trägt sie dem Geiste zu, auf dass er die Früchte daraus aufnimmt. Sie hat gleichsam eine Vermittler-rolle, und ihre Aufgabe ist erfüllt, wenn sie dieser Rolle genügt.
Der Leib formt ihr die Eindrücke; sie gestaltet sie zu Empfindungen um, bewahrt sie im Gedächtnis und gibt sie an den Geist ab, damit sie dort auf Dauer manifestiert bleiben.
Durch seinen Leib gehört er der physischen Menschengattung an. Durch ihn ist er ein Glied dieser Gattung. Mit seinem Geiste lebt er in einer höheren Welt. Die Seele bindet zeitweilig beide Welten aneinander.
Physische Erfahrungen sind nur in der materiellen, polaren Existenz möglich. Die jenseitigen Familienmitglieder können in der

Phase zwischen den Leben diese irdischen Erfahrungen nicht machen, haben aber das Bestreben, die inkarnierten Familienmitglieder zu unterstützen. Durch die untrennbare Verbindung, die wie ein Netzwerk eine dauerhafte Verschränkung bedeutet, werden Situationen und Themen kreiert, Kontakte geschlossen und Botschaften gegeben, die dem jeweiligen Lebensplan entsprechen. Jede Seelenfamilie setzt sich aus Essenzen mit unterschiedlichen Rollen zusammen und jede leistet einen wertvollen Beitrag am Ganzen. So ergibt sich für die Entität eine Schwingung, die verschiedene Lebensplanausformungen enthält und schließlich zu einem Gesamtpaket verknüpft werden.

Astrale Existenz ist der "Normalzustand" einer Seele. Hier geht es nicht um Beurteilung, sondern um Selbsterkenntnis und Bewusstsein, nicht um Gegeneinander, sondern um liebevolles Miteinander. Priorität hat das „Sowohl – als auch".

Eine Seelenessenz, fragmentiert, also "frisch für eine Rolle bestimmt", findet sich in der Gemeinschaft der anderen Mitglieder wie selbstverständlich wieder. Zu Beginn geht es hier um das Bewusstsein, getrennt und doch vereint zu sein. Die ersten Erfahrungen ergeben sich durch das Miteinander auf der Astralebene in Lerngruppen.

Die Astralebene ist also ein "Lernort" wie die physische Ebene und die höheren Dimensionen auch. Der Aufenthalt zwischen jeder Inkarnation dient vor allem der Verarbeitung der Erfahrungen aus der letzten und der Planung der nächsten Inkarnation. Jedes Mal entwirft die Seele mit Hilfe ihrer Familie und ihrer Seelenführer einen Lebensplan, der auf den vorangegangenen Inkarnationen aufbaut und so die Entwicklung fortsetzt.

Die Seele begibt sich aus Nichtraum und Nichtzeit vorübergehend in die faszinierende Erfahrungswelt der Raum-Zeit-Dualität, um sich einzuschwingen, was Menschsein heißt. Daher ist die Seele jener Teil von uns, der den Leib und alle Inkarnationen überdauert. Die Seele ist der Kern unserer Identität. Sie plant jedes Leben, indem sie eine ihrem jeweiligen Entwicklungsstand

angemessene Seelenmatrix auswählt und durch die Wahl eines Eltern-Paares für eine ihren Zielen entsprechende genetische Ausstattung sorgt. Unsere Seele bestimmt, wer wir sind und wie wir leben. Gemeinsam mit der jeweiligen Psyche baut sie in jeder körperlichen Existenz ein neues, einzigartiges ICH auf. Im Laufe des Lebens findet eine immer während Auseinandersetzung zwischen dem "Willen des Ich" und dem "Wollen der Seele" statt. Dann wird gelebt, d. h. die Seele erfährt wie es ist, in einem physischen Körper zu sein. Alle internen Monaden (nach Leibnitz: lebendige Spiegelungen des Universums), von der Geburt bis zum Tod, sollen erfahren werden. Jede Monade ist wieder ein Übergang in eine neue Lebensphase. Manches Leben ist kürzer, manches endet abrupt, andere dauern - insbesondere heutzutage - bis ins hohe Lebensalter. Am Ende erfolgt wieder der Übergang auf die Astrale Ebene. Die Seele kehrt zurück nach Hause.
Jenseits der physikalischen Ebene gibt es in jedem Fall eine Vielzahl von Ebenen. Die Frage nach dem „Wo" stellt sich allerdings nicht. Es ist alles mit allem verbunden und der Unterschied liegt nur im Bewusstsein. Wenn nach den universellen Gesetzen alles schwingt, dann besteht die Bewusstseinsänderung in einer Veränderung der Schwingung.
Die Fähigkeit, die Schwingungen zu verändern und damit ein anderes Bewusstsein zu erlangen, ist die Lernaufgabe der Seele. Sie „arbeitet" daran, während ihrer Inkarnationen und auch in ihren „Leben zwischen den Leben".
Die Rückkehr und der damit verbundene Übergang auf eine andere Ebene der Existenz erfolgt nicht immer gleich. Je nachdem, wie das Leben verlaufen ist, sind unterschiedliche Phasen zu absolvieren, bis die Seele wieder ihre Lernaufgaben auf der astralen Ebene aufnimmt.
Der Zeitpunkt für die nächste Inkarnation ergibt sich aus der Entwicklung der Seele. Sie weiß, wann es soweit ist und wird erneut an dem Prozess der Planung und der Abstimmung und Verabredungen mit anderen Seelen für ein neues Leben beginnen.

Der Seelenplan
Gesetze der Anziehung und Polarität

Ein Seelenplan ist eine Absprache zwischen zwei oder mehreren Seelen, durch bestimmte Verhaltensweisen und Situationen das gegenseitige Wachstum zu fördern. Die Seele folgt einem bestimmten Plan, welchen sie vor ihrer Inkarnation mit anderen Seelenpartnern/Seelenfamilie vereinbart hat. Diese Seelenverträge bestimmen unsere Aufgaben hier auf Erden und als Mensch. Es geht nicht darum, dass alles vorherbestimmt ist, sondern vielmehr darum, dass unser Leben von bestimmten Lernaufgaben geprägt ist. Der freie Wille ist niemals von irgendeinem Plan beeinträchtigt.
Alles dient letztendlich zu unserem besten und größten Wohl, auch wenn viele Begegnungen mit Leid und Anstrengungen verbunden sind. Oft lernen wir Menschen nur aus dem Leid und nicht aus dem Glück. Letztendlich geht es darum, uns aus dem Leid zu befreien und unserem Herzen einen Schritt näher zu kommen.
Seelenverträge entstehen unter Seelen, die der gleichen oder auch fremden Seelenfamilie angehören. Seelenfamilien sind Seelen, die immer wieder zusammen inkarnieren und sich in jeder Inkarnation die Möglichkeit geben, Lernaufgaben auszugleichen und sich zu heilen.
Dabei haben wir es selbstverständlich auch oder gerade mit schwierigeren Lebensthemen zu tun - mit inneren, ungelösten Konflikten, mit Schicksalen und Lebenssituationen, die uns anfänglich zu überfordern scheinen und die uns „zwingen", persönlich und spirituell zu wachsen; zu erkennen, dass wir an einer Wegegabelung angekommen sind, wo die bisherigen Koordinaten neu justiert werden müssen.

Wir entwickeln ein Verständnis dafür, dass sich "schwierige Lebensthemen" nie "rein zufällig" einstellen, dass wir spirituelle Wesen sind - Seelen - die irdische Erfahrungen machen wollen. Wir beginnen, Verständnis und Vertrauen zu entwickeln, dass es eine "innere Führung" gibt, ein intuitives Schwingen und Fühlen, das sich allen rationalen Erklärungen entzieht.

Manchmal wissen wir nicht weiter, werden still und fühlen das Göttliche. Es führt uns aus der Dunkelheit ins Licht, öffnet die Herzen, sorgt für Vergebung und Demut, legt liebevoll seine Hand auf das EGO und rät zur Mäßigung. Der Schrei „ich will mehr" wird immer zaghafter, bis er irgendwann seinen Atem verliert.

Es geht also darum, Stück für Stück das eigene Ego zu entlarven, es zu kontrollieren und sich immer mehr seinem eigentlichen wahren oder auch höheren Selbst zu nähern. Hilfreich ist es, sich Informationen über das Ego (falsche Selbst) und auch das Höhere Selbst (wahres Selbst) einzuholen.

Typische Auflösungsthemen sind: Sich selbst und anderen vergeben, Schuldgefühle und Schuldzuweisungen abbauen, Abhängigkeiten, Macht, Kontrolle, Manipulation, Abschieben von Eigenverantwortung, Verurteilungen/Abwertungen, Sturheit erkennen und bearbeiten.

Um uns unsere Schwächen oder Schatten vor Augen zu führen, zieht unsere Seele also entsprechende Erfahrungen und Menschen in ihr Leben. Das Ganze passiert nicht, um uns zu ärgern oder leiden zu lassen, sondern damit wir lernen und sehen.

Wenn wir begriffen haben, dass es unsere eigene Entscheidung ist, wie wir die Dinge bewerten und das es IMMER eine freie Wahl gibt, sich für Leid und Abwertung zu entscheiden oder aber für „annehmen, lernen und sehen, ohne zu werten", dann kommen wir uns selbst und dem Glück und der Eigenliebe ein ganzes Stück näher.

Urteile kommen grundsätzlich aus dem Ego, das Höhere Selbst nimmt dankbar und wertfrei an und lernt.

Der eigenen Entwicklung sind nach oben hin keine Grenzen gesetzt. Man kann sich das vorstellen, wie bei einer Zwiebel. Man löst Schicht für Schicht ab und kommt immer näher an die Substanz. So kann man allein das Thema "Vergebung" Schicht für Schicht über Jahre verfeinern und ausfeilen. Die Seele wird dabei immer bestrebt sein, den bestmöglichen und höchsten Zustand zu erreichen.
"Seelenfrieden" kehrt in der Regel ein, wenn vor allem karmische Themen und damit Altlasten aufgearbeitet und ausgeglichen werden.
Wurden schließlich alle Themen aufgelöst und von der seelischen Gebundenheit befreit, entsteht eine innere und seelische Neutralität, was praktisch bedeutet, dass wir in Bezug auf unsere Karma-Partner eine ganz normale Beziehung eingehen können: eine Freundschaft, eine Bekanntschaft oder ein berufliches Miteinander.
Solange dieser Heilungsprozess aber noch läuft, werden wir ständig mit der Dualität des Lebens konfrontiert.
Jemand, der Eigenverantwortung ignoriert und immer anderen die Schuld gibt, der wird vermutlich mit einem sehr klaren und verantwortlichen Menschen aneinandergeraten und in einer solchen Konfrontationen „unbewusst" Wachstum und seelische Entwicklung suchen. Je offener wir sind und je mehr wir bedingungslos annehmen, statt an unserer Scheinwelt festzuhalten, umso schneller und nachhaltiger entwickeln wir uns.
Mit unserer seelisch-menschlichen Weiterentwicklung und den erfolgreichen Lernprozessen verändert sich der Schwingungston eines Menschen, so dass plötzlich andere und neue Dinge in das Leben treten.
Je näher man sich selbst ist und Stimmigkeit zum Außen spürt, umso stärker ist der Mensch mit seiner inneren Führung und Intuition verbunden.
Warum dieser Prozess so schwer ist, liegt an der Dominanz und dem Beharrungsvermögen des Egos. Der Verstand und das Ego

wollen mit dem Kopf durch die Wand, niemals nachgeben, immer Recht haben, bloß nichts verändern. Geradezu verbissen tun wir alles, um zu werten, unseren Schatten zu bekämpfen und warten solange, bis uns Leid und die äußeren Umstände zu einer anderen Einsicht zwingen. Loslassen von Gewohnheiten ist nicht sein Ding. Erst dann sind wir bereit, zu **be**-greifen.Deshalb ist der Appell an die Eigenverantwortung und das Gesetz der Anziehung von besonderer Wichtigkeit.

Uns, den Wanderer zwischen den Welten erwartet keine letzt Sicherheit und Verlässlichkeit. Werden wir von Leid und schweren Schicksalsschlägen getroffen, können ganze Lebensentwürfe und Wertesysteme zusammenbrechen. Loslassen lieb gewonnener Normen und Gewohnheiten ist leicht gesagt. Es verursacht bei den meisten Menschen Ängste!

Ein sicher geglaubtes Terrain zu "entgrenzen" und womöglich angreifbar zu machen, das kommt oft einer Selbstaufgabe gleich. Der Zusammenbruch zentraler Lebenskoordinaten kann als ein geistiges Sterben empfunden werden, als eine Art sozialer Tod. Wir merken, dass es auf den vertrauten Wegen nicht weitergeht, aus Macht wird Ohnmacht; Sinnzuweisungen oder Annahme des Scheiterns verstummen.

Lieber wird dann billigend in Kauf genommen, sich mit den bestehenden schlechten Lebensverhältnissen zu arrangieren, statt sich einer Veränderung zu unterwerfen. Dabei muss vor allem die „zweite Schwerkraft", nämlich lieb gewonnene Gewohnheiten in Form von Glaubenssätzen („Das habe ich schon immer so gemacht, warum soll ich das ändern") und Rituale („ohne meinen Arztbesuch fehlt mir etwas") überwunden werden.

Hierbei handelt es sich um Konditionierungen des Unterbewussten, die sich irgendwann einmal bei der Bewältigung von Krisen und Lebenskonflikten bewährt haben. Das aber war gestern! Heute sind die meisten davon überholt, hängen aber immer noch wie Fesseln an unserem Denken. Auch dazu im Teil „Praktische Codierungen" mehr.

Um es gleich voran zu stellen: Loslassen bezieht sich nicht in erster Linie auf materielle Dinge. Loslassen bezieht sich auch auf das Bild, das wir von uns selbst haben. Auf unsere persönlichen Überzeugungen, auf unsere Glaubenssätze, auf unsere Konditionierungen, auf die sogenannten Wahrheiten, an denen wir festhalten.
Wir kommen ohne alles auf diese Welt und wir werden sie auch ohne alles wieder verlassen. Aber in der Zeit dazwischen verhalten wir uns so, als könnten wir alles unverändert behalten.
Wir tun so, als würde alles, was wir besitzen, zu uns gehören. Das ist ein Irrtum und gleichermaßen eine Illusion. Wenn es wirklich zu uns gehören würde, müssten wir es auch mitnehmen können.Loslassen wird immer dann besonders schwierig, wenn wir uns mit etwas identifiziert haben.
Wenn wir der höchst trügerischen Ansicht sind, dass dieses ETWAS zu uns gehört, uns ausmacht. Dieses Etwas haben wir lediglich eine Weile zur Verfügung. Leid schaffen wir mit Sicherheit dann, wenn wir es über die Nutzungszeit hinaus festhalten wollen.
Da, wo das Prinzip „Annehmen und Loslassen" in das Gegenteil verkehrt wird, entsteht statt Fluss lediglich Druck und Kampf. Kampf absorbiert Energie, sorgt für Starre und Blockaden.
Wenn wir mehr dem Ego als dem Selbst folgen, verlieren wir die Verbindung zu unserem Höheren Selbst. Das Ego ist auf Ablenkung und Verzögerung ausgelegt, das Ego will den Körper nur für den eigenen Gewinn statt zur Kommunikation benutzen.
Aber wir haben die Wahl. Und vor dieser Wahl haben wir häufig Angst. Angst, einen Teil von uns zu verlieren.
Wenn wir krank sind, leugnen wir etwas. Krankheit und Verletzung stehen für verborgene Negativität, emotionalen Schmerz, falsche Wahrnehmung.
Die Körperteile sind das Symbol und wir nutzen sie zur Kommunikation, als Ausdrucksform. Wenn wir die Metapher oder das Symbol verstehen, ist das bereits der erste Schritt zur Heilung.

Klar ist aber: Je schwerer eine Krankheit, umso „härter und seelenloser" klingt die „Botschaft" in Form von Schmerz und Leid. Das klingt nicht nach Mitgefühl, nach „Mit-Leiden" oder Beistand, den wir in einer solchen Situation am liebsten hätten. Krankheitsbilder aber entstehen, wenn inhaltliche Themen, deren bewusste Bearbeitung die Betroffenen verweigern, in den Körper absinken und sich im Symptom somatisieren. Zur Lösung eines Problems trägt es wenig bei, seine Verkörperung mit biochemischer (z.B. Cortison) oder gedanklicher (z.B. Affirmationen) Hilfe zu unterdrücken. Das Gegenteil wäre notwendig. Statt sich gegen das Symptom zu verschwören, ginge es darum, es verstehen zu lernen, d.h. den Inhalt hinter dem körperlichen Geschehen bewusst zu machen. Gelingt es, das Thema ins Bewusstsein zurückzuholen, besteht zumindest die Chance, es hier zu bewältigen. Dadurch wird der Körper von seiner Darstellungsarbeit entlastet. Je deutlicher und damit auch unangenehmer das Problem ins Bewusstsein rückt, desto leichter fällt es dem Körper, es loszulassen. Tatsächlich ist der Körper nur Ausweichbühne für das Bewusstsein. Bewusst abgelehnte Themen verkörpern sich mit Vorliebe ersatzweise auf der Körperbühne. So wird Krankheit zum Weg.

Es gibt aber leider kein Handbuch mit Anleitungen zum Abschiednehmen vom Opferarchetyp, die Hinwendung zur schmerzhaften und gleichzeitig befreienden Erkenntnis: Dieses Leben gehört mir und ich bin zu allererst der verantwortliche Schöpfer meiner Realität.

Andere, die bereits resigniert haben und keinen Gedanken mehr darauf verschwenden wollen, in welche Richtung denn nun der eigene Finger zeigen soll, haben sich vom Weg der Selbsterkenntnis längst herabschiedet.

Eine Art „Selbstheilungsweg" ist nicht Jedermanns Sache. Statt der bequemen Form von Projektion ist Reflexion gefragt. Das bedeutet immer, der Finger zeigt zu mir und nicht auf andere.

Plötzlich steht das gebeutelte Ich im Mittelpunkt der Betrachtung. Nicht als Geschundener, sondern möglicherweise als Täter, weil sich Ursache und Wirkung nicht trennen lassen.
So wie es in den hermetischen Gesetzen beschrieben ist: Was wir säen, das werden wir ernten. Bei diesem Kausalgesetz kommt es allein auf uns an. Auf unser Handeln, auf unser Denken, auf unsere Art, wie wir die Welt sehen und behandeln.
Merksatz: Jede Ich-Identifikation mit äußeren Dingen oder Umständen führt zwangsläufig zu leidvollen Erfahrungen, da die äußeren Dinge und Umstände sich ständig wandeln und sich sogar auflösen können. Wir sind nicht DIES oder JENES. In vielen Fällen können wir sogar ein Festhalten über den Tod hinaus feststellen.
Alle Materie besteht aus den 105 Grundelementen, welche aus Neutronen, Protonen und Elektronen und deren absolut perfekte und rhythmische Bewegungen aufgebaut sind.
Warum sollten also wir Menschen die Einzigen sein, die Zufällen ausgesetzt sind, nachdem doch die gesamte Natur um uns herum einem gleichmäßigen Rhythmus und seiner Gesetze unterliegt?
Wer sich über die Zusammensetzung des Universums und des Lebens Gedanken macht, der kann nur zu dem Schluss kommen, dass hinter Allem und jedem Ereignis ein Gesetz steht, das wir nur nicht immer auf Anhieb erkennen.
Ist es Zufall, wenn manche Menschen immer wieder mit den gleichen Themen konfrontiert werden? Der Zufall als ein nicht berechenbares und nicht gesetzmäßiges Geschehen würde jeden Kosmos in ein Chaos verwandeln. Karma wäre nur eine leere Formel.
Thorwald Dethlefsen schreibt dazu in „Schicksal als Chance":
Die Analogie „wie oben, so unten" hat nur dann eine Berechtigung, wenn wir bereit sind, dieses Universum als einen Kosmos der Ordnung anzuerkennen, der von Gesetzen beherrscht wird und keinen Platz für Zufälle hat.
Eines der wichtigsten Gesetze des Lebens ist das Polaritätsgesetz. Ausatmen braucht das Einatmen und das Leid einer schweren

Krankheit muss sich in der Gesundheit spiegeln, um überhaupt als solches begriffen zu werden.

Alles, was der Mensch in der Welt der Erscheinungsformen vorfindet, und alles, was der Mensch sich vorstellen kann, offenbart sich ihm immer in zwei Polen. Es ist dem Menschen unmöglich, sich eine Einheit außerhalb der Polarität vorzustellen. Zahlensymbolisch heißt dies, dass die Zahl Eins nicht denkbar ist, solange die Zwei noch nicht erschaffen ist, die Eins setzt die Zwei voraus.

Auf der geometrischen Ebene ist dies leichter nachvollziehbar. Das geometrische Symbol der Eins ist der Punkt - ein Punkt besitzt weder räumliche noch flächige Ausdehnung, sonst wäre er eine Kugel oder eine Scheibe. Der Punkt besitzt keine Dimension. Einen solchen Punkt können wir uns aber so recht nicht vorstellen, denn jede Vorstellung eines existierenden Objektes besitzt immer eine Ausdehnung, auch wenn er noch so klein ist. Deshalb ist die „Einheit", das Tao (mit allem Eins-Sein) für den Menschen virtuell nahezu unbegreiflich.

Unser Bewusstsein gehorcht dem Gesetz der Polarität. Es untersteht der Zwei. So gibt es plus und minus, Mann und Frau, elektrisch und magnetisch, oben und unten, gesund und krank, gut und böse, Licht und Finsternis. Die Reihe ließe sich unendlich verlängern, da es zu jedem Begriff immer auch einen Gegenpol gibt.

Solche Begriffspaare nennen wir Gegensätze, und wir sind es gewohnt, im konkreten Fall die Frage "Entweder-Oder" zu stellen. Wir versuchen ständig Ereignisse, Gedanken oder Menschen solchen Begriffspaaren zuzuordnen. „Unser Gegenüber" ist entweder dick oder dünn, sympathisch oder unsympathisch, reich oder arm. Bei all dieser Katalogisierung sind wir der Meinung, dass diese Gegensätze einander ausschließen. Hier aber hier liegt der erste Denkfehler.

Die Wirklichkeit besteht aus Einheiten, die sich jedoch dem menschlichen Bewusstsein nur polar offenbaren.

Wir können die Einheit als Einheit nicht wahrnehmen, woraus wir nicht folgern dürfen, dass diese nicht existiert.

Die Wahrnehmung der Polarität setzt zwangsläufig die Existenz einer Einheit voraus. Die Zwei kann immer nur Folge der Eins sein. Wir sehen die Einheit immer nur in zwei Aspekten, die uns gegensätzlich erscheinen. Doch gerade Gegensätze bilden zusammen eine Einheit und sind in ihrer Existenz voneinander abhängig. Aber Vorsicht! Das Polaritätsgesetz sorgt auch dafür, dass sich Entwicklungen oft in ihr Gegenteil verkehren.

Wer etwa sein Leben nur dem Ziel „Macht und Geld" widmet und dieses auch durchgesetzt hat, der sollte einkalkulieren, dass irgendwann auch das Gegenteil, nämlich Ohnmacht und finanzieller Notstand eintreten können – möglicherweise auch auf einer anderen, psychischen Ebene.

Das Polaritätsgesetz verhindert mit ziemlicher Sicherheit, dass wir uns einseitig durchs Leben mogeln und alles aussparen, was uns mit den ausgegrenzten Aspekten unseres Bewusstseins in Berührung bringt.

Ein mindestens ebenso häufiger Denkfehler besteht darin, dass wir glauben, zu einem besseren Menschen zu mutieren, wenn wir nur noch positiv denken und alles in unserem Leben weglassen, was nicht „edlen und reinen Geistes" ist.

Wen eine solche Gesinnung überkommt, der will plötzlich nicht mehr werten, kritisieren, der mimt im Straßenverkehr nur noch den Verständnisvollen, egal ob man notorischen Langsamfahrern oder PS-Rambos begegnet. Ein so gewendeter Zeitgenosse tut eigentlich alles wie bisher, nur andersherum. Es bedarf keiner besonderen Erkenntnis, dass hier rein gar nichts vom Polaritätsprinzip verstanden wurde.

Die Einstellung gegenüber dem anderen Pol ist nach wie vor negativ, nur die äußeren Rituale haben sich verändert. Ginge es um tatsächlich veränderte Handlungsmuster, die eine echte Bewusstseinserweiterung darstellen, dann wäre die Haltung in etwa so:

Alles IST, aber ich entscheide mich jetzt für die Erfahrung des Nicht-Kritisierens, ich lasse die Menschen so wie sie sind. Verhalten sich andere nicht nach diesem Muster und kritisieren munter weiter, lasse ich sie in Ruhe, achte sie aber dennoch. Erst wenn wir loslassen und alles was ist, sein lassen, respektieren wir alle Ebenen der Polarität.

Schon Bert Brecht, als überzeugter Sozialist der Spiritualität wenig verdächtig, erkannte, dass das Gegenteil von „gut" oft nicht „böse" sondern „gut gemeint" sei. Tatsächlich bringen gut meinende Menschen, die die Polarität nicht beachten, sich selbst und ihr Umfeld häufig in ziemliche Gefahr." (COMED 09/2009).

Wer einen Pol der Wirklichkeit aus der Welt schaffen will, verstärkt ihn unbewusst damit noch mehr. Er verschiebt ihn lediglich auf eine weniger gut sichtbare Ebene, wo er- als Schatten - meist noch mehr Energie und Aufmerksamkeit beansprucht. Es ist absolut unmöglich, auf diese Weise irgendetwas aus der Welt zu schaffen.

Während die Homöopathie nach der Ursache von Symptomen fragt und langfristig zu einer Lösung kommen will, die Heilung bedeutet, verdrängt die Schulmedizin die Krankheitszeichen „vom Monitor des Menschen" (Rüdiger Dahlke).

Damit sind sie aber nicht verschwunden, sondern agieren auf einer unsichtbaren Ebene womöglich viel bedrohlicher weiter.

Aber der Patient ist mit im Spiel! Die Schuld für mangelhaftes Heilverständnis auf den Arzt zu schieben bedeutet, den eigenen Seelenanteil bei diesem Prozess zu ignorieren. Man könnte es auch einfacher ausdrücken: Solange wir immer noch Schuldige für unseren Misserfolg suchen, desto weniger haben wie die Gesetze des Lebens verstanden.

Leider haben wir es uns zur Gewohnheit gemacht, für alles, was einem persönlich nicht passt, Entschuldigungen oder Schuldige im Außen zu suchen. Bei dieser Suche nach den Verantwortlichen reicht die Skala von Familienangehörigen über Freunde bis hin zu Ärzten, Politikern und Bankern.

Als die DDR zusammenbrach und naive Gemüter das Böse vernichtet und das Paradies heraufkommen sahen, da warnten bewusstere Zeitgenossen vor der drohenden Einseitigkeit dieser Perspektive. Natürlich bekam die einseitige Sicht aller Warnungen zum Trotz die Oberhand und brauchte nicht lange, die hässliche Seite des Kapitalismus zu spiegeln.

Wer hätte noch Anfang 2008 geglaubt, bürgerliche Politiker würden im Jahr 2009 die Verstaatlichung der Banken betreiben wollen, um das Finanzsystem zu retten.

Nehmen wir die Polemik aus der Diskussion heraus, dann entpuppt sich das Gute als das Bewusste und das Böse als das Unbewusste. Und da wir vom Licht der Bewusstheit sprechen, ergeben sich die Gegenpole Licht und Schatten.

Die große Mehrheit der Menschen ignoriert das Polaritätsgesetz und stärkt so jene dunkle Seite des eigenen Wesens, die C.G. Jung den Schatten nannte. Alles, was wir von uns weisen, was uns stört und was wir am wenigsten zur Kenntnis nehmen wollen, das wird zu unserem Schatten. Wenn wir ergründen wollen, warum etwas in unserem Leben anders verläuft, als wir es uns wünschen, dann sollten wir zuerst den Blick auf das richten, was wir bekämpfen. Häufig manifestiert sich dieser „Feind" in Krankheitsbildern, und der Körper wird zu einer „Art Bühne für jene (Theater-) Stücke, die im Bewusstsein nicht mehr gespielt werden, ja -die ins Unbewusste verdrängt werden (Rüdiger Dahlke- Zeit und Raum, Nr. 162/Dezember 2009).

Schatten wird aber nicht nur auf der Körperebene sichtbar, sondern auch bei Trennung, Verlust des Arbeitsplatzes, Unfällen, Schicksalsschlägen, Tod. Bei all' diesen „äußerlichen Ereignissen" sind wir schnell geneigt, die Verantwortung dafür ganz weit von uns weg zu schieben. Das ist der Augenblick, bei dem wir in die Projektion flüchten. Projektion ist das Verfolgen eigener Wünsche in anderen. Das Objekt kann eine Person oder ein beliebiger Meinungsgegenstand sein. Die übertragenen Eigenschaften entstammen dem Unbewussten und betreffen sowohl negative

(das ist die Regel) als auch positive Wertungen. Sie kann aus dem individuellen oder kollektiven Unbewussten kommen.
Wie viele Menschen dieses Gesetz des Lebens weder kennen noch um seine Akzeptanz bemüht sind, ist im Vergleich zur Regeltreue auf anderen Ebenen mehr als erstaunlich.
Wo Menschen agierten, war Projektion schon immer eine beliebte Strategie. Die Analytische Psychologie nach Carl Gustav Jung versteht unter Projektion zum einen das Zuschreiben von „in der eigenen Psyche angelegten Archetypen" gegenüber Personen oder Objekten außerhalb des Ichs. Wenn wir einmal hinter diesen Mechanismus gekommen sind und erschrocken-fasziniert feststellen, dass wir jedes Mal der eigenen Person auf die Spur kommen, wenn wir bei anderen etwas kritisieren oder bekämpfen, dann kann uns das eindrucksvoll entlasten: Statt andere mit Macht verändern zu wollen, können wir unsere Energien auf die „Nachentwicklung" der eigenen Schattenseiten richten. Das ist nicht nur viel einfacher, es ermöglicht uns auch, bislang „abgespaltene" Persönlichkeitsanteile in unser Gesamtbild zu integrieren und dadurch „heil", d. h. GANZ zu werden.
Auch Krankheit fehlt diese Ganzheit. Wer Krankheit als Symbol und als Sprache der Seele versteht, erlebt, dass Form und Inhalt nicht nur zusammenpassen, sondern immer auch zusammengehören. Krankheit, so beschreibt es Rüdiger Dahlke, „ist der formale Aspekt eines geistig-seelischen Inhalts oder anders ausgedrückt: Symptome sind Verkörperungen seelischer Themen".
Plato sagte, hinter jedem Ding stehe eine Idee, und Goethe ging davon aus, dass alles Geschaffene ein Gleichnis sei. Zu dieser alten Weisheit zurückzufinden, ohne die unbestreitbaren Errungenschaften moderner Medizin zu verwerfen, ist das Anliegen der esoterischen Medizin.
Nach Jung kann die Entwicklung und Selbstwerdung nur gelingen, wenn das ICH und der Schatten zusammenkommen und im Selbst aufgehen.
Hieraus resultiert die Formel:

SELBST = ICH + SCHATTEN.

Das Gesetz der Anziehung gilt generell, für alles und alle. Es gilt für alles, das existiert. Jeder Gedanke, den wir denken, jedes Gefühl, das wir fühlen, zieht ähnliche oder gleichartige Gedanken und Gefühle an. Es reicht schon aus, dass wir etwas aufmerksam betrachten. Dies erzeugt Gedanken und jeder Gedanke ruft entsprechende Gefühle und Schwingungsmuster hervor.
Diesen Überlegungen liegt die Annahme zugrunde, dass alles Geistige – also Gedanken, Gefühle, Befürchtungen und Wünsche – „Schwingungen" erzeugt. Diese Schwingungen sollen sich von der Person, die sie erzeugt, auf die Außenwelt übertragen und dort entsprechende Wirkungen hervorrufen, unabhängig davon, ob die Person sich dessen bewusst ist oder nicht. Daraus wird die These abgeleitet, ein Kenner und Anwender des Gesetzes der Anziehung könne seine Wünsche durch gezielte Ausrichtung seiner Aufmerksamkeit wahr werden lassen.
Das Gesetz der Anziehung wird somit als Werkzeug aufgefasst, mit dem jeder sein Leben nach seinen Wünschen und Vorstellungen gestalten kann.
Die zur Zeit bekannteste Rezeption sind der Film und das Buch The Secret von Rhonda Byrne. Die Autorin beruft sich auf ein mysteriöses hundert Jahre altes Buch, welches sie nach eigenen Angaben durch Zufall gefunden habe und in dem das „Geheimnis" beschrieben werde. Dort seien Platon, Newton, Hugo, Beethoven, Lincoln, Emerson, Edison und Einstein als Kenner und Anwender des Gesetzes der Anziehung aufgeführt. Verfasser und Titel des Buches benennt Byrne nicht eindeutig, sie verweist jedoch auf die Werke der Autoren Robert Collier und Charles F. Haanel. Sie führt verschiedene Referenzen an, die ihrer Theorie einen wissenschaftlichen und lebenspraktischen Hintergrund geben sollen. Dazu gehört beispielsweise der als Autor von Marketing-Büchern bekannte Joe Vitale.

Er vergleicht in Byrnes Buch Gedanken mit Magneten, denen eine spezifische Frequenz zugeordnet sei, mit der sie magnetisch alle Gegenstände, Personen und Handlungen mit gleicher Wellenlänge anziehen.

Jeder von uns bildet diese universelle Dynamik der Energie von Einheit und Trennung in sich ab. Es gibt eine ständige Neuausrichtung und Nachjustierung unserer inneren Konfiguration von Bewusstsein (es sei denn, wir verleugnen oder widersetzen uns dieser Innenschau). Unser Sein formt sich selbst ständig neu, um zu immer größerer innerer Harmonie zu gelangen.

Zur Erleichterung dieses Prozesses der Schwingungserhöhung (dem natürlichen Fluss des Aufstiegs), erschaffen wir uns externe Umstände als Spiegel, die uns unsere interne Konfiguration des Bewusstseins reflektieren. Jeder Gedanke, jedes Gefühl, jedes Wort und jede Tat ist eine Möglichkeit, uns zu spiegeln. Mit anderen Worten: Jeder von uns ist wie ein Kino-Projektor, der den äußeren Film unseres Lebens durch das erschafft, was wir im Inneren sind.

Alles besteht aus Energie – aus Bewusstsein, welches aus der Quelle auftaucht. Dabei ist die Quelle das "Publikum" in der Dynamik – sie ist der Seher aller Dinge. Die Quelle und die Energie sind ganz und gar nicht zu trennen. Die Seele in uns bewirkt und beeinflusst alles, was wir tun und erleben. Wohin immer wir unsere Aufmerksamkeit richten, oder was immer unser Bewusstsein gerade enthüllt, wird in unser Leben projiziert und formt dort alle Interaktionen, die wir erleben …

Bestimmung ist in diesem Prozess ein spontanes Auftauchen und Schöpfung seine spontane Wirkung. Wir – die Seele – sind ein Kanal für das Fließen dieser Energie. Da die Seele unsere einzigartige Reflexion des Menschseins ist, verkörpern und strahlen wir bestimmte Merkmale nach außen. Es besteht keine Notwendigkeit und kein Wunsch nach einem bestimmten Ergebnis, alles dreht sich um Ausdruck, Lernen und Entwicklung (die ewige Realisierung höherer Harmonien).

Wirklicher Frieden und wirkliche Ausrichtung im Leben geschieht, wenn der Mensch in jeder Sekunde mit der natürlichen Spontaneität der Seele in Einklang ist. Das ist Erleuchtung – ein bezaubernd gewöhnlicher und völlig natürlicher Zustand des Seins. Zumindest in der Theorie.
Nun mag die Seele "sehen" was da zur Erfüllung gelangen wird. Wir könnten es träumen, haben spontane Visionen von dem, was sich formt, und wir könnten uns auch als ein Teil dieser authentischen Manifestation erleben – durch eine innere Sehnsucht, ein Aufsteigen aus der Tiefe unseres Seins. Wir werden zu Kanälen dieses Schöpfungsaktes.
Das Gesetz von Resonanz und Anziehung funktioniert tatsächlich, ich habe es selbst zigmal erlebt. Trotzdem bin ich überzeugt, dass all die Wunsch-Gurus sich schrecklich irren. Es sind letztendlich die Wünsche unserer Seele, die das Leben formen und uns entwickeln. Es ist unser Herz, nicht unser Wollen.
Die Katalogphilosophie, nach der ich eine glitzerne Scheinwelt serviert bekomme, wenn ich nur intensiv genug wünsche, das ist nicht mehr als ein esoterisches Märchen.
Alle, die sie gekannt haben, sind sich einig: Bärbel Mohr war ein liebenswerter Mensch mit einem weit offenen Herzen. Sie wollte Liebe und Glück in der Welt verbreiten, Mut machen, dass wir alle das Leben unserer Träume leben können. Uns zeigen, dass wir alle unsere eigene Realität manifestieren.
Und dann ist sie am 29. Oktober 2010 im Alter von 46 Jahren an Krebs gestorben. Und das wirft Fragen auf: Wie geht das zusammen? Ist es doch alles Unsinn? Und warum hat Bärbel Mohr ihre Krankheit der Öffentlichkeit verheimlicht?
In seinem Nachruf auf „Spuren.ch" schreibt der Schweizer Erfinder Martin Frischknecht:
"Bärbel Mohr schwieg, weil Krankheit in ihrem System einem Versagen gleichkommt. Bist du krank? So bestell dir Gesundheit! Bist du immer noch krank? Dann hast du falsch bestellt.

Da die Propagandistin solchen Denkens mit dem eigenen Leben dafür einsteht, dass es auch funktioniert, hat sie vor den Leuten zu strahlen".
Würden die eigenen Zweifel, das eigene Versagen, würden kleine und größere Gebrechen dem Publikum sichtbar gemacht: es würde den Wert der eigenen Botschaft in Frage stellen und die Vermessenheit des umfassenden Anspruchs enthüllen, und das wäre schlecht für den Absatz. Habe ich damit gesagt, 'Bestellungen beim Universum', 'The Secret' und all die vielen Propagandaschriften zum Resonanzgesetz seien unmenschlich? Ja, ich bin dieser Meinung.
Ein Kommentator zum selben Artikel schüttelt ebenfalls den Kopf über die "schräge Allmachtsfantasie, die hinter dieser shopping-Philosophie steckt." Und stellt abschließend fest: "Der Tod ist die größte narzisstische Kränkung, die wir erfahren können, hat Freud einmal gesagt. Gerade im Hinblick auf die Illusion, man könne sich alles einfach bestellen, zeigt sich, an was der universellen Shopping-Philosophie mangelt: Demut." Nicht mein Wille, sondern sein Wille (Gott) geschehe!!

„INKARNATIONSVERTRAG" oder die Gesetze des Universums
(Jo Conrad, März 2002)

Es ist hilfreich, über jeden Satz einzeln nachzudenken.
§1) Sie erhalten einen Körper. Dieser Körper ist neu und einmalig. Niemand sonst bekommt den gleichen.
§2) Sie erhalten ein Gehirn. Es kann nützlich sein, es zu benutzen.
§3) Sie erhalten ein Herz. Die besten Resultate erzielen Sie, wenn Hirn und Herz ausgewogen benutzt werden.
§4) Sie erhalten Lektionen. Niemand bekommt exakt dieselben Lektionen wie Sie oder kann sie Ihnen abnehmen.
§5) Sie können tun, was Sie wollen. Alles, was Sie anderen antun, kommt zu Ihnen zurück.
§6) Eine Lektion wird so lange wiederholt, bis sie begriffen wurde. (Auch inkarnationsübergreifend)
§7) Dieser Vertrag ist für alle gleich. Es gibt keine Privilegien, auch wenn einige das behaupten. (Handschriftliche Änderungen haben keine Gültigkeit.)
§8) Sie bekommen Spiegel, um zu lernen. Viele Spiegel sehen aus wie andere Körper.
Sie sind dazu da, Ihnen etwas zu zeigen, das in Ihnen ist.
§9) Wenn Ihr Körper zerstört wird oder aufhört, zu funktionieren, bekommen Sie einen neuen. (Es kann zu Wartezeiten kommen.)
§10) Der Inkarnationsvertrag läuft erst aus, wenn alle Lektionen zu einem befriedigenden Ergebnis geführt haben.
§11) Was befriedigend ist, bestimmen Sie

Nützliche Hinweise und Tipps:
Ziel ist es nicht, beim Verlassen eines Körpers möglichst viel Geld zu haben.

Es gibt keinen Bonus für Berühmtheit oder Beliebtheit.
Sie müssen sich nicht an den Fehlern anderer orientieren.
Regeln sind dazu da, überprüft zu werden.
Behauptungen anderer über das Ziel können Ablenkungen sein.
Sie können nichts falsch machen. Es kann höchstens länger dauern.
Zeit ist eine Illusion!
Sie haben Zugriff auf alle Antworten über eine spezielle Verbindung in Ihrem Herzen.
Alles innerhalb des Schulungsraums reagiert auf Herzensausstrahlung.
Versuche, den Schulungsraum zu beschädigen, führen zu Einschränkungen.
Niemand kann Ihnen die Verantwortung abnehmen.
Gewalt führt niemals zu einer Lösung.
Es kann nützlich sein, darauf zu achten, welche Situationen sich wiederholen.
Drogen (legale und illegale) können die Wahrnehmung der Lektionen verfälschen.
Nur, weil alle sich auf eine Weise verhalten, muss das nicht bedeuten, dass es richtig ist.
Es gibt selten nur eine richtige Lösung.
Sie können einen Antrag auf Vergebung stellen.
Es gibt keine Extraklauseln für niemanden.
Sie werden geliebt. (Auch wenn Sie in der Bronx oder Somalia sind.) Alles andere ist Täuschung.
Lektionen sind besondere Gelegenheiten, sich zu entwickeln und keine böse Absicht.
Andere in der Entwicklung zu behindern, bringt keinen Vorteil.
Sie bekommen (vorzugsweise während der Nachtstunden) Gelegenheit, den Körper zu verlassen.
Erinnerungen an Erfahrungen außerhalb des Körpers werden nicht im Körper bzw. Gehirn gespeichert.

Herumspielen an Ihrem Körper ist Ihr gutes Recht. An den Körpern anderer (Magie/Reiki/Prana) erfordert das deren Einwilligung.
Abgucken ist sinnlos!
Wer Ihnen eine Lebensversicherung anbietet, ist ein Betrüger.
Das mutwillige Beenden einer Inkarnation führt zur kompletten Wiederholung der Lektionen.
Wissenschaftliche Gutachten und heilige Schriften dienen der Verwirrung.
Es geht nicht darum, Erster zu sein.
Es geht nicht darum, cool auszusehen.
Niemand macht in Ihrer Situation eine bessere Figur als Sie.
Sie sind nicht der Einzige, der am Sinn des Inkarnationsvertrages zweifelt.
Da Sie diesem Vertrag zugestimmt haben, ist es unnütz, sich darüber zu beschweren, dass Sie hier sind.

Die beseelte Natur
Von Erdgeistern und Gnomen

Nicht nur wir, auch die Natur ist beseelt. So jedenfalls glauben die Buddhisten an Devas oder Geister, die in Bäumen leben. Ebenso die Indianer – die Ojibways vermieden es aus diesem Grund, Bäume zu fällen. In Sumatra verehrt man spezielle Baumsorten wie den Banyan- und Pule-Bandak-Baum als Verkörperung "Geist des Waldes", und auf den Fidschis glaubt man, dass Bäume und Tiere eine Seele besitzen. Auch die Irokesen glauben, dass Pflanzen und Bäume von Geist durchdrungen sind. In vielen Kulturen finden sich in den alten Überlieferungen Hinweise darauf, dass man an Baumgeister glaubte.
In England erzählt man sich die Geschichte des Earl of Winchelsea, der in der Nähe von Kent einen Eichenhain fällen ließ und dessen Familie von da an vom Pech verfolgt war…
Schon Paracelsus wusste von der Existenz dieser Geschöpfe, die er „Elementale" nannte; später gab man ihnen die Bezeichnung „Naturgeister". Er unterteilte sie in vier Gruppen, nämlich in: Gnome (Erde), Undinen (Wasser), Sylphen (Luft) und Salamander (Feuer). Er lehrte, „dass sie wirklich lebendige Wesenheiten seien, von denen viele menschlichen Wesen ähnlich sind, ihre eigenen Welten bewohnen, die dem Menschen unbekannt bleiben, weil dessen nicht entwickelten Sinne außerstande wären, über die Grenzen der gröberen Elemente hinaus zu funktionieren."
Früher waren Naturgeister die Antwort auf unerklärliche Vorgänge in der Natur. Sie waren verantwortlich für Blitz und Donner, Wind und Wetter. In allen Kulturen gibt es Überlieferungen von lichtvollen Geschöpfen, die in den Lüften leben, von gedrungenen, bodenständigen Wesen, die in der Erde beheimatet sind. Besonders das Pflanzenreich ist von geheimnisvollem Leben

durchdrungen. Bei uns sind diese Wesen als Feen, Zwerge, Elfen, Nixen und Trolle bekannt.

Die Geschichten von Elfen und Zwergen wurden uns durch alte Heldensagen vermittelt. Diese vermischten sich mit volkstümlichen Geschichten. Aber erst im 19. Jahrhundert wurden sie aufgeschrieben und galten als romantische Reaktion gegen den sturen Vernunftglauben des 18. Jahrhunderts und der damit einhergehenden verlorenen Einheit mit der Natur. Vor allem aus den Kinder- und Hausmärchen der Märchensammler Jakob und Wilhelm Grimm sind uns heute noch Sagen und Legenden von Elfen, Zwergen, Nixen und Feen überliefert.

Der schottische Wissenschaftler R. Ogilvie Crombie (1899-1975) wurde berühmt durch seine Begegnungen mit Pan und seine enge Verbindung zu den Findhorn-Gründern. In Findhorn arbeiteten erstmals Menschen, Naturgeister und Engel vollendet zusammen, was dazu führte, daß auf Boden, der laut Wissenschaftlern zum Bepflanzen am denkbar ungeeignetsten war, nicht nur vor Gesundheit strotzendes Gemüse gezogen werden konnte, sondern auch noch solches von selten gesehener Größe.

Die Naturgeister sind überwiegend voller Weisheit und tiefer Demut vor dem LICHT und der LIEBE. Viele haben eine lange Lebenserfahrung und kennen die anderen Lebensformen auf der Erde gut, allen voran die menschliche Zivilisation.

Je nach Kultur haben diese Naturgeister zwar unterschiedliche Bezeichnungen, doch sie sind in nahezu allen Ländern vertreten und nicht selten sogar ein ganz selbstverständlicher Teil der Religion oder Kultur des jeweiligen Landes, wie z.B. die Feen in Irland, die Wichtel in Schweden oder die Elfen in Skandinavien. In unseren Breiten ist zwar ein großer Teil dieses naturspirituellen Glaubens durch die Feldzüge der Kirche verloren gegangen, doch das heißt nicht, dass es die Naturgeister nicht auch bei uns hier in Deutschland gibt. Etwas ist von dem naturspirituellen Glauben übrigen geblieben und wartet darauf, von uns entdeckt und von uns wieder belebt zu werden.

Naturgeist wird in manchen Glaubenssystemen oder konkreten Erlebnisberichten eine „feinstoffliche" Wesenheit bezeichnet, welche in Verbindung mit einem bestimmten Ort in der Natur steht. Dieser Ort kann eine Pflanze, ein Fluss oder ein Fels sein. Bekannt sind Naturgeister in der Mythologie und alten Überlieferungen.

Im Allgemeinen sind Naturgeister weder menschliche noch tierische, aber auch nicht notwendig unkörperliche Konzepte. Naturgeister spielen in manchen Religionen eine wichtige Rolle, in vielen Volkssagen und Märchen, germanischen, keltischen und anderen Mythen und in der Esoterik. Bestimmte Ereignisse oder Erscheinungen werden diesen Geistern zugeschrieben.

Oft wird angenommen, dass Naturgeister die Natur verteidigen. Es gibt viele Geschichten, in denen sie den Menschen, die gut zur Natur sind, helfen, oder ihnen schaden, wenn sie sich oder das von ihnen geschützte Gut bedroht fühlen.

Eine systematische oder gar abschließende Einteilung der Naturgeister scheitert an ihrer Vielfalt, die an diejenige der Natur anknüpft, an der sich menschliche Vorstellungskraft entzündet. Die Vorstellung von Naturgeistern ist im Übrigen an regional oder lokal unterschiedliche Traditionen und Entwicklungen gebunden, so dass eine einheitliche Sichtweise ausscheidet. Heute entstehen durch die esoterische Anknüpfung an diverse Fantasy-Welten zudem immer neue Einzelwesen oder Unterteilungen.

An die klassische Vier-Elemente-Lehre knüpft die Zuordnung an jeweils eines der vier Elemente an. Danach sind zu unterscheiden:

- **Erdgeister oder Gnome.** Zu diesen zählen die Wurzelwichte oder Wurzelgnome (während andere Wichte oder Wichtel Hausgeister sind). Daneben werden die Dämmerelben, Bergmännchen, Trolle, Irrwische und Feen hinzugezählt, aber auch Elfen, insbesondere Baum- und Waldelfen, sowie Blumenelfen. Aus der griechischen Mythologie stammen die Faune und Dryaden. Ob die Zwerge zu den Gnomen gerechnet werden sollen, ist

umstritten. Sie fördern die Entwicklung von Gesteinen, Mineralien und Kristallen, sind in magischen Künsten bewandert und können sich mittels einer Tarnkappe unsichtbar machen.
- **Wassergeister oder Undinen.** In Regentropfen, Pfützen, Tümpeln, Teichen, Brunnen, Quellen, Bächen, Flüssen und Meeren lebend, zählen zu dieser Gruppe Wassermänner und Necker, Wasserfrauen, Meerjungfrauen und Nixen, womöglich auch die aus der griechischen Mythologie stammenden Nymphen, Najaden und Nereiden. Unter ihrem Schutz stehen Wasserpflanzen, Fische und andere Wassertiere. Einige meinen, dass diese Wesen altern und vergänglich sind, andere sprechen insbesondere den für größere Gewässer zuständigen Wassergeistern Jahrtausende dauernde Existenz zu.
- **Luftgeister oder Sylphen.** Sie sind die Hüter der Luft. Die Bewegung des Windes und der Wolken unterliegt ihrer Obhut. Ihre Energie zeigt sich ebenso in der kleinsten Brise wie im mächtigsten Sturm. Zur gleichen Gattung sollen die Lichtelben, Sturmgeister und Devas gehören. Bekannteste Vertreter sind der in Shakespeares Sturm auftretende Ariel sowie Oberon aus dem Sommernachtstraum.
- **Feuergeister oder Salamander.** Sie sind das Wesen des Feuers und aller Wärmeprozesse. Zu diesen sollen nicht nur der Feuersalamander, sondern alle Amphibien zählen, dazu auch Echsen, Schlangen und Drachen.

Rudolf Steiner gliedert in seinem Buch »Theosophie« die Seelenwelt in sieben Regionen, die vier unteren sind subjektiv, die drei oberen sind objektiv. Steiner nennt die unterste Region „Begierdenglut", die Zweite die „Region der fließenden Reizbarkeit", die Dritte die „Region der Wunschstofflichkeit", die Vierte die „Region der Lust und Unlust", die Fünfte „Seelenlicht", die Sechste „tätige Seelenkraft" und die Siebte „eigentliches Seelenleben". Wer seine Seele nur in den unteren Regionen hält, will von der Welt egoistisch Besitz ergreifen und ihn interessiert nur, ob sie gefällt und nützlich ist. In den drei oberen Regionen öffnet sich die Seele der Welt und nimmt emphatisch Anteil. Erst die Unterscheidung zwischen selbstbezogenen und weltbezogenen Gefühlen ermöglicht ein Verständnis der Elementarwesen, denn diese sind die Träger der Gefühle der Welt.

In zahlreichen alten Geschichten treten Pflanzen als Wesen auf, welche erzählen, beraten, oder gar magische Eigenschaften besitzen. Hier kommt die enge Beziehung zwischen Pflanzen und Menschen zum Ausdruck, welche früher selbstverständlich gelebt wurde. Unumstritten sind die Heilkräfte, welche zahlreichen Pflanzen innewohnen.

Dass Pflanzen aber wirklich kommunikative Wesen sind, eng mit den Menschen verbunden, dürfte vielen von uns neu sein. Wie beglückend es sein kann, seinen "persönlichen Baum" zu entdecken und mit diesem gemeinsam Antwort auf persönliche Fragen zu finden, das ist eine Erfahrung wert. Andrerseits konnte ich gelegentlich beobachten, dass Bäume oder Blumen krank wurden, nachdem ältere Gartenbesitzer krankheitsbedingt weniger oder gar nicht mehr in ihren Garten kamen. Häufig starben solche Pflanzen dann kurz nach ihren Besitzern.

Auf Island ist der Umgang mit den Naturgeistern heute noch so lebendig, dass spezielle Geisterkundige, man nennt sie Elfenbeauftragte, vor Baumaßnahmen mit den Naturgeistern kommunizieren, da sonst bezeugte Probleme wie Maschinenausfälle oder Unfälle beim Bau auftreten.

Denn immer wieder kommt es vor, dass Bauvorhaben auf unerklärliche Weise gestört wurden. Wie beispielsweise, als eine Stunde nördlich von Reykjavik ausgerechnet in einem Gebiet, das besonders dicht von Elfen, Gnomen, Nymphen, Feen und Trollen besiedelt war, eine Feriensiedlung und ein Golfplatz gebaut wurden. Offensichtlich schätzen nicht nur Menschen, sondern auch Naturwesen Plätze, die sich durch auffallende Schönheit auszeichnen. „Die Bauarbeiten liefen katastrophal ab", sagt Erla Stefansdottir, Elfen-Beauftragte des Landes. „Jeder Tag kostete ein Vermögen, doch die Arbeiter kamen kaum voran.

Eines Tages kippte auf der steinharten Lavastraße ein fünfzig Tonnen schwerer Schaufelbagger zweimal hintereinander einfach um. Für den Projektleiter, der seit dreißig Jahren überall auf der Welt im Geschäft ist, ein absolutes Rätsel."
Schließlich rief man Erla zu Hilfe, doch sie konnte nicht viel tun. Wohl erklärte sie den Wesen, dass die Arbeiter keine Schuld daran hätten, dass ihr schönes Gebiet zerstört werde, sondern – wenn schon – derjenige, der das Land verkauft habe. Daraufhin versprachen die Naturgeister, niemanden mehr zu verletzen, doch Schwierigkeiten machten sie weiterhin. Auch soll der ehemalige Besitzer des Landes wenig später ernsthaft krank geworden sein. Ein ähnlicher Fall, der in der internationalen Presse vermeldet wurde, ereignete sich in der Gemeinde Kópavogur unweit der Hauptstadt. Dort musste man eine breite Straße um einen Felsen herum führen, der Elfenwohnsitz ist. Die Wesen hatten ähnliche Schwierigkeiten bereitet. Heute heißt die Straße sogar nach dem Felsen Álfshólfsvegur – Elfenhügelweg. Daher gibt es auf Island oft scheinbar unsinnige Straßenverläufe, weil die Wohnstatt von Naturgeistern umgangen werden muss. Das Verhältnis zur Geisterwelt ist in den Nordischen Ländern lebendiger als in Mitteleuropa.
Aufsehen erregte in Island noch ein anderer Fall. Am Ende der Laugavegur-Straße in Reykjavik wurde ein großes Autohaus gebaut. Kaum mit den Arbeiten begonnen, stürzten mehrere Handwerker vom Gerüst und verletzten sich. Erla Stefansdottir entdeckte Elfenhäuser in den Felsen neben der Baustelle: „Arbeiter hatten Farbe darauf gekippt, Müll und Baumaterial hingeworfen, es war eine Riesensauerei.
„Auf meinen Rat hin säuberte man die Felsen und hatte fortan keine Probleme mehr. Um die Felsen herum hat man eine Verkaufs- und Ausstellungsfläche für Autos betoniert, aber die Elfenhäuser wurden ausgespart, stehen unter Schutz, sind unberührt und sauber."

An der "Álfaskólin", der Elfenschule in Islands Hauptstadt Reykjavík kann man alles über die sensiblen Naturgeister erfahren. Seit 1995 leitet der Historiker Magnús Skarphédinsson die Schule und bietet halbtägige Ausflüge an. An deren Ende bekommt man eine Urkunde überreicht. Vorausgesetzt, man schließt das Elfenschulentraining erfolgreich ab. Die Schulbücher der Elfenschule klären auf über die dreizehn verschiedenen Elfenarten, drei Sorten von Unsichtbaren, vier Gnom-Gattungen, zwei Typen von Trollen und drei Feenarten. Lange, spiddelige Beine haben die isländischen Elfen, große Ohren und wuscheliges Haar. Zwerge tragen spitze Hüte und Schuhe, einen langen Mantel und haben Bärte. Die Unsichtbaren sehen wie die isländische Landbevölkerung vor ein paar hundert Jahren aus.
Auch in der tibetischen vorbuddhistischen Urreligion Bön spielen Naturgeister und deren Besänftigung oder Beherrschung eine bedeutende Rolle. Einzelne Elemente dieser Kultur haben Eingang in den tibetischen Buddhismus gefunden. Zur Zeit der ersten Verbreitung des Buddhismus in Tibet war die Bezwingung der tibetischen Naturgeister durch den tantrischen Meister Padmasambhava zentrale Voraussetzung für die Verbreitung des Buddhismus im Lande. Viele der durch Padmasambhava bezwungenen Naturgeister wurden unter Eidesleistung als Schützer der Lehren Buddhas (sog. Dharmapala) installiert.
Auch die Anthroposophie integriert die Vorstellungen über Naturgeister aus dem alten Volksglauben. Manche Anthroposophen suchen durch Medien die Verbindung und Zusammenarbeit mit den Naturgeistern. So veröffentlicht der anthroposophische Flensburger Hefte Verlag in regelmäßigen Abständen „Interviews" mit Naturgeistern durch Verena Staël von Holstein. Von ihr werden Naturgeister als distinkte Wesen mit Titeln („der Große", „der Steinerne") vorgestellt; sie kennen einander und erweisen sich als äußerst auskunftsfreudig und informiert über die Nachrichtenlage (z. B. Irak-Krieg). Besonders populäre Natur-

geister werden in Folge-„Gesprächen" mit Leserbriefen konfrontiert. Der Verlag hat mittlerweile über ein halbes Dutzend Bücher über Naturgeister veröffentlicht, welche die Naturgeister sogar unter den Autoren auflisten. (Was die Naturgeister uns sagen – Im Interview direkt befragt. Flensburg Flensburger Hefte 79. Flensburger Hefte Verlag, Flensburg 2003, ISBN 3-935679-09-2.)

In der Geomantie können an Orten, wo Naturgeister leben oder heimisch sind, extrem hohe Energiewerte gemessen werden. Der höchste Wert, den ich kenne, liegt bei 28.000 Boviseinheiten (BE), und an diesem Ort kann sich niemand lange aufhalten. Boviseinheiten können mit dem Pendel oder der Wünschelrute gemessen werden. Der gesunde Normalwert für einen Menschen liegt zwischen 7.000 BE und 9.000 BE.
Wer sich näher mit den Naturgeistern beschäftigen möchte, dem sei das Buch von Sybille Günther: „Bei Zwergen, Elfen und Trollen" empfohlen.
Der Autorin gelingt es, in ihrem zauberhaft inspirierenden Beschäftigungsbuch für Familien mit Kindern auf die Spurensuche zu Naturgeistern wie Zwerge, Elfen, Wassermänner, Wichtel und Trollen zu gehen. Lebendig und interessant erzählt sie von Mythen, die sich um solche liebenswerten Wesen im Laufe der Menschheitsgeschichte gebildet haben. Sybille Günther macht Erwachsenen Mut, sich an die Zeit zurück zu erinnern, als sie noch selber im Wald Zwerge klopfen und hämmern hörten und dem Tanz der Elfen über der Blumenwiese fasziniert zuschauten. Die einzelnen Kapitel des Buches führen zu den verschiedenen Völkchen: in Höhlen und verborgenen Winkeln zu den Zwergen; nach Hause zu Wichteln und Heinzelmännchen; in den Wald und auf die Wiese zu den Elfen; auf die Insel der ewigen Jugend zu den Feen; an Quellen, Bäche, Flüsse und Seen zu Nixen, Meerjungfrauen und Wassermännern.
Auch ein Blick in den hohen Norden zu den Trollen fehlt nicht. Sybille Günther lädt ein zu Spaziergängen in der Natur.

Sie führen zu geheimnisvollen Orten, an denen wir uns die Wesen leichter vorstellen können. Von diesen Spaziergängen bringen die Kinder Naturmaterialien mit, um sich zu Hause eine eigene fantastische kleine Welt erschaffen zu können. Und so schenkt das Buch Mußestunden voller Inspiration mit viel Zeit zum Spielen.

Karma
Gesetz von Ursache und Wirkung

Karma (Sanskrit:karman, „Wirken, Tat") bezeichnet ein universelles Gesetz, nach dem jede Handlung – physisch wie geistig – unweigerlich eine Folge hat. Diese Folge muss nicht unbedingt im gegenwärtigen Leben wirksam werden, sondern kann sich möglicherweise erst in einem zukünftigen Leben manifestieren. Karma ist keine Ideologie, die jemandem Schuld und Strafe für Handlungen zusprechen würde. Der Begriff „Karma" umschreibt lediglich den „Vorgang", dass das, was von einer Person ausgeht, wieder zu ihr zurückkommen wird. Die Person wird also nicht von einem Dritten (Gott, dem Karma) für ihr Tun bestraft oder belohnt, vielmehr wird sie gezwungen, Ausgleich zu schaffen für Gier, Hass, Verblendung und Gewalt, um nur einige Beispiele zu nennen.

Die Wirkung entspricht der Ursache in Qualität und Quantität. Gleiches muss Gleiches erzeugen. Aktion = Reaktion. Dabei kann die Ursache auf vielen Ebenen liegen. Alles geschieht in Übereinstimmung mit der Gesetzmäßigkeit. Jeder Mensch ist Schöpfer, Träger und Überwinder seines Schicksals. Jeder Gedanke, jedes Gefühl, jede Tat ist eine Ursache, die eine Wirkung hat. Es gibt keine Sünde, keine Schuld, keinen Zufall und kein Glück, nur Ursache und Wirkung, die viele Jahrhunderte und Existenzen auseinander liegen können. Glück und Zufall sind Bezeichnungen für das noch nicht erkannte Gesetz. Vor diesem Hintergrund verliert auch der „übliche Zufall" seine Grundlage. Stattdessen erhält der Begriff eine sehr wörtliche Bedeutung: etwas, was einem aufgrund des eigenen vergangenen Tuns „**zufällt**".

Konkret befinde ich mich aufgrund meiner vergangenen Wünsche und Handlungen in einer bestimmten Situation, ob mir diese gefällt oder nicht. Gleichzeitig aber kann ich immer frei entscheiden, wie ich mit dieser Situation umgehe. Dieses Umgehen in und mit der Situation wird wiederum Mitursache für neue zukünftige Lebenssituationen im Kreislauf der Wiedergeburt werden.

Ohne (Willens-)Freiheit kann es keine Eigenverantwortlichkeit geben. Daher sind der Wille und das Wünschen immer frei, aber gleichzeitig ist das Lebewesen nicht allmächtig. So kann zwar das Lebewesen jederzeit frei entscheiden (wünschen), - doch wann und wo dieser freie Willensausdruck umgesetzt wird, wird von Gott bestimmt, der als innerer Lenker (in Sanskrit: antaryami) in allen Lebewesen und allen Dingen weilt.

In den indischen Religionen ist die Lehre des Karma eng mit dem Glauben an Samsara, den Kreislauf der Wiedergeburten, verbunden und damit an die Gültigkeit des Ursache-Wirkungs-Prinzips auf geistiger Ebene, auch über mehrere Lebensspannen hinweg. Im Hinduismus, Buddhismus und Jainismus bezeichnet der Begriff die Folge jeder Tat, die Wirkungen von Handlungen und Gedanken in jeder Hinsicht, insbesondere die Rückwirkungen auf den Akteur selbst. Karma entsteht demnach durch eine Gesetzmäßigkeit und ist nicht Folge einer moralischen Beurteilung durch einen Weltenrichter oder Gott. Es geht nicht um „Göttliche Gnade" oder „Strafe" sondern letztlich um das Gesetz von Ursache und Wirkung:

•alles, was man jetzt tut, ist die Ursache für eine zukünftige Wirkung
•alles, was einem jetzt geschieht, ist die Wirkung einer früheren Ursache

Alle unsere Handlungen bestehen aus Energien, die nach dem Resonanzgesetz auf uns zurückfallen, und es gibt keine Wirkung, die nicht durch unser Tun beeinflusst wurde. Alles Handeln und Denken bewirkt Karma und führt möglicherweise zu Verstrickungen in der Welt.

Zu der Frage, wie sich die Früchte der Taten realisieren, gibt es beispielsweise im Hinduismus mehrere Auffassungen: (1) die Seele verlässt nach dem Tod den Körper und wird in einem neuen, durch Karma bedingten Leib geboren. (2) Die Vergeltung findet teils im Jenseits, teils in der neuen Existenz statt. (3) Gutes Karma kann eine zeitlich begrenzte Seligkeit im „Himmel" erwirken, schlechtes Karma dagegen einen Aufenthalt im „Fegefeuer", jedoch nicht als endgültiger Zustand, sondern z. B. im Wechsel mit der Tiergeburt. Alle guten Werke können religiöse Verdienste (punya) schaffen, die Karma abbauen. Solche besonderen Verdienste erwarten sich Gläubige etwa von religiösen Riten, Fasten, Wallfahrten oder Geschenke an Brahmanen sowie allgemeine Mildtätigkeit (danam) und Tempelbauten.

Der Mensch behält immer seinen freien Willen und ist für sein Karma unbedingt selbstverantwortlich.

Obwohl Karma ein Gesetz von „Ursache und Wirkung" darstellt, vertrauen besonders Gläubige der Bhakti-Richtungen auch auf die bedingungslose Gnade Gottes, welche die Wirkung von Karma vernichten und den Menschen erretten kann.

Wichtig ist, dass selbst eine vordergründig „schlechte" Tat eine gute Wirkung zur Folge haben kann, wenn die Beweggründe rein und ohne Egoismus waren. Die geschilderten Ansätze gehören zum Standpunkt der „Werktätigkeit" (pravritti): Man tut etwas, um eine gute Wirkung zu erzielen.

Ganz anders im buddhistischen Umfeld. Nicht ein persönlicher Schöpfergott ist das implizite Ideal, dem der Mensch in tragischer Unvollkommenheit nachstrebt, sondern das real mögliche Ziel der Buddhaschaft und damit ein Zustand, in dem alle möglichen Fehler überwunden und alle möglichen Qualitäten von Wissen, Liebe und Fähigkeit erreicht sind.

Vor diesem Hintergrund erscheint eine reale Persönlichkeit nur als Begrenzung und Schwäche, ist sie doch das Resultat von Gewohnheiten und geistigen Prägungen, teilweise über viele Existenzen ererbt.

Karma ist immer individuell zu sehen und es obliegt dem Willen Gottes, zu bestimmten Zeiten eine große Zahl von Seelen an einem Ort zusammenzuführen, so dass sich ihr individuelles Karma gemeinsam erfüllen kann und gleichzeitig - bedingt durch die Größe des Ereignisses - bei vielen anderen Seelen, welche ein solches Ereignis nur beobachten oder durch die Geschichte erzählt bekommen, ein individueller Lernprozess ausgelöst werden kann.

Ich habe mir mit dem, was ich gestern vollbracht habe, für heute mein Schicksal geschaffen. Ich habe mich eine Weile von meiner Tätigkeit getrennt; aber diese Tätigkeit gehört zu mir und sie zieht mich wieder zu sich, nachdem ich mich eine Weile von ihr zurückgezogen habe. Meine Vergangenheit bleibt mit mir verbunden; sie lebt in meiner Gegenwart weiter und wird mir in meine Zukunft folgen. Dabei gilt aber auch: Die materielle Polarität ist nicht trennbar. Man muss das "Glück" immer im Zusammenhang mit dem "Leid" sehen und darf nicht nur die bevorzugte (eine) Hälfte betrachten.

Mit seinen Taten hat der Menschengeist wirklich sein Schicksal bereitet. An das, was er in seinem vorigen Leben getan hat, ist er auch bei der nächsten Wiederkehr verbunden. – Man kann ja die Frage aufwerfen: wie kann das sein, da doch wohl der Menschengeist bei seiner Wiederverkörperung in eine völlig andere Welt versetzt wird, als diejenige war, die er einst verlassen hat? Dieser Frage liegt eine sehr am Äußerlichen des Lebens haftende Vorstellung von Schicksalsverkettung zugrunde.

In jedem Falle bestimmt mein Vorleben meine Umgebung; es zieht gleichsam aus der ganzen Umwelt diejenigen Dinge an sich, die ihm verwandt sind. So ist es mit dem Geist selbst.

Es umgibt sich in einem neuen Leben notwendig mit demjenigen, mit dem es aus den vorhergehenden Leben verwandt ist. – Und deswegen ist der Schlaf ein brauchbares Bild für den Tod, weil der Mensch während des Schlafes dem Schauplatz entzogen ist, auf dem sein Schicksal ihn erwartet.

Während man schläft, laufen die Ereignisse auf diesem Schauplatz weiter. Man hat eine Zeitlang auf diesen Lauf keinen Einfluss. Dennoch hängt unser Leben an einem neuen Tage von den Wirkungen der Taten am vorigen Tage ab. Denn: alles fließt! Sucht man nach etwas Zeitlosem und Beständigem, so findet man nichts. Alle Objekte sind leer von Eigenexistenz. Die Objekte sind aber auch nicht Nichts. Wir geben ihnen Wert und Bedeutung. Ähnlich ergeht es dem Menschen. Wir sind definitiv vorhanden, haben Gefühle und Gedanken.
All das existiert. Doch was ist das "Ich"? Sucht man danach, so lässt sich nichts festmachen, was man dauerhaft als Ich bezeichnen kann. Es ist weder beständig noch fest, so wie alles, was uns umgibt.
Unser Geist ist in seiner wahren Natur offen wie der Raum, eine Art zeitloser Behälter, der alles erscheinen lässt, umfasst und miteinander verbindet. Daher kann der Geist auch nicht sterben, wie der Körper. Der Geist bleibt jenseits von Tod und Zerfall.
Karma ist die Bezeichnung für ein Ungleichgewicht, das wieder in Balance kommen muss, um nicht mehr zu wirken. Handlungen, die energetisch ein Ungleichgewicht erzeugen, bewirken eine magnetische Kraft, wie eine energetische Spannung, die zum Ausgleich drängt.
Mehr als jede andere philosophische Schrift kann die die Karmalehre eine der bohrendsten Menschheitsfragen beantworten: „Warum gibt es so viel Unrecht und Leid auf dieser Welt, wenn Gott doch die Menschen liebt?"
Antwort:Es gibt nicht wirklich Unrecht und Leid auf dieser Welt. Zumindest von einem höheren Standpunkt aus (Seelenplan) kommt genau das auf uns zu, was wir zur Entwicklung unserer Seele brauchen. Wir wachsen an unseren Erfahrungen und dazu gehört immer das Lernen durch Gegensätze. Zum Lehrplan des Lebens gehört auch Leiden dazu. Der Buddhismus unterscheidet dabei drei Formen des Leidens:

Zunächst gibt es das **Leid des Leidens**.
Dies ist die gröbste, offensichtlichste Form: wenn nichts mehr richtig funktioniert, wenn wir krank werden, Freunde oder Familienangehörige sterben oder an die Grenzen ihrer Existenz geführt werden. Stets präzise in seinen Aussagen, hat Buddha dieses Leid weiter aufgeschlüsselt. So beinhaltet es das Leid der Geburt, des Alterns, der Krankheit und des Sterbens; das Leid, von Geliebten getrennt zu sein, Ungeliebtem zu begegnen, Gewünschtes nicht zu erhalten und Erlangtes beschützen zu müssen.
Darüber hinaus gibt es eine zweite Form des Leids, die häufig mit Glück verwechselt wird: das **Leid der Veränderung**.
Manchmal empfinden wir die sich ständig ändernden Lebenslagen als interessant und abwechslungsreich. In dem Augenblick jedoch, wo wir versuchen, das Beglückende und Schöne festzuhalten, ist Leiden bereits programmiert. So sehr wir es uns auch wünschen – nichts ist von Dauer, alles fließt. Jede Situation und jeder Zustand löst sich wieder auf, wird transformiert und verändert in der stofflichen Welt seine Konsistenz. Daher machen die Erklärungen über das Leid der Veränderung darauf aufmerksam, wie leidvoll es sein kann, von veränderlichen Dingen andauerndes Glück zu erwarten.
Die dritte Form des Leidens wird von den meisten Menschen nie entdeckt, da man mit den beiden ersten zu beschäftigt ist. Es ist die Tatsache, dass alles Geistige tief im Unbewussten verschleiert ist und wir daher keinerlei Kontrolle über unser Leben haben.
Dieses **Leid der Bedingtheit** bedeutet, dass im Kreislauf der bedingten Existenz in der einen oder anderen Form immer nur Leid erfahren wird und dass im Vergleich zu unserem wahren Wesen, der Buddha-Natur, selbst die angenehmsten Zustände, die wir kennen, leidvoll sind. Die Freude der Erleuchtung reicht weit über alle bedingten Glückszustände hinaus.
Richtig verstanden geht es bei diesen Darstellungen über das Leid eigentlich um dauerhaftes Glück. Buddha macht darauf aufmerksam, dass wir sogar den angenehmsten Zuständen, die wir

jetzt erleben, nicht vertrauen können. Denn da sie sich wieder auflösen werden, ist letztendlich nur auf dauerhafte Werte wirklich Verlass.

Damit ist jedoch nicht gemeint, dass man bedingte Freuden vermeiden müsse; es geht vielmehr um eine Veränderung der inneren Haltung gegenüber den vergänglichen Zuständen des relativen Glücks. Statt von dem Extrem der Anhaftung in das andere Extrem der Entsagung zu wechseln, wählt man den mittleren Weg und genießt, ohne an dem bedingten Glück innerlich zu haften.

Auch die christliche Lehre kennt die Begriffe „Sünde" und „Wohltaten". Da der Mensch getrennt von Gott lebt, ist er von Natur aus sündig. Erst durch ein sündenfreies und gottgefälliges Leben kann er aus dem Schatten der Schuld heraustreten und Gnade finden. Die 10 Gebote - von Gott durch Moses empfangen - beschreiben gottgefällige Lebensregeln. Die Kirchen lehnen den Reinkarnationsgedanken ab, ebenso die bedingungslose Gnade Gottes. Stattdessen führt die Sünde im Jenseits zur Verdammnis und muss gebüßt werden (Hölle), auf die Gutmenschen wartet hingegen das Paradies. Bei dieser „Methodik" durchströmt mich ein Gefühl der Kälte: Die Sünde weist die Gnade Gottes zurück. Sie ist eine Verfehlung gegen die Vernunft, die Wahrheit und das rechte Gewissen. Augustinus definiert die Sünde als „ein Wort, eine Tat oder ein Begehren im Widerspruch zum ewigen Gesetz". Im neutestamentlichen Verständnis ist kein Mensch von Natur aus frei von Sünde: „Wenn wir sagen, dass wir keine Sünde haben, führen wir uns selbst in die Irre, und die Wahrheit ist nicht in uns." (1 Joh 1, 8).

Sünden haben die Tendenz, weitere Sünden nach sich zu ziehen. Der Mensch hat keine Chance, im Alleingang frei von Sünde zu werden. Also schuf die Kirche Sakramente zur Vergebung der Sünden und der Priester wird zum Mittler Gottes. Voraussetzung für die Vergebung ist die Reue des Sünders.

Ein eigenverantwortlicher Ausgleich „offener Rechnungen", wie wir ihn in der Karmalehre finden, sucht man in der christlichen Religion vergebens.

Schenkt man aktuellen Umfragen Vertrauen, so glauben in der westlichen Welt ungefähr 30 Prozent der Bevölkerung an Reinkarnation. Die Idee der Wiedergeburt, die ursprünglich in den Religionen des Ostens beheimatet war, findet immer mehr Anhänger in der westlichen Bevölkerung – auch und im Besonderen unter Christen.

Um etwaigen Irrtümern vorzubeugen: Im katholischen Glauben wird die Reinkarnationslehre als eine gnostische Lehre der Selbsterlösung gesehen und steht im Widerspruch zur kirchlichen Lehre der Erlösung durch Jesus Christus.

Fast zwangsläufig stellt sich mit der Karmalehre auch die Frage nach dem Sinn des Lebens, und sie ist offenbar nur dem Menschen zu eigen, das die Voraussetzungen für eine selbstbezügliche Sinnreflexion vorweisen kann.

Sinn des Lebens
Kreislauf der Inkarnationen

Sigmund Freud, der Begründer der klassischen Psychoanalyse, notierte einmal, dass, wer die Frage nach dem Sinn des Lebens stelle, krank sei. Diese Einschätzung ist vielleicht etwas übertrieben. Sie zielt aber exakt auf jenen existentiell geprägten Ernst, der in der Frage nach dem Sinn des Lebens häufig steckt oder der, negativ formuliert, der überwältigenden Sinnlosigkeit des Lebens Ausdruck zu verleihen sucht.
Viele Menschen stellen sich die Frage nach dem Sinn des Lebens im Alltag in der Regel nicht, solange die eigene Lebensführung nicht zweifelhaft oder fragwürdig wird. Irgendwann aber kommt es zu einer existenziellen Sinnkrise, wenn die Ereignisse des Lebens nicht mehr in das vorhandene Sinnkonzept integriert werden können, die Lebenskontrolle aus der Spur läuft: z. B. durch Enttäuschungen, Unglücke oder die Anforderungen eines neuen Lebensabschnitts. Die Folge ist oftmals der Beginn oder die Wiederaufnahme der Reflexion über den Lebenssinn, zu denen dann auch Fragen wie die nach dem Glück oder gar dem Sinn des Leidens gehören. Die Empfindung völliger Sinnlosigkeit des eigenen Daseins, zusammen mit einem „Gefühl der Gefühllosigkeit" und der inneren Leere, kann auch ein Symptom einer (schweren) Depression sein.
Es widerfahren uns im Laufe des Lebens viele widrige Ereignisse. Wir verlieren Menschen durch Trennung und Tod, wir erkranken schwer, haben unverschuldet einen Unfall, von dem körperliche Schäden zurückbleiben, wir werden durch eine Betriebsschließung arbeitslos, wir werden zum Opfer eines Stalkers oder zum Opfer eines Mobbers, usw.
In solchen Momenten fühlen wir uns ohnmächtig und als Opfer. Wir bemitleiden uns, ärgern uns maßlos über das widerfahrene Unrecht, sind vielleicht deprimiert und glauben, die Welt und das

Schicksal seien ungerecht. Wir leiden, sind ratlos und fühlen uns ausgeliefert, ohnmächtig und hilflos. Wie stark wir unter den Widrigkeiten und Ereignissen leiden und wie schnell wir uns aus der Opferrolle befreien können, hängt von uns und unseren Einstellungen zu den Ereignissen ab. Die lange, manchmal sogar lebenslange Dauer der Verbitterung kommt laut Raphael Bonelli („Die Opferrolle als Falle", Wien 2012) dadurch zustande, dass Betroffene oft in einer passiven Opferrolle verharren. "Es bildet sich eine Unversöhnlichkeit, die das Verstehen der anderen Seite unmöglich macht." Aus Trotz gehen viele nicht in Therapie, sondern verbohren sich im eigenen Unglück. "Das hat zwar den positiven Nebeneffekt, dass das Umfeld Mitleid bekundet, doch bietet das bloß eine bittere und kurze Befriedigung. Zudem verstärkt Mitleid in diesem Fall bloß die passive Haltung und erschwert aktive Änderungen."

Dass wir zum Opfer von Angriffen, Verletzungen und Schmerzen werden, können wir nicht verhindern. Sehr wohl aber haben wir einen Einfluss darauf, wie wir auf die Angriffe, Verletzungen und Schmerzen reagieren und wie sehr wir unter diesen leiden.

Ich weiß nicht mehr, von wem das folgende Zitat stammt, aber es trifft den Nagel auf den Kopf: Schmerz ist unvermeidlich, Leiden ist freiwillig.

Vielleicht klingt es zynisch für Sie, dass Ihr Leiden freiwillig sein soll. Sie würden lieber heute als morgen aufhören, zu leiden, glauben aber, dass dies angesichts des seelischen oder körperlichen Schmerzes, der Ihnen widerfahren ist, unmöglich ist. Sie glauben, leiden zu müssen.

Mit der Einstellung, bei bestimmten Anlässen zwangsläufig leiden zu müssen, begeben Sie sich allerdings in die Opferrolle. Wieso müssen wir uns (tagelang) ärgern, wenn Dinge schief laufen oder kaputtgehen? Wieso müssen wir uns (tagelang) verletzt und gekränkt fühlen, wenn der Chef miese Laune verbreitet, Konflikte aussitzt oder zum x-ten Mal ein Führungsgespräch absagt?

Wieso muss Ihr Tag total vermiest sein, nur weil jemand zu Ihnen eine dumme Bemerkung gemacht hat? Wieso müssen Sie Ihr ganzes Leben unter der Erziehung Ihrer Eltern leiden?
Sie müssen es nicht. Sie müssen nur leiden, wenn Sie den Menschen und dem Schicksal Macht über sich geben, indem Sie sich in eine Opferrolle begeben. Ein unbeschwertes und leichtes Leben macht nicht unbedingt glücklich. Viel wichtiger ist es, dass wir mit unerfreulichen und schwierigen Ereignissen umgehen können.
Das Stellen der Frage nach dem Sinn des Lebens muss nicht zwingend eine positiv bestimmte Antwort nach sich ziehen. Verschiedenen psychologischen Ansätzen nach wählen viele Menschen den Weg der Verdrängung. Sie weichen einer Auseinandersetzung mit der Sinnfrage und letzlich auch mit sich selbst aus. So „funktionieren" sie zwar im Alltag unauffällig weiter, haben aber „eine nicht authentische Lebensweise gewählt".
Die Auseinandersetzung mit dem eigenen Lebenssinn kann aber auch zu positiven Antworten führen. Voraussetzung für eine individuelle Antwort auf die Sinnfrage ist dabei die Annahme einer gewissen Freiheit des Menschen, den Sinn seines Lebens selbst zu finden oder aus (z.B. von Gott) vorgegebenen Möglichkeiten zu wählen.
Für die Mehrzahl der Glaubensrichtungen ergibt sich der Sinn verbindlich aus ihren Grundwahrheiten. Einige Institutionen erheben ein Monopol auf die Sinnfrage und geben vor, was das Lebensziel zu sein hat und welche Rechte und Pflichten sich daraus für den Einzelnen ergeben. Eine ähnliche Situation kann sich auch in (im weitesten Sinne) totalitären sozialen Gemeinschaften oder Staaten vorfinden.
Auch zu Beginn der Neuzeit orientierten sich die meisten Menschen noch an der christlichen Lehre. Erst durch die Aufklärung zwischen 1720 und 1800 begannen die Menschen, die auf Frömmigkeit basierende autoritätsgläubige Geisteshaltung kritisch zu hinterfragen.

Der Mensch sollte sich wieder seines eigenen Verstandes bedienen (sapere aude!) und die Verantwortung für sein eigenes Leben selbst übernehmen, statt sich blind auf weltliche oder kirchliche Institutionen zu verlassen.

Immanuel Kant kritisierte die herkömmlichen Vorstellungen von Glück, da diese bedeuteten, dass jeder den unvorhersehbaren Schwankungen seiner eigenen wechselhaften Triebe, Bedürfnisse, Gewohnheiten und Vorlieben ausgeliefert ist. Er forderte stattdessen, dass sich der Mensch freiwillig den Gesetzen der Moral (kategorischer Imperativ) unterwirft.

Dadurch könne ein selbstbestimmtes (autonomes), vernünftiges Leben geführt werden, in dem sich immerhin Zufriedenheit erreichen lässt.

Einen völlig anderen Ansatz vertrat Friedrich Nietzsche, der die Aufgabe des Menschen darin sah, einen höher entwickelten Menschentypus hervorzubringen: den Übermenschen. Dieser soll hart und ohne jedes Mitleid gegen sich selbst und andere sein.

Sein Lebenszweck besteht darin, aus seinem Leben und aus der Menschheit ein Kunstwerk zu formen. Er forderte: „Wozu Du da bist, das frage dich: und wenn Du es nicht erfahren kannst, nun so stecke Dir selber Ziele, hohe und edle Ziele und gehe an ihnen zu Grunde" (Nachgelassene Fragmente Sommer/Herbst 1873.)

Ähnlich wie Max Stirner betrachtete er den Egoismus als ein Korrektiv zum Ethizismus von Kirche und Staat, die den Sinn des Lebens in einer höheren Ordnung verorten, dem sich der Einzelne unterzuordnen hat.

Der Sinn des Lebens im alten Buddhismus ist es, dem Kreislauf der Reinkarnationen im Samsara durch das Eingehen in das Nirvana zu entkommen, in das völlige Verlöschen – was das Verlöschen der Sinnfrage logisch einschließt. In der Lehre der Buddhisten wird alles Leben und Tun als schließlich zum Leiden führend entlarvt. Hierfür wird die Gier nach Leben, Macht und Lust als ursächlich erkannt.

Nur die völlige Auslöschung dieser Gier kann zur Überwindung des Leidens führen. Doch unser „modernes Leben" sieht leider anders aus. Globalisierung, Produktivität, Gewinnmaximierung und digitale Vernetzung sind derart wichtige Schlagworte für unsere Gesellschaft geworden, dass für das einzelne Individuum die persönliche Entwicklung und vor allem seine Sinnsuche mehr und mehr in den Hintergrund rückt.

Die "Geiz ist geil"-Debatte traf dabei die Konsumstimmung der Deutschen mitten ins Herz und versinnbildlichte damit die Mentalität des gesamten Landes. Billig, billig, billig - das war die Philosophie zu Beginn des 21. Jahrhunderts.

Der britische Literaturwissenschaftler Terry Eagleton ist sich ziemlich sicher, dass der Sinn des Lebens etwas ist, was das Leben lebenswert macht, "eine bestimmte Qualität, Tiefe, Fülle und Intensität des Lebens" selbst, und keinesfalls etwas Metaphysisches, vom normalen Leben Losgelöstes, was ja schließlich auch möglich wäre. Er hält viel von der nicht erotischen, sehr prosaischen Form der selbstlosen Liebe, bei der es darum geht, "den Hungernden zu essen und den Dürstenden zu trinken zu geben, Fremde freundlich aufzunehmen und Gefangene zu besuchen".

So zu leben, schreibt der 1943 geborene britische Autor, "bedeutet nicht nur Leben zu haben, sondern es in Fülle zu haben". Auf das große Ganze bezogen wünscht sich Eagleton, ein erklärter Marxist, eine Gesellschaft als Gemeinschaft größeren Maßstabs, in der es keinen Konflikt zwischen den Freiheiten des Einzelnen und dem Wohl des Ganzen gibt. Ein utopisches Ziel, wie er selbst es auch sagt. Und er fügt hinzu: "Aber darum ist es ja noch nicht schlecht."

Ausgerechnet den beiden etablierten Marken der Sinnstiftung gelingt es in Deutschland immer weniger, den Menschen beim Tragen dieser Last zu helfen. Die katholische und die evangelische Kirche in Deutschland verlieren Mitglieder en masse.

Bei den Protestanten registrierte man 2017 rd. 200.000, in der katholischen Kirche insgesamt 167.000 Austritte – so viele wie seit den 90er-Jahren nicht mehr.
Die Großkirchen müssen Gemeinden zusammenlegen und Gotteshäuser schließen. Themen wie sexueller Missbrauch oder als größenwahnsinnig empfundene Bauprojekte einzelner Würdenträger schaden dem Image der Glaubensgemeinschaften. Ärger über Kirchensteuern, da sind sich die meisten kirchlich Aktiven weitgehend einig, wird zwar häufig als Anlass für einen Austritt genannt. Tatsächlich aber muss man seine innere Bindung schon länger verloren haben, um diesen Schritt zu gehen.
Verunsichernd wirkt auch das Selbstbewusstsein der Deutschen Evangelischen Allianz (DEA), die mit ihrem bibeltreuen Protestantismus rund 1,3 Millionen Menschen vor allem aus evangelischen Landeskirchen sowie einigen ungebundenen Gruppen repräsentiert.
Die meisten dieser Menschen bezeichnen sich als "evangelikal". In bewusster Abgrenzung zu "evangelisch" soll das bedeuten: nicht traditionell, lau und verkopft, sondern lebendig, emotional, bewusst. Ein Buße- oder Bekehrungserlebnis und eine persönliche Entscheidung für Jesus ist den Evangelikalen wichtig. Und in Anbetracht ihres Glaubenseifers, der fleißigen Arbeit in Parteien und Interessenverbänden entfalten sie durchaus Einfluss. Eine wachsende Polarisierung zwischen sehr Gläubigen und ganz und gar nicht Gläubigen ist auch der Befund einer Studie, die im vergangenen Jahr unter dem Titel "Religion und Spiritualität in der Ich-Gesellschaft" erschienen ist.
Der Schweizer Religionssoziologe Jörg Stolz hat darin zusammen mit einem international besetzten Wissenschaftlerteam die Glaubensbiografien von 1.300 Schweizerinnen und Schweizern mit quantitativen und qualitativen Verfahren untersucht und die Ergebnisse mit Daten aus älteren Religionsstudien und Volkszählungen ins Verhältnis gesetzt.

Herausgekommen sind dabei vier sehr plausible "Typen" von mehr oder weniger Gläubigen. Da gibt es die Institutionellen, die Alternativen, die Distanzierten und die Säkularen. Obwohl es offenkundige Unterschiede zwischen der Schweiz und Deutschland gibt – etwa die besondere Rolle des Calvinismus in der Schweiz oder das antireligiöse Erbe der DDR in Deutschland –, dürften die Befunde sehr aussagekräftig für moderne westliche Gesellschaften sein.
Die bei weitem größte, aber am wenigsten erforschte und verstandene Gruppe sind die Distanzierten (57,4 Prozent). Sie glauben und praktizieren nicht NICHTS, sondern halten durchaus die Existenz von "irgendetwas Höherem", "irgendeiner Energie" für möglich. Häufig sind sie noch Kirchenmitglieder und besuchen den Weihnachtsgottesdienst ebenso unbeschwert wie die Yogastunde – aber beides hat keine große Bedeutung für ihr Leben. Schreibt man die Trends der Studie fort, dann wird die Gruppe der etablierten Institutionellen weiter schrumpfen, da die Generation der klassisch-großkirchlich Sozialisierten langsam ausstirbt. Auch der 2016 zurückgetretene katholische Weihbischof Hans-Jochen Jaschke kennt die Kirchenaustrittszahlen – und die frei rotierende Religiosität einer westlichen Gesellschaft, die sich nicht mehr wie selbstverständlich als Christentum ausdrückt. "Am Ende muss es allein darum gehen", sagt Jaschke, "dass Gott uns nicht egal ist. Denn ohne Gott, das weiß doch die angeblich „gefallene" Protestantin so gut wie der katholische Bischof und eigentlich auch die übergroßeZahl der Menschen: Ohne Gott ist alles fahl und im Letzten aussichtslos."

Morphogenetische Felder
Rückkopplung mit der Ur-Matrix

Folgt man den herkömmlichen Vorstellungen der konventionellen Medizin und Biologie, dann spielt sich alles Wesentliche im Menschen auf der Ebene der Atome und Moleküle ab und wird überwiegend biochemisch gesteuert. Selbst bei psychischen und geistigen Funktionen ist man bemüht, diese auf molekulare Prozesse zu reduzieren.
Die Existenz einer eigenständigen Seele und eines eigenständigen Geistes wird abgelehnt. Die Realität ist ausschließlich materiell und abhängig von sogenannten „molekularen Bausteinen der Evolution" (Prof. Dr. A. Lupas).
Dabei wird übersehen, dass es eines der genialsten Lebensprinzipien der Natur ist, Netzwerke zu bilden und diese im gesamten Kosmos zu verankern. Ein Netzwerk besteht aus vielen selbständig existierenden Individuen mit gleichen oder auch unterschiedlichen Eigenschaften. Sie stehen miteinander über chemischen Stoffwechsel, physikalische Bindungen und/oder informelle Kommunikation in Verbindung, wobei die Eigenschaften der Individuen mit der Gesamtheit des Netzwerkes verstärkt zur Wirkung gebracht werden können. Oder es entstehen durch Wechselwirkung gleicher und unterschiedlicher Funktionen ganz neue, beim einzelnen Individuum bisher nicht gekannte Funktionen und Eigenschaften des gesamten Netzwerkes. Genau mit dieser Morphogenese befasst sich seit Anfang der 1980iger Jahre der promovierte britische Biologe Rupert Sheldrake.
Das Neue an Sheldrakes Ansichten war vor 30 Jahren die radikale Vorstellung eines evolvierenden Universums ohne zeitlose Naturgesetze, ohne unwandelbare, mathematische Gesetzmäßigkeiten. Stattdessen schlägt er vor, alle Formen und Gesetze des Universums als Gewohnheiten zu verstehen, die sich, einmal aufgetreten, durch beständiges Wiederholen stabilisieren.

Sheldrakes Hypothese lautet: Neben den Feldern, die in der Wissenschaft schon bekannt sind - wie das Gravitationsfeld oder das elektromagnetische Feld - gibt es in der Natur „morphogenetische Felder", die er definiert als „unsichtbare organisierende Strukturen. Eine Matrix, die Dinge wie Menschen, Pflanzen und Tiere formen und gestalten und sich auch organisierend auf deren Verhalten auswirken kann."

Die Theorie der „morphogenetischen Felder" schlägt eine Brücke von der Psychologie zur Quantenmechanik und versucht sich an etwas, das die Physiker eine „Grand Theory" nennen, nämlich eine große, vereinheitlichende Theorie. Und sie soll sich beweisen lassen!

Die Gewohnheitsbildung soll nämlich laut Sheldrake in immer kürzeren Intervallen erfolgen, je häufiger sie wiederholt wird. Anhand dieser messbaren Aspekte der Theorie will er sich dem Diktum (festgelegte Lehrmeinung) der experimentellen Überprüfung unterwerfen, denn die Änderung eines Diktums lässt sich in der Regel nur mit einer Vielzahl unzweifelhafter Beweise unter großen Widerständen durchsetzen.

Durch die vielfache Redundanz (Wiederholungen) der Individuen innerhalb morphogenetischer Felder können Ausfälle einzelner Netzwerkbereiche kompensiert werden, oder auftretende Fehler beseitigt werden.

Damit sind auch die Grundlagen für die Lernprozesse eines Netzwerkes gegeben, die auf der Basis gesammelter Erfahrung beruhen: „Wissen für die Verbesserung der Wirkungsweise und für die erfolgreiche Verlängerung seiner Existenz einsetzen" *(Rupert Sheldrake: Das schöpferische Universum; Die Theorie des Morphogenetischen Feldes, 2009).*

Berücksichtigt man diese vorgenannten Voraussetzungen, ergibt die Sicht auf den Menschen als wachsendes, ständig lernendes hoch-komplexes Netzwerk neue Perspektiven beim Verständnis der menschlichen Existenz und ihrer Weiterentwicklung.

Das neue Menschenbild im Lichte Sheldrakes geht ähnlich wie die moderne Biophotonen-Lehre davon aus, dass der Mensch nicht nur den soliden Körper der festen Materie, sondern zudem einen "elektromagnetischen Körper" besitzt.

Die Biophotonenforschung führt zu der Erkenntnis, dass alle lebenden Zellen ein schwaches, aber ordnungsbildendes (sogenannt kohärentes) Licht ausstrahlen, das Informationen über den Zustand des Organismus, seine inneren Prozesse und Einflüsse auf ihn enthält.

Krebszellen beispielsweise verlieren diese Fähigkeit und zeigen durch verstärkte Abstrahlung von Biophotonen an, dass ihr Lichtenergiespeicherungsvermögen gestört ist. Ähnliches geschieht bei den Alterungsprozessen in den Zellen.

Durch die über Jahre angehäuften Zellgifte, die oft nur teilweise ausgeschieden werden und sich oft in Ablagerungen des Zellgewebes äußern (Beispiel Arteriosklerose in den Blutgefäßen), nimmt die Biophotonenabstrahlung ähnlich wie bei Krebszellen zu. *(Fritz-Albert Popp: Biophotonen- Neue Horizonte in der Medizin, 2006)*

Eine Art „holographisches Biophotonenfeld" steuert biochemische Prozesse, biologische Formbildungsentwicklungen ("Morphogenese") und bildet einen Informationsspeicher. Mit hoher Wahrscheinlichkeit beruht auch das menschliche Gedächtnis auf dieser Speicherfunktion ("holographische Gehirntheorie" des Mediziners Karl Pribram).

Aufgrund dieser Messungen elektromagnetischer Felder, die von Lebewesen ausgehen, hat die neue Biophysik ein Feldmodell der Lebewesen entwickelt. Demnach bestehen Pflanzen, Tiere und Menschen nicht nur aus fester Materie, sondern auch aus verschiedenen Arten von Feldern, die diese Teilchen miteinander verbinden und in die der physische Körper eingebettet ist. Damit ist der Sprung vom Materiedenken zum feinstofflichen Denken vollzogen worden und somit auch die Erkenntnis:

Es ist das Licht, das alles steuert und koordiniert als Sprache des Lebens und Brücke zur Feinstofflichkeit.

Auf ihrer elementarsten Stufe (Quarks und Strings) lässt sich die Materie nicht in kleine Einzelteilchen zerlegen, sondern ist vollkommen unteilbar. In diesem Zusammenhang wird verständlich, dass sich Max Planck, Nobelpreisträger und Vater der Quantentheorie, außerstande sah, eine Trennung von Materie und Geist zu akzeptieren. Im Gegenteil:
In einem Vortrag, der 1973 in Florenz aus seinem Nachlass gehalten worden war, äußerte er sich darüber sehr klar: "Als Physiker, also als Mann, der sein ganzes Leben der nüchternsten Wissenschaft, nämlich der Erforschung der Materie, diente, bin ich sicher von dem Verdacht frei, für einen Schwarmgeist gehalten zu werden. Und so sage ich Ihnen nach meinen Erforschungen des Atoms dieses: Es gibt keine Materie an sich!
Alle Materie entsteht und besteht nur durch eine Kraft, welche die Elementar- und Atomteilchen in Schwingung versetzt und sie zum winzigsten Sonnensystem des Atoms zusammenhält.
Da es aber im ganzen Weltall weder eine intelligente noch eine ewige Kraft an sich gibt, müssen wir hinter dieser Kraft einen bewussten intelligenten Geist annehmen. Dieser Geist ist der Urgrund aller Materie. Da es aber Geist an sich allein nicht geben kann, sondern jeder Geist einem Wesen zugehört, müssen wir zwingend den Bestand von Geistwesen annehmen. Da aber auch Geistwesen nicht aus sich selber sein können, sondern geschaffen worden sein müssen, scheuen sich zahlreiche Physiker nicht, diesen geheimnisvollen Schöpfer ebenso zu benennen, wie ihn alte Kulturvölker der Erde früherer Jahrtausende genannt haben:
„Gott".
Der Gedanke an einen Allgeist, aus dem alles hervorgeht und zu dem alles zurückkehrt, spielte bereits in der Philosophie des Heraklit von Ephesus eine entscheidende Rolle.

Von ihm stammt das geflügelte Wort: „Alles fließt." Die Quelle und der Grundstoff, aus dem alle Bewegung kommt, ist für ihn das Feuer. Man könnte auch sagen: Eine Urenergie, aus der die Vielfalt der Dinge hervorgeht. Heraklit schien bereits zu ahnen, was erst durch die Relativitätstheorie Einsteins Gewissheit wurde: dass aus Energie Masse werden kann und umgekehrt. Das Einheitsbewusstsein der griechischen Naturphilosophen, die einen belebten Grundstoff des Universums annahmen, ging jedoch bald verloren. Wenige Jahrhunderte später erfolgte ein Trennungsstrich zwischen Geist und Materie; zunächst durch Demokrits „Atomtheorie" (4. Jahrhundert v. Chr.), die von nun an die Welt in leblose Materiepartikel zerlegte; aber dann auch durch die Philosophie des Aristoteles (384-322 v. Chr.), die bis ins Mittelalter maßgeblich blieb.

Das Einheitsbewusstsein ging verloren zu Gunsten eines Weltbildes, das alles trennte: Gott und das Universum, Leib und Seele, Materie und Geist. Und als Descartes im 17. Jahrhundert mit seinem berühmten Satz „Ich denke, also bin ich" (cogito ergo sum) den Menschen mit seinem Intellekt identifizierte und alles andere, einschließlich Tieren und Pflanzen, als maschinell funktionierende Materie abtat, war es geschehen: Das mechanistische Weltbild feierte auf der Grundlage der Physik Newtons in der Folgezeit seine naturwissenschaftlichen Triumphe und verlor das Leben und den Geist aus dem Auge.

Die Philosophie stieg gewissermaßen von der Seele in den Kopf, mit all den Folgen, die damit verbunden sind, wenn einem etwas in den Kopf steigt: Als **wirklich** galt nur mehr das, was wir mit unseren Sinnen wahrnehmen oder mit verfeinerten Werkzeugen der Technik beobachten können. Die Materie war die primäre Wirklichkeit. Der Fortschritt der Wissenschaft erschien als ein Eroberungszug in die materielle Welt. „Nützlichkeit war das Losungswort der Zeit" (Heisenberg). Darunter leiden wir heute noch. Aus der philosophischen Verbannung des Geistes entwickelte sich ein profaner Materialismus, der Gott leugnet, weil er sich nicht „zu erkennen gibt". Gefühle und Empfindungen, erst recht aber eine unvergängliche Seele haben in diesem mechanisierten Weltbild keinen Platz.

Was dieser „ontologische Materialismus" immer noch nicht wahrnehmen will, ist längst durch die Quantenphysik manifestiert. Die „neue Physik" lehrt uns, dass unsere Welt in Wirklichkeit nicht aus Materie besteht.

Was wir als mehr oder weniger feste Stoffe empfinden, ist nicht eine Ansammlung unendlich vieler, kleinster (fester) Materieteilchen, sondern ein Beziehungsgeflecht von Impulsen und Schwingungen eines unsichtbaren Energiefeldes.

Hans-Peter Dürr, langjähriger Mitarbeiter und Nachfolger Werner Heisenbergs, eines Mitbegründers der Quantentheorie, beschreibt es so:„Am Grunde der Wirklichkeit ist in dieser Betrachtung nicht die Materie, sondern nur ein Feld, das aber nicht materiell ist, sondern eine Art Potenzial darstellt. Ein Potenzial, das die Fähigkeit hat, sich zu materialisieren. Dieses Feld ist nur ein einziges Feld, aus dem das ganze Universum besteht. Von einem Augenblick zum anderen baut es ein Potenzial aus, und im nächsten Augenblick hat sich die Welt wieder neu ereignet, aber nicht total neu, sondern beeinflusst von der Welt, wie sie vorher war."

Mit dieser Aussage Dürrs nähert sich die moderne Physik einem Weltbild, das der Anschauung der Mystiker aller religiösen und philosophischen Traditionen entspricht. Sie ist geprägt vom Bewusstsein der Einheit aller Dinge und Ereignisse. Sie gelten als die materiellen Manifestationen eines kosmischen Ur-Seins, gleich, ob man es »Tao«, »Brahman« oder »Allgeist« nennt, aus dem alles hervorgeht. Im normalen Leben bleibt uns diese Einheit verborgen.

Diese Aussage wird auch von einem weiteren sehr bedeutenden Physiker unterstützt. Der im Rollstuhl lebende Stephen W. Hawking schreibt ganz nüchtern mit Betrachtungen über die Entstehung des Weltalls im Zusammenhang mit seinem Ursprung: "Warum unser Universum gerade auf diese Weise angefangen haben sollte, wäre sehr schwer zu erklären, ohne das Eingreifen eines Gottes anzunehmen, der beabsichtigt hätte, Wesen wie uns zu erschaffen."

Unsere materielle Welt ist folglich eine spezielle Form von universellen Bewusstseinseinheiten. Sie ist eine Möglichkeit unter vielen anderen. Dennoch meinen die meisten Menschen, diese eine Möglichkeit sei die einzige Wirklichkeit. Aber dieses Denken können wir als Illusion mehr und mehr mit Hilfe der Neuen Physik überwinden! Wir öffnen dadurch den Blick für die geistige Dimension der Schöpfung. Beispielsweise, dass Sterben nur der Verlust der „physischen Kopie der Gegenwirklichkeit" ist, wie Hawking es ausdrückt.

Die Ur-Matrix, die dauerhaft gespeicherte Bewusstseinseinheit kann nicht sterben, denn seit die neue Physik die Hauptsätze der Thermodynamik formulierte, weiß man: Keine Energie geht je verloren!

Konsequent weitergedacht folgt daraus, dass unsere Zukunft nicht radikal anders aussehen wird als die Gegenwart, weil das Schöpfungs-Gesetz immer gleich bleibt.

Die Evolution ist ein Mechanismus des **Ver**-Gleichens (ähnliche Formen werden sich auf allen Ebenen durchsetzen).

Erkenntnis und Bewusstwerdung ist danach nichts anderes als ein **Ver**-Gleichen und Gleich-Machen. Archetypisch besteht danach eine Strukturgleichheit zwischen unserem Denken und dem Universum. Wir filtern das heraus, was implizit im Universum enthalten ist.

Dies gilt für alle dissipativen Strukturen (offene Systeme, die Energie mit der Umgebung austauschen). Diese zeichnen sich dadurch aus, dass sie über eine Art Gedächtnis oder morphische Resonanz verfügen, die es ihnen erlaubt, ein "eigenständiges Selbst" zu bilden und gleichzeitig mit der Umgebung in Austausch zu sein.

Dadurch ist ein solches "Lebewesen" in der Lage, verfügbare Energie dafür zu nutzen, sich über einen chaotischen Umwandlungsprozess auf eine neue Seinsstufe zu transformieren. Führt man ihm Energie zu, erzeugt dies eine kritische Instabilität mit nachfolgendem Chaos.

Dabei kommt es an einen kritischen Punkt (Bifurkation), an dem seine bisherige Entwicklungsspur endet. Hier verlässt das Lebewesen seine alte Struktur und transformiert sich in einem chaotischen Prozess eine neue Form hinein. Auf diesen immer währenden Prozess gründet sich die menschliche Evolution.

Die Fähigkeit zur Selbstorganisation findet durch eine feinstoffliche und übergeordnete Kommunikation statt. Kommunikation bzw. Rückkopplung mit der Ebene der Verursachung bedeutet „morphische Resonanz" und Selbststabilisierung.

Im morphogenen Feld (MGF) ist das gesamte Bewusstsein der gesamten Menschheit gespeichert. Resonanz bedeutet Kontakt mit der „Blaupause", Rückkopplung zu meinem Ich-Bewusstsein. Wie aber können wir uns dieses MFG in unserer drei-dimensionalen Welt vorstellen?

Vielleicht am besten als „universelle Informationsdatenbank", in der jede Art von Zelle, Gewebe, Organ und Organismus eine eigene Art von formerschaffender Frequenz besitzt, ähnlich einer riesigen Komposition von Tönen und Schwingungen. Danach wäre das MFG der Träger der Gesamt-Partitur, eine riesige Festplatte im Universum, auf der alle spezifischen Schwingungen, die je existiert haben, aufgezeichnet sind. Alle Exemplare einer Art tragen auf dieser „Festplatte" zum Arten-Feld bei, das mit wachsender Zahl der Individuen größer wird.

„Dies könnte auch erklären, dass lebendige Organismen ihre typische Form aufrechterhalten können, obgleich die Stoffe, aus denen ihre Zellen und Gewebe bestehen, ständig ausgetauscht werden" (R. Sheldrake, „Das Gedächtnis der Natur", S. 149).

Wir können, so die Schlussfolgerung der Quantentheoretiker, als „eigene Form" nur fortbestehen, weil wir in ständiger Resonanz

zu unserer eigenen Vergangenheit leben – eine Art „Rückkopplung" an die genetische „Blaupause" im MGF.
C. G. Jung, der große Psychoanalytiker spricht von einer Art „kollektivem Gedächtnis", das vererbt wird. Diese Vorstellung von angeborenen typischen Strukturen, die die gesamte Menschheitswerdung prägen, deckt sich weit gehend mit der Theorie der formerschaffenden Felder als „Aufbewahrungsort" all' unserer Gedanken, Erfahrungen und Ursprungsmuster.
Bei „Bio-Informationsfeldern" handelt es sich also um intelligente Energie. Sie besitzt Gestaltungskraft. Es ist die höchste Form von Energie. Alle Namen und Zeichen, die über tausende von Jahren Informationen gespeichert haben, besitzen die höchste Schwingungs-amplitude. Diese Erkenntnis ist wichtig, weil sie uns später beim Transfer von Heilinformationen noch intensiver beschäftigen wird.
Wir können aber auch unsere materielle Station verlassen, indem wir uns an das Feld der Verursachung, an das morphogenetische Feld ankoppeln. Die Energie aus dem Universum ist unser erster und übergeordneter Stoffwechsel. In dieser Energie sind alle Informationen des Lebens enthalten. Im ständigen Informationsfluss sind wir mit dem universellen Geist verbunden. Jeder Gedanke, den wir denken, ist ein Teil jenes universellen Gedanken-Speichers. Je mehr ich mich öffne, desto mehr Informationen gelangen zu mir. Dies erreichen wir um besser, je mehr wir die Schwingung unseres Biofeldes erhöhen. Durch die Intuition erweitert sich mein Wissen und verkleinert sich mein Ego. In dem Maße, wie sich das Ego verkleinert, erweitert sich die Resonanz zum Universum. Das erfordert Transformation, eine Neucodierung verschiedener Lebensfelder.
Mit Esoterik hat das Ganze nichts zu tun. Grundlage sind die wissenschaftlichen Erkenntnisse der bioinformativen Medizin und der Neuen Physik. Wer nach den Bedingungen für Gesundheit sucht, der wird bei der Betrachtung von Krankheitssymptomen nicht weit kommen. Vielmehr sollte man hier dem Ansatz

der bioinformativen Medizin folgen, die im Unterbewusstsein des Menschen nach den Ursachen für seine Krankheit sucht.
„Im Unterbewusstsein sind alle lebensnotwendigen Informationen gespeichert.
Das bedeutet: Durch idiomatische Abfrage (in Trance, Hypnose, Kinesiologie, Radiästhesie, Nelya-Karten) ist es möglich festzustellen: Gibt es Störfelder am Menschen und am Standort (Erdstrahlen, Elektrosmog, Hochfrequenz); Was fehlt mir (Vitalenergie, Energieblockaden, Reizüberflutung); Wo ist mein Leben aus der Balance (Chakren-Energiebalance, Therapie- und Gesundungsblockaden); Wovon habe ich zu viel (negative emotionale Felder von Mitmenschen, Blockaden durch beseelte Energiefelder am Standort oder an meiner Person).
Mehr zu den Testverfahren finden Sie im Praxisteil am Ende dieses Buches.

Mythos Tod
Verborgene Sehnsüchte und Ängste

Schon die begriffliche Annäherung bereitet Probleme, existieren doch für das Phänomen „Tod" zahlreiche Definitions-Versuche. Die umfassenste Erklärung liefert das Bertelsmann Lexikon. Es definiert Mythos als „Götter- und Heroengeschichte der Frühkulturen, Produkt der Stämme und Siedlungsgemeinschaften." Und beschreibt ihn als „Weltauslegung und Lebensdeutung in erzählerischer Berichtform, gesättigt von Symbolen, Visionen und fabulierenden Darstellungen."
Der Mythos ist also eine bestimmte Form der Erzählung. Er soll den Sinn des menschlichen Lebens bzw. den Sinn der Welt als Ganzes erklären. Der Bezug auf einen letzten Sinn des Lebens ist ein wesentliches Kennzeichen des Mythos.
Ein weiteres Kennzeichen ist seine Form. Die mythische Erzählung bedient sich einer bildhaften, poetischen, symbolhaften Sprache.
Wir haben es also mit einer Verdichtung der Sprache zu tun, denn ein Bild drückt immer mehr aus als ein Wort. Gleiches gilt für Symbole. Der Mythos, als verdichtendes Werk, kann daher auf viele unterschiedliche Lebensbereiche und Lebenserfahrungen angewendet werden. Er handelt vom Leben, Lieben und vom Sterben der Menschen.
• Im Unterschied zum Mythos wollen wissenschaftliche Erklärungen, das Warum eines Ereignisses erklären.
• Im Unterschied zum Mythos wollen religiöse oder moralische Werke aufzeigen, was der Mensch tun soll und was er zu unterlassen hat.
• Der Mythos stellt sich die Frage nach dem Wozu, nach dem Sinn des Lebens und der Welt. Der Mythos ist damit ein ästhetisches Werk, ähnlich eines Kunstwerkes, einer Dichtung oder eines Musikstücks.

• Der Mythos will den Menschen zum Nachdenken über sein Dasein und zum bewussten Deuten anregen. Im Mythos will der Mensch sich den Sinn seines Lebens eröffnen.
• Der Mythos beschreibt also eine ganz eigene bildhafte und symbolische Welt. Er hilft dem Menschen, sich in seiner Wirklichkeit zu orientieren. Folglich ist der Mythos selbst eine Deutungsweise der eigenen Wirklichkeit mit lebensorientierter Kraft. Dieses Bild von der Kraft des Mythos stammt allerdings aus einer vorrationalen Welt, die noch an Götter und die Wirkkraft transzendenter Kräfte glaubte.

Logos und Technik erlaubten es den römischen Ingenieuren und Handwerkern, eine riesige Flotte von Frachtschiffen zu bauen, die einer Millionenstadt wie Rom zu dem dringend benötigten Getreide verhalf, das beispielsweise in Nordafrika angebaut wurde; der Mythos erklärte zufriedenstellend, warum alle Ingenieurs- und Handwerkskunst nicht half, wenn die Götter beschlossen, die Flotte im Sturm zu versenken und Rom einer Hungersnot zu überantworten. Heutzutage hilft der Logos, Schiffe zu bauen, die unsinkbar sind, und wenn sie dann doch auf dem Meeresboden landen, so ist es nicht mehr der Mythos, der tröstet, sondern die rational durchkalkulierte Versicherungsleistung, die den entstandenen Schaden mit Geld behandelt. Die moderne Welt ist dem Mythos entwachsen wie es scheint. Der Mythos ist verstummt in einer von den Göttern verlassenen Welt.
Aber konnte der Mythos jemals wirklich den metaphysischen Überbau der Welt erklären? Gehört nicht der Wissenschaft die Erkundung der Realität; die zeigt, wie Atome interagieren, wie biologische Systeme sich entwickeln und wie der irdische Körper biologisch zerfällt.
Auch Mythen erkunden die Realität, widmen sich aber einer anderen Art von Realität: Sie erklären uns die verborgensten Sehnsüchte und Ängste des unbewussten Teils unseres Geistes, jenes Ortes, an dem wir wahrhaftig leben.

Ein Mythos konnte im Zeitalter der Jäger und Sammler nicht sagen, wie er seine Beute erlegen oder eine Jagd effizient organisieren sollte, aber er half ihm, mit seinen Gefühlen beim Töten der Tiere umzugehen. Der Logos war effizient, praktisch und rational, konnte aber weder Fragen zum Wert des menschlichen Lebens beantworten, noch menschlichen Schmerz und Leid mildern. Instinktiv begriff der Homo Sapiens daher von Anfang an, dass Mythos und Logos unterschiedliche Aufgaben erfüllen.
Der Tod war den Menschen aller Zeiten Schrecken, Trennung und Rätsel – aber auch Freund und Erlöser. Tod ist mit Angst besetzt, mit Trauma. Wir sind fassungslos, wenn wir einen geliebten Menschen verlieren. Können uns Mythen über Schmerz und Leid hinweghelfen, uns trösten?
Ich denke schon, denn Mythen haben sehr oft die Kraft, den Menschen mit den Fakten des Seins zu versöhnen und zugleich Ausblick und Hoffnung darauf zu geben, dass da irgendwo noch etwas ist, das über diese Welt hinausgeht, etwas Transzendentes, Mystisches.
Was ist nun also der Tod, wenn wir ihn „mystisch", mit den Augen unseres umfassenden Wesens betrachten? Hat er dann immer noch den Schein von einem absoluten Ende, einer absoluten Trennung? Nichts als Schmerz und Trauer? Verlust? Verlassensein....
Generell ist der Tod bei allen Mystikern die Trennung der Seele vom physischen Körper. Das Eingehen der Seele in einen Körper wird Geburt genannt. Das Weggehen der Seele aus dem Körper heißt Tod. Ein Körper ist tot, wenn die Seele weg ist.
Der Tod ist eine Tür, die sich von einem Lebensaspekt zum anderen öffnet. Der Tod ist das Aufhören der körperlichen oder physischen Aktivität, der physischen und organischen Funktionen und des physischen Bewusstseins.
Der Tod ist der Übergang von einem Seins-Zustand in einen anderen, eine Veränderung in der Form des Bewusstseins zu einer anderen Ebene, zu einer astralen oder geistigen.

Eis wird Wasser und Wasser wird Dampf, Dunst und unsichtbares Gas, je nach dem Schwingungsgrad. So ist das Leben auf der physischen, astralen und geistigen Ebene.
Der Tod beendet nicht unsere Persönlichkeit oder unser Selbst-Bewusstsein. Er öffnet bloß die Tür zu einer höheren Form des Lebens. „Der Tod ist nur eine Passage zu einem erfüllteren Leben". (Ria Powers: „Heimkehren ins Licht")
Der Tod löscht die Persönlichkeit nicht aus. Er ist bloß das Aufhören einer wichtigen Individualität. Er ist nur eine Formveränderung. Das Leben fließt weiter seiner Suche nach dem Universellen entgegen, das Leben fließt weiter, bis es im Ewigen aufgeht.
„Der Tod ist nicht das Ende des Lebens. Er ist lediglich ein Aspekt des Lebens. Er ist ein natürliches Ereignis im Ablauf des Lebens. Er ist notwendig für unsere Evolution". (Arie Boogert: „Wir und unsere Toten")
Der Tod ist nicht das Gegenteil des Lebens. Er ist nur eine Phase des Lebens. Das Leben fließt unaufhörlich weiter. Die Frucht verfault, aber der Samen ist voll Leben. Der Samen stirbt, aber ein riesiger Baum wächst aus dem Samen. Der Baum vergeht, aber er wird zu Kohle, die ein reiches Leben hat. Wasser verschwindet, wird aber zu unsichtbarem Dampf, der einen neuen Lebenskeim enthält. Der Stein verschwindet, wird aber zu Kalk, der voll neuem Leben ist. Die physische Hülle wird nur weggeworfen, aber das Leben besteht weiter.
Die Auflösung des Körpers ist nicht mehr als „Schlaf". So wie ein Mensch schläft und aufwacht, so ist es auch mit Tod und Geburt. Der Tod ist wie Schlaf. Die Geburt ist wie Erwachen.
„Der Tod bringt die Beförderung zu einem neuen, besseren Leben. Ein Mensch mit Unterscheidungskraft und Weisheit fürchtet sich nicht vor dem Tod. Er weiß, dass der Tod die Tür zum Leben ist. Der Tod ist für ihn nicht mehr ein Skelett, das ein Schwert trägt, um ihm das Leben zu nehmen, sondern vielmehr ein Engel, der einen goldenen Schlüssel trägt, um ihm die Tür zu

einer weit besseren, erfüllteren und glücklicheren Existenz zu öffnen". (Ursula Hansen: Den Tod als Freund erleben lernen.")

Was also ist der Tod dann noch? Kann er uns noch erschrecken? Wird er noch dieses Leid verursachen, wenn wir erfahren, dass er uns von Niemandem trennen kann? Natürlich dürfen wir trotzdem trauern! Immerhin ist unser Partner, unsere Mutter, unser Vater, unser Kind, unser Freund…. auf dieser Ebene, im Körper, nicht mehr für uns da. Erfahrungen auf der rein körperlichen Ebene sind nicht mehr möglich! Wir dürfen diesen "Verlust" selbstverständlich betrauern, doch je mehr wir den Kontakt und die Verbindung bewusst auf der spirituellen Ebene haben werden, desto weniger wird uns der "Weggang" einer geliebten Person aus ihrem Körper in Trauer versetzen können!
Spätestens hier stellt sich aber eine ganz wesentliche Frage; nämlich die nach dem Bestattungsritual der Verstorbenen selbst! Bei den Mayas auf der Halbinsel Yucatan im Golf von Mexico wurden dem Toten Mund und Augen geschlossen (was auch zum Ritus hierzulande gehört), wobei man von rückwärts an diesen herantrat. Dies geschah, damit die ausgehauchte Seele nicht wieder in den Körper zurückkehrte. Um der Seele des Verstorbenen den Übergang in die anderen Welten zu erleichtern, wurden auch Türen und Fenster geöffnet (Hinwegfliegen des Seelenvogels). Er wurde mit Schmuck und Gewändern prächtig für die letzte Reise gekleidet. Dieser Brauch, der noch heute vielerorts im Volksglauben lebendig ist, dient natürlich auch ganz praktisch dazu, dem Körper des Verstorbenen mit Ehrerbietung zu begegnen.
Der Verstorbene wurde sodann für mehrere Tage aufgebahrt, Kopf und Körper wurden zumeist verhüllt. Vor der Bestattung wurde der Leichnam mehrfach umschritten, analog dem dreimaligen Umschreiten des Heiligtums bei Hochzeiten oder Wasserweihen. Auch heute noch ist es märkische Sitte, dreimal um das Grab herumzugehen, bevor man es verlässt. Die Grabmale standen oft

längs der Straßen (Denksteine am Weg), damit die Lebenden sich nicht nur ihrer eigenen Sterblichkeit bewusst wurden, sondern auch die Erinnerung an die Ahnen erhalten blieb. Im Vorübergehen wurden Steine oder auch Erdschollen zusammengeklaubt und abgelegt, auch heute noch wird Erde, meist dreimal, ins offene Grab geworfen, als Symbol für die Vergänglichkeit: „Erde zu Erde, Asche zu Asche, Staub zum Staube".

Von Attilas Tod, dem mächtigsten aller Hunnen wird berichtet, dass um seine Leiche herum Wettspiele veranstaltet wurden und zwar drei Tage und drei Nächte lang. Genau diese Zeitspanne brauchte die Seele, so der Glaube im ostgermanischen Reich, um aus dem Körper auszutreten und in das Reich der Verstorbenen überzuwechseln.

Lieder hatten auch die Westgoten für ihren in der Schlacht in den katalaunischen Feldern gefallenen König Theoderich gesungen, als sie ihn von der Walstatt trugen. Unsere nordgermanische Götter-Mythologie kennt neun Welten, von denen wir, die lebenden Menschen, nur eine, Midgard, bewohnen. Die anderen Welten sind von Göttern, Riesen, Elfen und Zwergen bewohnt und einige auch von den Verstorbenen. Eine dieser Welten ist die Hel, deren Name sowohl das Totenreich als auch die Totengöttin selbst bezeichnet. Das Wort geht auf das germanische Halja zurück und beschreibt einen Ort des Verborgenseins, wie es auch in dem Wort verhehlen zum Ausdruck kommt.

Obwohl Hel als der Ort gilt, zu dem die Toten reisen, die friedlich im Bett an Altersschwäche oder Krankheit verstarben, gibt es auch zahlreiche Belege dafür, dass auch Waffentote hier ihr Leben im Jenseits verbrachten. In der Egil-Saga erschlägt der Skalde Egil drei Männer, die König Eirik zu seiner Verfolgung ausgesandt hatte und singt danach: „Allzu lange zögern sie mit der Rückkehr zum König, da sie zu dem hohen Saal der Hel fahren."

Gleichermaßen ist überliefert, dass auch nach Walhall nicht nur Waffentote kamen. Beispielsweise wird berichtet, dass ein

Mensch, der als Krieger lebte und nun im Alter sein Ende nahen fühlt, nur in der Stunde des Todes den Griff seines Schwertes zu umfassen brauchte, um nach Walhall zu gelangen.

Bei Menschen, die sich ihr ganzes Leben nie bewusst mit dem Tod beschäftigt haben, spielen solche Mythen und Rituale auch im Sterbeprozess keine Rolle. Das Bewusstsein ist geprägt, was zu Lebzeiten tabuisiert wurde.

Mythen im Hinblick auf Tod und Trauer und ihre Widerlegung

1. Mythos: Trauer erfolgt in geordneten Stadien. Stimmt nicht - sondern: Jeder trauert anders.

2. Mythos: Die Erwachsenentrauer hat keinen Einfluss auf das Kind! Stimmt nicht - sondern: Ein trauernder Elternteil kann für das Kind zum Problem werden. Die emotionale Abwesenheit und Unerreichbarkeit des trauernden Elternteils ist für das Kind ein zweiter Verlust.

3. Mythos: Erwachsene sollen es vermeiden, über Dinge zu sprechen, die das Kind zum Weinen bringt. Stimmt nicht - besser: Miteinander sprechen hilft dem Kind. Offenheit und die klare Botschaft, dass Weinen erlaubt ist, helfen viel mehr.

4. Mythos: Ein spielendes Kind trauert nicht. Stimmt nicht – die Realität: Kinder trauern anders. Das Spiel hilft, Trauer zu verarbeiten. Das Kind kann emotionale Schmerzen nicht so lange aushalten und geht daher oft sehr schnell wieder zum Spiel über. Es braucht das Spiel, um Kräfte zu sammeln.

5. Mythos: Kinder trauern nicht! Sie verstehen das noch nicht! Stimmt nicht – die Realität: Kinder trauern bereits sehr früh. Auch Zweijährigen sollte man den Tod erklären. Sobald eine personenbezogene Bindung aufgebaut ist, verursacht der Verlust dieses Menschen eine Trauerreaktion. Auch für ein zwei Jahre altes Kind ist es wichtig, Erinnerungen z.B. an den verstorbenen Elternteil aufzubewahren, etwa in Form eines Fotoalbums.

6. Mythos: Du wirst darüber hinwegkommen! Stimmt nur bedingt und ist auf keinen Fall hilfreich, denn: Dieser Ausspruch tröstet keinen Trauernden. Trauern ist nicht vergessen, sondern ein Weg, Erinnerungen zu bewahren. Trauernde wollen nicht „darüber hinwegkommen", weil das für sie bedeuten würde, den Verstorbenen zu vergessen und so noch einmal zu verlieren. Um „darüber hinweg zu kommen" müssen sie einen Weg finden, mit den Erinnerungen an den Verstorbenen umzugehen.

7. Mythos: Kinder sollten nicht am Begräbnis teilnehmen! Stimmt nicht - denn: Kinder wollen an Entscheidungen beteiligt werden und an sozialen Trauerritualen teilhaben. Wenn Kinder es wollen, sollte man sie am Begräbnis, an der Seelenmesse etc. teilnehmen lassen, allerdings mit Begleitung und mit der Erlaubnis, jederzeit zu gehen. Andererseits sollte man ein Kind auch niemals zwingen, zu einer Beerdigung mitzukommen.

Hilfen für den letzten Weg
Vorsorge schafft Entlastung

Nichts im Leben ist so gewiss wie die Erkenntnis, dass wir sterben müssen. Trotzdem spielt der Tod im Alltag unserer modernen westlichen Gesellschaft kaum eine Rolle. Er wird weitestgehend verdrängt. Doch spätestens dann, wenn ein Familienmitglied oder ein Freund stirbt, müssen wir uns mit den Fragen auseinandersetzen: Wie geht man mit dem Tod um? Was tun im Todesfall? Während Sexualkundeunterricht und Geburtsvorbereitungskurse feste Bestandteile unseres Bildungs- und Gesundheitssystems sind, findet die Vorbereitung auf das Sterben allenfalls privat statt. Für Menschen in vorgerücktem Alter oder bei schwerer Erkrankung ist es eine wichtige Aufgabe, die "letzten Dinge" des Lebens zu regeln. Dass die wenigsten von uns über das eigene Sterben nachdenken können, ohne mit unangenehmen Gedanken und Gefühlen konfrontiert zu sein, ist wohl zutiefst menschlich. Jeder muss sich seine ganz persönliche Antwort auf das Sterben zurechtlegen und greift dabei sowohl auf sinnstiftende Angebote der jeweiligen Tradition zurück als auch auf persönliche Strategien.
Für die betroffene Person, aber auch für ihre Angehörigen, bedeutet es dennoch eine große Entlastung, wenn wichtige Fragen zu Tod und Sterben im Voraus geklärt und praktische Vorkehrungen getroffen worden sind.
Vielleicht sind die Diskussionen der vergangenen Jahre um den Hirntod, um Sterbehilfe und Patientenverfügungen ein wichtiger Schritt, um das Tabu-Thema „Sterben" aufzubrechen, es zu einem öffentlicheren Thema werden zu lassen. Die folgenden Hinweise sind als Anregungen und Hilfestellungen gedacht, die Sie mit Ihrem Partner, Ihrer Partnerin, mit Ihren Kindern oder mit einer anderen vertrauten Person besprechen können. Dabei geht es um die Patientenverfügung nebst Vorsorgevollmacht und

Betreuungsverfügung. Wir beleuchten die Kosten der Bestattung und geben Anhaltspunkte, wie Sie dafür Vorsorge treffen können. Habe ich ein Testament verfasst? Wo ist es? Braucht es Vollmachten über den Tod hinaus?
Welche Bestattungsart wünsche ich (Erdbestattung, Kremation)? Wie möchte ich begraben sein (Friedhof, Art des Grabes, Waldfriedhof, Naturfriedhof usw.)? Wie soll die Trauerfeier gestaltet werden (religiöses Ritual, nichtkonfessionelle Feier)? Wer soll daran beteiligt sein? Habe ich einen Lebenslauf verfasst? Gibt es Musik oder Texte, die vorgetragen werden sollen?
Soll eine Todesanzeige aufgegeben oder gedruckt werden? Was soll darin stehen? Wer soll benachrichtigt werden (Adressliste vorbereiten)? Welche Stellen müssen informiert werden (Versicherungen, Banken, Abonnements, Wohnungsvermieter usw.)?
Mit der Patientenverfügung legen Sie fest, welche medizinische Behandlung und Pflege sie bei schwerster Erkrankung wünschen und welche nicht. Das am 01.09.2009 in Kraft getretene Gesetz sieht die uneingeschränkte Verbindlichkeit einer Patientenverfügung vor.
Diese muss jedoch hinreichend konkret formuliert sein, um später auf die individuelle Lebens- und Krankheitssituation zutreffen zu können.
Ob durch Unfall, Organversagen oder Gehirnschlag – urplötzlich kann eine Situation entstehen, in der man sich nicht mehr verständlich machen kann. Jeder Volljährige kann mit einer Patientenverfügung dafür sorgen, dass seine Vorstellungen zu medizinischen Behandlungen dann verbindlich befolgt werden.
Eine Patientenverfügung unterliegt keiner juristischen Formvorschrift (keine Handschriftlichkeit erforderlich!). Sie muss allerdings laut PV-Gesetz vom 18.6.2009 schriftlich sein, dazu reichen Datum und Unterschrift. Entgegen verbreitetem Glauben verbessert der Gang zum Notar die Wirksamkeit einer PV nicht. Das Bundesjustizministerium macht darauf aufmerksam, dass

nur, wenn der Verfügende selbst nicht unterschreiben kann (z. B. aufgrund einer Lähmung nach Schlaganfall) zusätzlich ein Notar hinzugezogen werden sollte.

Die Patientenverfügung muss gewährleisten, dass sie sich auf die aktuell eingetretene Situation beziehen lässt. Das Datum der letzten Unterschrift kann ein Kriterium dafür sein, dass sich die Lebensumstände und -einstellungen nicht verändert haben. Allerdings ist bei einer 83-jährigen chronisch Kranken, die eine PEG-Magensonde ablehnt, nicht zu erwarten, dass sie sich als 90-Jährige anders besinnt.

Nur wenn kein Einvernehmen zwischen Arzt/Ärztin und Bevollmächtigtem bzw. Betreuer über die Interpretation einer PV bezogen auf die aktuelle Situation erzielt werden kann, muss eine zu treffende Entscheidung dem Betreuungsgericht (vor dem 01.09. 2009 Vormundschaftsgericht genannt) zur inhaltlichen Prüfung und Genehmigung vorgelegt werden. Dies gilt bereits seit Beschluss des Bundesgerichtshofes vom 17.03.2003, ist nun gesetzlich normiert.

Sie sollten, wenn möglich, Ihre Patientenverfügung immer kombinieren mit einer Gesundheitsvollmacht – auch Patientenanwaltschaft genannt - für eine Vertrauensperson. Diese bringt die PV dem Arzt gegenüber zur Geltung und steht ihm als Ansprechpartner zur Verfügung, wenn Sie nicht mehr ansprechbar sind. Überprüfen und ändern Sie Ihre Patientenverfügung, wenn sich neue Gesichtspunkte und Einstellungsänderungen ergeben. Auch wenn die PV prinzipiell bis auf Widerruf gilt, sollten Sie etwa alle zwei Jahre eine Aktualisierung mit Datum und erneuter Unterschrift vornehmen.

Von einem Tag auf den anderen oder auch schleichend kann sie verloren gehen: Die Fähigkeit zur Lebensführung. Wenn diese erst in der Hand anderer – fremder – Menschen liegt, ist es oft schwer, den eigenen Bedürfnissen und Wünschen Geltung zu verschaffen. Die Selbstbestimmung des Patienten zu wahren, ist

eine der zentralen ethischen Herausforderungen der Hochleistungsmedizin. Regelmäßig geraten Schwerkranke in einen Zustand, in dem sie ihre Zustimmung oder Ablehnung zu den Behandlungsschritten nicht mehr kommunizieren können. Das Krankenhaus steht dann vor der schwierigen Aufgabe, mit oft zunächst überforderten Angehörigen, das weitere Vorgehen abzustimmen. Kostenfrei und mit wenig Zeitaufwand können Sie für diesen Fall vorsorgen, wenn Sie (mindestens) eine Person haben, der Sie so sehr vertrauen, um ihr eine Vollmacht auszustellen .
Die meisten Bürger/innen gehen nämlich von der falschen Annahme aus, dass Familien-angehörige für Sie automatisch eine gesundheitliche Entscheidung treffen oder eine Unterschrift leisten könnten, wenn Sie als Betroffener dies – vielleicht nur vorübergehend – nicht mehr können.
Häufig legen Angehörige von Patienten eine Generalvollmacht vor. Allerdings darf man den Betroffenen damit nicht immer auch bei Fragen zum Humanen Sterben vertreten. Wenn eine Generalvollmacht im Wortlaut "zur Vertretung in allen Angelegenheiten" ermächtigt ohne dass risikoreiche medizinische bzw. freiheitsentziehende Maßnahmen ausdrücklich aufgeführt sind, besteht später ein ernstes Problem: Die Generalvollmacht deckt dann folgende Fälle nicht ab: Der Bevollmächtigte kann nicht an Stelle des Betroffenen einer ärztlichen Untersuchung, einer Heilbehandlung oder einem medizinischem Eingriff zustimmen, wenn (etwa bei einer Herz-Operation) Lebensgefahr besteht oder ein schwerer, länger dauernder Gesundheitsschaden zu erwarten ist (etwa bei einer Amputation). Der Bevollmächtigte kann nicht zum Schutze des Betroffenen in eine notwendige geschlossene Unterbringung oder in eine andere freiheitseinschränkende Maßnahme (z. B. Bettgitter oder Bauchgurt im Rollstuhl) einwilligen.
Bestattungs-/Beerdigungskosten
Eine einfache Beerdigung kostet in Deutschland im Durchschnitt knapp 7.000 Euro (ohne spätere Kosten für Grabstein/Grabmal und Grabpflege). Die Kosten richten sich nach Bestattungsart,

Bestattungsort, Grabart und Umfang der erbrachten Bestatterleistungen. Die Gesamtkosten einer Bestattung können jedoch weit auseinander liegen, von rund 2.000 Euro für die preiswerteste anonyme Feuerbestattung bis 25.000 Euro und mehr für eine gehobene Erdbestattung. Die wichtigsten Posten bei den Bestattungskosten sind die Kosten für Friedhof, Bestatterleistungen, Steinmetz und Friedhofsgärtner.

In Deutschland gibt es über 4.000 Bestattungsunternehmen. Gerade in größeren Städten steht Ihnen eine große Anzahl an Bestattern zur Verfügung, was die Auswahl nicht unbedingt einfacher macht. Doch der Bestatter ist nach einem Sterbefall einer der ersten und wichtigsten Ansprechpartner für Sie. Daher sollten Sie in Ruhe auswählen und sich nicht durch mögliche Lockangebote unter Druck setzen lassen. Lassen Sie sich eine transparente Darstellung der übernommenen Dienstleistungen und der dadurch entstehenden Ausgaben vom Unternehmen vorlegen und erklären, bevor Sie einen Vertrag unterschreiben. Scheuen Sie sich nicht Fragen zu stellen und nutzen Sie die Beratung des Bestatters. Zudem empfehlen wir Ihnen, verschiedene Anbieter zu vergleichen, um Leistungen und Kosten besser einschätzen zu können.

Die erste Entscheidung, die Sie bezüglich der Bestattungsart treffen müssen, ist, ob es eine Erd- oder eine Feuerbestattung sein soll. Bei der Erdbestattung erfolgt die Beerdigung im Sarg auf dem gewünschten Friedhof. Eine Einäscherung ist Voraussetzung einer normalen Beisetzung der Urne auf dem Friedhof oder einer Naturbestattung. Zu Letzterem zählen die Seebestattung und die Baumbestattung.

Die Kosten für eine Bestattung hängen nicht zuletzt von der gewählten Bestattungsart ab. So sind Erdbestattungen in der Regel teurer als Urnenbestattungen. Zwar fallen bei der Urnenbestattung zusätzliche Ausgaben für die Einäscherung an, jedoch sind die Grabkosten oft weitaus geringer. Sowohl das Ausheben des Grabes als auch die geringere Größe eines Urnengrabes führen zu niedrigeren Friedhofsgebühren als bei einer Sargbestattung. Bei einer Seebestattung hingegen wird überhaupt kein Grab benötigt, jedoch eine Reederei, welche die Beisetzung auf See durchführt. Die Kosten einer Bestattung werden üblicherweise direkt über das Bestattungsunternehmen beglichen. Dabei fallen nicht alle Kosten durch den Bestatter an. Bei einigen Kostenpunkten geht dieser für Sie in Vorleistung, damit Sie am Ende lediglich einen Rechnungssteller haben. Die Kosten, die durch Leistungen des Bestattungsunternehmens entstehen, werden dabei als Eigenleistungen bezeichnet. Das sind beispielsweise die Überführung des Verstorbenen vom Sterbeort zu dem Bestattungsunternehmen sowie zum Friedhof, die hygienische Versorgung und die Aufbahrung. Falls Sie Formalitäten wie die Beantragung der Sterbeurkunde nicht eigenständig erledigen wollen, kann der Bestatter dies für Sie übernehmen.

Für Behördengänge und Abmeldungen bei Krankenkassen etc. fallen in der Regel ebenfalls Kosten an. Die wichtigsten Gebühren und Bestattungskosten können Sie sich als Pdf-Datei unter: http://www.todesfall-checkliste.de herunterladen.

Sterbegeldversicherung
Über das Thema Bestattungsvorsorge spricht man nicht gerne, aber es sollte sich jeder damit befassen. Der Grund: Der Gesetzgeber hat das gesetzliche Sterbegeld ersatzlos gestrichen. Es liegt also in unserer Verantwortung, für den Sterbefall Vorsorge zu tragen. Zum einen bieten sich die klassischen Versicherungen an, die vor Ort über Sterbegeldversicherungen aufklären; hier handelt es sich um den Versicherungsmakler, der nach Hause kommt und dort informiert. Zum anderen kann man sich via Internet sehr gute und aufschlussreiche Informationen über Sterbegeldversicherungen einholen und die Konditionen sofort am PC vergleichen. Diese sind in der Regel ohne Gesundheitsprüfung und können vorwiegend bis zu einem Eintrittsalter von 85 Jahren abgeschlossen werden. Aber Achtung!!
Was praktikabel klingt, ist in der Praxis oft zu teuer, weil sich

Menschen oft erst im Rentenalter für den Abschluss einer Sterbegeld-Versicherung entscheiden. Ab dem 65. Lebensjahr ist der Anteil der Risikoabsicherung im Beitrag schon sehr hoch und die Prämien wenig kundenfreundlich, wie Untersuchungen von Finanztest ergaben. Selbst beim günstigsten Tarif von der Victoria Versicherung muss ein 65-jähriger Mann für eine garantierte Versicherungssumme von 5.000 Euro im Laufe von 20 Jahren insgesamt 7.245.- Euro einzahlen. Auch Frauen ab 65 Jahren zahlen, wenn sie das Ende der Beitragszahlungsdauer erleben, mehr ein als die Angehörigen bei ihrem Tod erhalten. Für sie summieren sich die Beiträge beim günstigsten Tarif der Solidar-Versicherung binnen 20 Jahren auf 5.760 Euro. Unter rein monetären Gesichtspunkten mag das stimmen. Da es sich hier aber um eine Risikoversicherung handelt, kommen häufig Sterbegeld-Leistungen vor Ende der Vertragslaufzeit vor. Das sieht bei den meisten Versicherungen wie folgt aus:

Bei einem Eintrittsalter der versicherten Person ab 60 Jahre leistet der Versicherungsträger bei Tod der versicherten Person im

7. Versicherungsmonat: 6/12 der garantierten Versicherungssumme

8. Versicherungsmonat: 7/12 der garantierten Versicherungssumme

9. Versicherungsmonat: 8/12 der garantierten Versicherungssumme, usw.

Voller Versicherungsschutz in Höhe der garantierten Versicherungssumme besteht in den meisten Fällen nach 1 Jahr. Unabhängig vom Eintrittsalter der versicherten Person werden bei Tod während der Dauer der Staffelung jedoch mindestens die eingezahlten Beiträge geleistet.

Egal, welche Variante man wählt, es handelt sich bei den vorgenannten Versicherungen immer um eine private Sterbegeldversicherung, von der Kapitalertragssteuer gezahlt werden muss.

Diese Steuer kann man umgehen, in dem der Versicherung ein Freistellungsauftrag erteilt wird. Stirbt der Versicherte, zahlen die

Anbieter die vorher vereinbarte Summe an die Hinterbliebenen aus. Sterbegeldpolicen sind kleine Kapitallebensversicherungen. Nur ein Teil der Kundenbeiträge fließt in den Sparanteil, den die Anbieter verzinsen, der Rest in den Risikoschutz und die Verwaltungskosten. Die Höhe der Versicherungssumme ist garantiert. Der Schutz der Police gilt bis ans Lebensende. Sollte einmal ein persönlicher finanzieller Engpass entstehend, kann jede private Sterbeversicherung für einen gewissen Zeitraum beitragsfrei gestellt werden.

Alternative Vorsorge

Wer für seine Bestattung finanziell vorsorgen möchte, kann dies fürs gleiche Geld auch ohne Sterbegeldversicherung tun - in der Regel sogar effizienter. Beispiel: Der Kunde schließt eine preiswerte Risikolebensversicherung mit niedriger Versicherungssumme ab, die im Lauf der Jahre fällt. So geht er auch im vorzeitigen Todesfall sicher, dass seine Angehörigen ausreichend Geld für die Bestattung ausgezahlt bekommen. Den Rest spart er und legt ihn sicher verzinst an - etwa auf ein Tagesgeldkonto. Im Laufe der Zeit wächst das Ersparte - und damit die Rücklage für die Beerdigung. Angenommen der Kunde erhält für seine Sparraten mehr als 3 Prozent Zinsen. In diesem Fall schafft es bei den 45-Jährigen kein Anbieter, mit seiner Sterbegeldversicherung besser zu sein. Bei den 65-Jährigen reichen schon 2 Prozent Zins, um die Sterbegeldversicherung zu schlagen. Dabei sollte aber, wie oben bereits beschrieben, das Risiko eines vorzeitigen Todes bedacht werden. Nichts ist fragiler, als eine „garantierte Rücklagendauer" von 20 Jahren bei einem 65-jährigen Menschen.

Todesfall Checkliste

1. Unmittelbar nach Eintreten des Todes
 • Arzt verständigen, um den Tod offiziell festzustellen (Totenschein wird ausgestellt)
 • Benachrichtigung der engsten Angehörigen und weitere Schritte besprechen

- Wichtige Unterlagen suchen (Personalausweis, Geburtsurkunde, Heiratsurkunde, usw.)
- Verträge und Verfügungen des Verstorbenen suchen und entsprechend handeln (z.B. Testament, Vorsorgevertrag mit Bestattungsinstitut, Organspende, Willenserklärung zur Feuerbestattung, usw.)

2. Innerhalb 36 Stunden nach dem Todesfall
- Wohnung versorgen (Haustiere und Pflanzen versorgen, ggf. Strom, Gas, Wasser abstellen)
- Bestatter auswählen (siehe Beerdigungskosten Checkliste: Preisvergleich für Bestattungskosten)
- Bestattungsvertrag & Bestatter Leistungsumfang – welche Aufgaben werden selbst übernommen?
- Auswahl/Bestimmung des Sarges, der Urne, der Totenbekleidung, Umfang der Trauerfeier, usw.
- Abholung des Verstorbenen und Überführung des Leichnams in die Leichenhalle
- Sterbefall beim Standesamt melden und Sterbeurkunde ausstellen lassen
- Erbschein beim Nachlassgericht beantragen
- Weitere Benachrichtigungen:
- Krankenkasse melden; Lebens– und Unfallversicherung informieren;
- Pfarramt benachrichtigen, falls kirchlicher Beistand erwünscht ist;
- Arbeitgeber des Verstorbenen verständigen; Bekannte und Verwandte kontaktieren;

3. Bis zur Trauerfeier und Beerdigung/Bestattung
- Bestattungsform bestimmen (Bestattungsarten: z.B. Erd- & Feuerbestattung, Seebestattung, usw.)
- Friedhof und Grab auswählen. Grabnutzungsrechte erwerben bzw. verlängern
- Termin für Bestattung mit dem Friedhofsträger/Grabstättenverwaltung festlegen

- Genehmigung des Krematoriums einholen (nur bei Feuerbestattungen)
- Terminabsprache und Trauergespräch mit dem Pfarrer oder Trauerredner
- Aufsetzen einer Todesanzeige und versenden der Trauerkarten
- Grabschmuck für Trauerhalle und Grab bei Gärtnerei bestellen (Blumen, Kränze, Trauerschleifen)
- Gaststätte/Cafe für Leichenschmaus bzw. Totenmahl oder Beerdigungskaffee reservieren

4. Nach der Trauerfeier/Beisetzung
- Danksagungskarten verschicken und/oder Danksagungsanzeige per Zeitunginserat aufgeben
- Laufende Zahlungen abbrechen & Verträge, Mitgliedschaften, Miete, Abos, Strom, Telefon kündigen
- Abmelden bei Versicherungen, Rentenkasse, Krankenkasse, Firma, Behörden, Ämter, usw.
- Akte mit wichtigen Dokumenten anlegen (z.B. Sterbeurkunde, Grabnutzung & Pflege, Abrechnungen)
- Räumung der Wohnung
- Nach etwa sechs Wochen das Grab aufräumen und Grabpflege organisieren
- Nach etwa sechs Monaten einen Steinmetz für Grabeinfassung und Grabstein beauftragen
- Nach Erhalt des Erbscheins ggf. Testament eröffnen lassen

Fassen wir zusammen:

Es ist wichtig, dass wir dem Sterbenden die Zeit lassen, um seinen Weg des Sterbens zu gehen, denn jeder Mensch nähert sich seinem Tod auf eine ihm ganz eigene Art und drückt so in seinem Sterben seine Einmaligkeit aus. Der Tod ist so einzigartig, wie jeder Mensch einzigartig ist. In dieser Zeit hat der sterbende Mensch immer weniger körperliche Energie. Das Denken und Fühlen richtet sich zunehmend nach innen, das Interesse an der Außenwelt verliert sich, Schwäche und Müdigkeit nehmen zu.

Er möchte nicht mehr, dass Nachbarn oder Bekannte kommen. Er möchte vielleicht nur noch wenige, ihm vertraute Menschen um sich haben, manchmal auch ganz alleine sein. Es ist eine Zeit, in der er sich von allem, was außen geschieht, zurückzieht und sich nach innen wendet.

„Als ich fühlte, wie das Leben in mir wich, spürte ich einen tiefen Wunsch zu vergeben und Vergebung zu empfangen, all meine Wertungen und Meinungen loszulassen und frei zu sein von der Bürde des Urteilens und Richtens". (Henry Nouwen)

Wer noch tiefer in dieses Thema einsteigen möchte, dem sei die Neuerscheinung im Irisiana Verlag empfohlen: „Der Reisebegleiter für den letzten Weg - Handbuch zur Vorbereitung auf das Sterben"; 192 Seiten, € 16,99 (Autoren: Berend Feddersen, Dorothea Seitz, Barbara Stäcker).

Dieses Buch versteht sich als Begleiter auf dieser letzten aller Reisen und richtet sich an Betroffene und deren Angehörige. Grundlegende medizinische Informationen zu Themen wie Palliativmedizin, Schmerztherapie, Depressionen, Symptomen der Sterbephase und der Palliativen Sedierung werden darin von PD Dr. Dr. med. Berend Feddersen ebenso behandelt wie die Unterschiede zwischen den Einrichtungen Palliativ-Station, Hospiz und der ambulanten Palliativ-Versorgung. Vorgestellt werden aber auch erleichternde Maßnahmen abseits der rein medizinischen Betreuung. Interviews mit Ärzten und professionellen Helfern geben weiterführende Hilfestellung, indem sie beispielsweise zeigen, wie man Kinder in den Begleitprozess einbinden kann, ohne sie zu überfordern. Eine zentrale Rolle im Buch nehmen Menschen ein, die über ihren letzten Weg erzählen. Sie lassen den Leser teilhaben an dem, was ihnen wichtig ist, schildern, wie sie die verbleibende Zeit gestalten und nutzen, und was ihnen auf dem letzten Weg hilft. Ergänzt werden die Berichte von Angehörigen, die einen Sterbenden eng begleitet haben und die auf Grund ihrer Erfahrungen wertvolle Hilfe geben können.

Eine mögliche Anlaufstelle für Patientenverfügungen, Vollmachten und Verfügungen bietet die Bundeszentralstelle Patientenverfügung/Humanistischer Verband Deutschland/HVD in Berlin-Mitte, direkt am U-Bahnhof Märkisches Museum. mail@patientenverfuegung.de Sprechzeiten: Mo., Di., Do. und Fr. von 10 bis 17 Uhr Telefon: 030 613904-11, -874 ; Telefax: 030 613904-36

Was passiert beim Sterben?
Mit Lichtgeschwindigkeit ins Jenseits

Naturwissenschaftlich betrachtet beginnt das Sterben mit dem Ausfall des Herz- und Kreislaufsystems: Die Gewebe des Gehirns, des Herzens, der Leber und aller anderen Organe benötigen Sauerstoff. Bricht ihre Blutversorgung zusammen, fangen sie an, nacheinander abzusterben. Nach etwa 24 Stunden hat der Körper seinen Stoffwechsel eingestellt.
In den letzten Augenblicken unseres Lebens schlägt das Herz nur noch schwach. Die Atmung ist flach, die Gehirnaktivität eingeschränkt. Ganz langsam nimmt die allgemeine Aufmerksamkeit ab: Das Augenlicht schwindet zuerst, dann werden auch die Geräusche schwächer. Das Herz hört auf zu schlagen.
Jetzt geht alles ganz schnell. Weil das Herz kein Blut mehr durch den Körper pumpt, entsteht im Gehirn Sauerstoffmangel. Innerhalb von Sekunden fallen die Sinnesleistungen aus, bis das Bewusstsein vollkommen erloschen ist.
Zehn bis fünfzehn Minuten nachdem der Herzschlag ausgesetzt hat, tritt der irreversible Tod des Hirngewebes ein. Das Gehirn ist das erste Organ das stirbt.
Der Grund: Wie alle Körperzellen brauchen auch Nervenzellen Sauerstoff. Weil sie jedoch ganz besonders aktiv sind, macht sich der Mangel zuerst bei ihnen bemerkbar. Ohne Sauerstoff werden ihre Energiekraftwerke stillgelegt - mit gravierenden Auswirkungen. Alle Stoffwechselvorgänge kommen zum Stillstand. Die Folge: Der Zelltod.
Zehn bis zwanzig Minuten nach dem Hirntod sterben auch die Zellen des Herzgewebes, dann die der Leber und der Lunge. Schließlich, nach etwa ein bis zwei Stunden, setzen auch die Nieren aus. Am Ende arbeitet nur noch der Magen-Darm-Trakt. Auch äußerlich macht der Körper während des Sterbens einige Veränderungen durch. Die Muskeln erschlaffen, was sich zum

Beispiel in einer Entleerung der Blase bemerkbar macht. Aus dem gleichen Grund werden auch die Augen starr. Sie sprechen nicht mehr auf Lichtreize an, trüben sich nach einiger Zeit und werden milchig. Zwei bis zehn Stunden nach dem Aussetzen der Atmung verkrampfen sich die Muskeln. Weil der Blutkreislauf still steht, wird die beim Stoffwechsel entstehende Kohlensäure nicht mehr abtransportiert.

Die Muskelzellen übersäuern. Eine Verzahnung der Muskelfasern ist die Folge. Die so genannte Totenstarre tritt ein.

Der Stoffwechsel bricht endgültig zusammen
Sobald die inneren Organe und die Muskeln tot sind, produziert der Körper keine Wärme mehr. Stunde um Stunde sinkt die Temperatur um ein Grad, die Haut wird blasser. Gleichzeitig treten die Venen immer deutlicher hervor.

Das Blut sinkt der Schwerkraft folgend nach unten ab und sammelt sich an bestimmten Stellen unter der Haut. Dort werden die ersten Leichenflecken sichtbar.

Schließlich, nach spätestens 24 Stunden, stellen auch Darm und Magen ihre Arbeit ein. Durch die zersetzende Wirkung der Verdauungssäfte beginnt der Körper, sich von innen heraus aufzulösen. Soweit die rein stofflich-materielle Sicht. Der Tod ist für die "Mechanisten" unter
den Wissenschaftlern ohnehin nicht mehr als der "unumkehrbar bleibende Zusammenbruch aller biologischen, an die Materie gebundenen Funktionen". *(A. Faller/M. Schünke: Der Körper des Menschen – Bau und Funktion)* Hiernach ist der Mensch ein perfekt arbeitender biologischer Roboter, der für seine Funktionen keine Seele benötigt.

Aber ist das wirklich alles? Was hingegen passiert im „übergeordneten Stoffwechsel"- das, was wir Seele oder Höheres Bewusstsein nennen?

Wir alle sind multidimensionale Wesen, jeder von uns besitzt zahlreiche "Körper", entsprechend unserer vielen Zustände des Seins innerhalb des riesigen Universums.

Diese bestehen grob definiert aus dem physischen Körper, dem Ätherischen- oder Energiekörper, dem Astralkörper und den mentalen Körpern.
Wir besitzen verschiedene mentale oder geistige Körper, entsprechend der unendlichen Stufen und Zustände von Vibration, Dichte und des Seins, angefangen vom allerniedrigsten zum allerhöchsten. Der Astralkörper wird oft als die Seele und der mentale Körper als der unsterbliche Geist bezeichnet. Es ist der mentale Körper, der unsterbliche Geist, der das wahre Abbild Gottes darstellt und nicht wie oft angenommen der physische Körper.
Der Sitz unseres eigentlichen Seins oder Bewusstseins ist innerhalb des mentalen Körpers, dem unsterblichen Geist. Der Astralkörper oder die Seele besteht genau genommen sowohl aus den astralen als auch den mentalen Körpern und kann demnach auch als Astral-Mental-Körper bezeichnet werden. „Diese feinen Körper bestehen aus Energie, Schwingungen, deren Natur für jeden Menschen einzigartig ist. Jedes Individuum besitzt ein einzigartiges Energiemuster, anhand dessen es eindeutig identifiziert werden kann." *(Charles Leadbeater: Die Astralwelt- Das Leben im Jenseits)*
Innerhalb der inneren Realitätssphären, der astralen und mentalen Ebenen, existieren Menschen auf dem Level der Vibrationen des Äthers, das exakt mit dem Level der Vibration ihrer astralen und mentalen Körper übereinstimmt.
Das Level der Vibrationen der astralen und mentalen Körper hängt wiederum von vielen Faktoren ab, „einschließlich des individuellen Grades von Reinheit oder Perfektion, dem Grad der Transzendierung des Egos, der inneren Erfüllung von Geist oder "Gott", dem Grad ungelösten Karmas und was am allerwichtigsten ist, der Erfüllung mit der stärksten Kraft des Universums: bedingungsloser Liebe." *(William Walker Atkinson: Die Astralwelt)* Einfacher ausgedrückt könnte man sagen: Der Mensch bekommt, was er verdient! Lebte er mehr im Schein als im Sein,

quasi in der Knechtschaft seines Egos und der irdischen Süchte, so hat das Einfluss auf die Dichte seines Mentalkörpers.
Ist das Level der Vibration hoch (Walker nennt es: *„Grad der Reinheit und Perfektion"*), dann kann der Verstorbene direkt durch die Resonanz seines Mentalkörpers mit der Astralwelt in die jenseitige Dimension aufsteigen.
Jene, die nicht direkt in die Astralwelt übergehen, werden sich unmittelbar nach ihrem physischen Tod sehr lebendig in ihrem ätherischen Körper wieder finden.
In diesem Zustand können sie alles, was um sie herum geschieht wahrnehmen, einschließlich aller anwesenden Menschen.
Genau genommen ist das, was die Person sieht, nicht ihre eigentliche stoffliche Umgebung, denn sie besitzt ja keine physischen Sinne mehr und existiert in einem viel höheren Schwingungszustand. Nahtodforschungen haben ergeben, dass es sich hierbei um eine Art „ätherische Reflektion" der Umgebung handelt, vergleichbar mit der Aura- oder Kirlian-Fotografie, die auch ein energetisches Spiegelbild in niedriger Dichte liefert.
Sind andere Personen anwesend, beispielsweise Ärzte, dann kann die Person durchaus sehen und hören, wie sie für tot erklärt wird. Der Gestorbene kann dann, wenn er es wünscht, bleiben und beobachten, was mit seinem leiblichen Körper geschieht.
Faszinierend ist auch, „dass es in diesem viel feineren Existenzzustand purer Energie möglich ist, in Lichtgeschwindigkeit (300.000 km/Sek.) an jeden Ort der Welt, ja sogar des gesamten Universums zu reisen, und zwar sprichwörtlich mit der Geschwindigkeit eines Gedankens". *(H.K. Challoner: Das Rad der Wiedergeburt)*
Schützenhilfe hat Challoner von dem Heidelberger Physiker Professor Markolf H. Niemz bekommen. Dieser glaubt, dass sich nach dem Tod eines Menschen die Seele mit Lichtgeschwindigkeit verabschiedet. Niemz lehrt an der Universität Heidelberg Medizintechnik. Daneben beschäftigt er sich intensiv mit der Nahtodforschung.

Letztere lieferte die entscheidenden Impulse für seine These.
(H. Niemz: Die geheime Physik des Zufalls. Quantenphänomene und Schicksal)
Die ätherische Ebene ist eine Welt des Geistes, eine Erweiterung der Astralebenen und des Universums als Ganzes und existiert demnach jenseits der Grenzen und Einschränkungen des physischen Raumes und der Zeit.
Die verstorbene Person verbleibt oft sehr nahe zur physischen Welt, während das Level ätherischer Energie in ihrem ätherischen Körper ausreichend hoch bleibt. „Die meisten nutzen diese Gelegenheit, um Familie und Freunde zu besuchen und sich von ihnen zu verabschieden oder sie besuchen ihr altes Zuhause und Lieblingsorte, die sie im physischen Leben besonders schätzten."
(Charles Leadbeater: Die Astralwelt).
Natürlich können lebende Menschen, mit Ausnahme von Medien und Hellsehern, die verstorbene Person nicht sehen, und für gewöhnlich scheitert jeder Versuch der verstorbenen Person mit lebenden Menschen zu kommunizieren. Sehr oft besucht die verstorbene Person auch ihre eigene Beerdigung, nicht nur um Freunde und Familie zu sehen, wie sie ihr ihre letzte Ehre erweisen, sondern auch, um die Endgültigkeit des Endes ihres physischen Lebens auf der Erde zu realisieren.
Der verstorbene Mensch kann sich jederzeit dafür entscheiden, in die Astralwelt überzugehen, einfach durch den Wunsch und den Willen, dort zu sein. Dies geschieht aber nur dann, wenn er bereit ist, seinen physischen Tod zu akzeptieren und loszulassen. Andernfalls wird der Übergang auf natürliche Weise geschehen, sobald die ätherische Energie verbraucht ist. Der dichte ätherische Körper wird sich auflösen und den Weg für die feineren Schwingungen des Astralkörpers frei machen und auf natürliche Weise einen Übergang in den entsprechenden Level der Astralebenen erlauben, abhängig von dem Schwingungsgrad der Seele und dem Vibrationslevel der Person im Allgemeinen. Dies wird bestimmen, in welchen Teil der Astralebenen sie übergehen wird,

wobei die „geläuterten Seelen in die Mittel-Astralwelten übergehen, die bemerkenswert ähnlich zur zurückgelassenen physikalischen Welt sind." *(Charles Leadbeater: Die Astralwelt-Das Leben im Jenseits)*sind.

Unabhängig davon, wann und wie die entkörperte Seele den Weg in die Astralwelt findet, sie wird dabei niemals alleine sein. Andere Astralbewohner, häufig zuvor verstorbene Verwandte und Freunde, sind anwesend, um sie „zu begrüßen und ihnen dabei zu helfen, sich in ihrem neuen zu Hause einzufinden. Dort treffen sie auf eine Schar von Helfern mit der Aufgabe, den Neuankömmlingen beim Einleben in ihr neues Astralzuhause zu unterstützen." *(Ria Powers: Heimkehr ins Licht).*

Sehr häufig kommt es vor, dass die entkörperten Seelen einfach nicht „begreifen" können, dass sie jetzt "auf einer anderen Energieebene leben, da ihnen die Astralwelten fast identisch zu der physikalischen Welt erscheinen. Solche Seelen reagieren oft verwirrt und entscheiden sich bisweilen, in die irdische Dimension zurück zu kehren oder diese stoffliche Dimension gar nicht erst loszulassen.

Es sollte erwähnt werden, dass "verstorbene" Wesenheiten aus den Astralwelten ihre Angehörigen und Freunde, die noch in der physischen Welt leben, beobachten, sie leiten und sie von Gefahren bewahren, wann immer es möglich ist.

Da das Universum unendlich lebender Geist ist, sind Gedanken eine sehr starke primäre Energie, und es ist demnach relativ einfach für Seelen in den Astralwelten den Verstand der Menschen aus der physischen Welt zu beeinflussen."*(Allan Kardec: Geister und Medien)*

Solche Einflüsse können ganz plötzlich als Intuition, Inspiration oder Ideen in den Köpfen der Menschen auf der Erde auftauchen, wobei der Empfänger solcher Gedanken sie für seine eigenen Gedanken oder Ideen hält. Haustiere, wie Katzen oder Hunde, können die Anwesenheit ihrer verstorbenen Besitzer oft auf sehr starke Art und Weise wahrnehmen.

Es existieren gleich mehrfach gechannelte Jenseitsbotschaften, dass Seelen, die in der Astralwelt leben, ihre Familie und andere Personen auch in deren Träumen besuchen. *(Doreen Virtue: Himmlische Führung; Kommunikation mit der geistigen Welt)* Dies geschieht öfter, als die meisten Menschen glauben. Träume, in denen man Verstorbene trifft, sind in der Tat sehr real.
Sabrina Fox schreibt in ihrem Buch *'Was die Seele sieht. Wege zum Inneren Frieden'*:
„Solche Kontakte sollten immer vermerkt, ernst genommen und jede Nachricht erinnert werden. Jeder in der physischen Welt verlässt seinen Körper in der Nacht während des tiefen Schlafes. Bewohner der Astralwelten nutzen diese Gelegenheit, um ihre Geliebten von Angesicht zu Angesicht zu treffen. Solche Treffen werden am nächsten Morgen als lebendige lebensechte Träume erinnert. Manchmal werden auf diesem Wege wichtige Informationen übermittelt, sowie die Zusicherung, dass die "verstorbene" Person wohl auf und glücklich ist und in ihrem neuen astralen Zuhause zufrieden ist."

Nahtoderfahrungen
Beweise für ein Leben nach dem Tod?

Eine Vielzahl von Menschen, die dem Tod nur knapp entkommen sind, berichten von ungewöhnlichen Erlebnissen in dieser Übergangsphase. Eine groß angelegte, internationale Studie hat sich des rätselhaften Phänomens Nahtod nun angenommen.
Ein Ergebnis ist überraschend. Sie berichten von göttlicher Liebe, einem hellen Licht am Ende des Tunnels oder Treffen mit verstorbenen Familienangehörigen. Menschen, die eine Nahtoderfahrung gemacht haben, sind oft sicher: Es gibt ein Bewusstsein auch außerhalb der Grenzen unseres Körpers.
Nahtoderlebnisse werden in jüngster Zeit vor allem in der Neuroforschung analysiert. Eines der zentralen Probleme ist dabei die Beziehung zwischen Bewusstsein und Gehirn. Für Aufsehen sorgte die Studie des niederländischen Kardiologen und Nahtodforschers Pim van Lommel. Dem Mediziner zufolge zeigen die vielen Nahtoderfahrungen von Menschen, die bereits klinisch tot waren, dass Bewusstsein auch unabhängig vom Gehirn existieren kann.
Studien zufolge hat jeder fünfte Infarktüberlebende eine Nahtod-Erfahrung. Die Betroffenen berichten dabei von emotional überwältigenden Erlebnissen. Einige sehen von oben auf ihren physischen Körper, andere schweben durch einen dunklen Tunnel auf ein strahlendes Licht zu. Diese "Entkörperlichung" wird in der Nahtodforschung als "out of body experience" (OBE) bezeichnet. Bei anderen wiederum läuft das gesamte Leben wie in einem Zeitrafferfilm vor dem inneren Auge ab.
Nahtoderfahrungen sind seit den siebziger Jahren vor allem durch Bücher von Ärzten, Sterbeforschern und Psychologen zum normalen Tagesgespräch geworden.

Am bekanntesten dürfte sicher Raymond A. Moody sein mit seinem 1975 erschienenen Buch "Life after Life", auf deutsch "Leben nach dem Tod", das einen der wesentlichen Anstöße für die Nahtodforschung lieferte. Bekannt ist auch die Sterbeforscherin Elisabeth Kübler-Ross mit ihren Büchern und Vorträgen. Die Greyson-Skala zum Bestimmen der Tiefe von Nahtoderfahrungen geht auf den amerikanischen Psychiater Bruce Greyson zurück. Weitere bekannte Nahtodforscher sind der Niederländer Pim van Lommel mit dem Buch "Endloses Bewusstsein", der amerikanische Psychologie-Professor Kenneth Ring, die Schweizerin Evelyn Elsaesser Valarino sowie Sam Parnia (AWARE-Studie), Jeffrey Long oder Eben Alexander. Auch der deutsche Biophysiker Markolf Niemz hat zu Nahtoderlebnissen publiziert, wobei seine Thesen aber unter Nahtod-Forschern umstritten sind.

Vor allem die Sterbeforscherin Kübler-Ross (eine gebürtige Schweizerin) hatte häufig Gelegenheit, im deutschen Fernsehen von ihren Erfahrungen und Erkenntnissen zu berichten. Ihre Sendungen und Bücher nahmen vielen Menschen die Angst vor dem Tod - und auch vor dem Sterben (was ja nicht dasselbe ist!). Während Kübler-Ross noch viel mit Sterbenden gesprochen hat und es dabei um "Nahtoderfahrungen" unmittelbar vor ihrem Tod ging, versteht man heute unter NTE hauptsächlich das Erlebnis von Menschen, die für eine bestimmte Zeit „klinisch tot" waren – sei es durch das Erlöschen der Herz- und Kreislauffunktionen oder auch der Hirnfunktionen. Nachdem diese Menschen erfolgreich wiederbelebt (reanimiert) wurden, konnten viele von ihnen von bewussten Erlebnissen während des Herzstillstandes berichten.
Dr. Kübler-Ross stützt sich zwar vornehmlich auf die Erfahrungen sterbender Menschen (auch Kindern) und deren Begleitung, ohne dass es zu Reanimationen kommen musste; aber auch sterbende Menschen haben vor ihrem Tod besondere Erlebnisse, die den Berichten der Reanimierten gleichen.

Für wissenschaftliche Studien bevorzugt man heute die Berichte der Reanimierten, da sie diese selbst erzählen können. Die Interviews mit den Sterbenden dagegen können oft nur von den Angehörigen bestätigt werden und beruhen somit lediglich auf dem „Hörensagen".

Auch wenn klar ist, dass es ohne den kritischen Zustand des „klinischen Todes" zu Nahtod-Erfahrungen kommen kann, solche Erfahrungen auch in alltäglichen Situationen geschehen und (zumindest in Teilen) sogar absichtlich herbeigeführt werden können, schmälert das nicht die Berichte der Reanimierten. Denn es ist schon faszinierend, dass Menschen, die unter Narkose stehend klinisch tot waren, überhaupt bewusste Erfahrungen machen.

Die Gruppe um Pim van Lommel vom Hospital Rijnstate in Arnheim untersuchte 344 Patienten, die ein- oder mehrmals einen Herzstillstand erlitten hatten und dann wiederbelebt worden waren. Die Patienten wurden befragt, ob und welche Erinnerungen sie an die Zeit ihrer Bewusstlosigkeit hatten. Zudem suchten die Autoren die Patienten nach zwei und acht Jahren nochmals auf und befragten sie zu ihrer Lebenseinstellung.

62 Patienten berichteten von Nahtod-Erfahrungen - etwa einem Eindruck von Körperlosigkeit, von einem Tunnel oder Licht beziehungsweise einer Rückschau auf das eigene Leben. Die Autoren fanden keine Wechselbeziehung zwischen dem Auftreten solcher Erinnerungen und der Dauer des Herzstillstandes, den verabreichten Medikamenten oder Todesangst im Zeitraum vor dem Ereignis. Patienten unter 60 Jahren berichteten häufiger von Nahtod-Erfahrungen, ebenso solche Patienten, die kurze Zeit später starben. Weibliche Patienten erzählten von besonders intensiven Erfahrungen.

In der definierten Gruppe von Menschen, die alle für eine Zeit von mindestens 45 Sekunden klinisch tot gewesen waren, haben der Untersuchung zufolge also ungefähr ein Fünftel ein todesna-

hes Erlebnis. Die Erlebnisse beinhalten stets die gleichen Elemente: Der Patient empfindet eine wunderbare Ruhe, er verlässt seinen Körper; er begegnet Angehörigen, die vor ihm gestorben waren. Er gleitet durch einen Tunnel einem Licht entgegen. Dann erkennt er, dass seine Zeit noch nicht gekommen ist: Freiwillig kehrt er in seinen Körper zurück - ein oft schmerzvolles Erlebnis. Bei nahezu allen NTE verlässt der Betroffene zunächst seinen Körper. Diese so genannte „außerkörperliche Erfahrung" (englisch: „Out of Body Experiences" - „OBE") ist ein sehr ausgeprägter Bestandteil einer Nahtod-Erfahrung, fehlt selten und hinterlässt auf die, die davon berichten, einen nachhaltigen Eindruck.
Nachdem der Betroffene seinen physischen Körper verlassen hat, beginnt er zu schweben, sodass er sich und seinen Körper (meist) von oben herab betrachten kann. Übereinstimmend wird berichtet, dass die Betroffenen keine Schmerzen mehr spüren (selbst, wenn sie zuvor noch große Schmerzen hatten). Sie sehen sich zwar in ihrer Notsituation, sind jedoch frei von Ängsten, Panik oder körperlichen Beeinträchtigungen.
Die Betroffenen sind allerdings nicht in der Lage, mit den Lebenden, die sich mit ihnen im Raum des Geschehens befinden, Kontakt aufzunehmen - sie können jedoch hören, was gesprochen wird, selbst wenn es leise geschieht oder im Nebenraum.
Sie können Dinge sehen (z.B. Displays auf medizinischen Geräten), die aus der Perspektive des Körpers nicht sichtbar sind. Betroffene berichten von Details (Krawattenfarbe der Ärzte), Gesprächen und verborgenen Abläufen.
In dieser „außerkörperlichen Erfahrung" sprechen die Betroffenen generell davon, dass sie „sehen". Dieses Sehen in einer „außerkörperlichen Erfahrung" ist genauer und intensiver als das körperliche Sehen. Mit dieser Art von „Sehen" beginnt auch schon ein zweites, wichtiges Element einer Nahtod-Erfahrung: Die Tunnel- oder Lichtvision.

Der Betroffene nimmt nach einer Zeit des interessierten Beobachtens (z.B. der Unfallstelle oder des OP-Saales) ein „helles, strahlend schönes" Licht wahr, oft wird von exotischen Landschaften, unbekannten Farben, einem Farbenmeer oder aber Lichtgestalten berichtet.

Auch Sterbende, die nicht reanimiert werden, berichten oft kurz vor ihrem Tod von Besuchen durch Personen, die schon längst verstorben sind; manche sehen diese Verstorbenen auch in Gegenwart anderer und reden mit Ihnen. Die (angeblichen) Gespräche sind immer tröstlichen Inhaltes und leugnen nicht, dass der Tod unmittelbar bevorsteht.

Im Gegensatz zum „außerkörperlichen Sehen", bei dem der Betroffene irdisch-reale Dinge sieht (z.B. seinen Körper, die Ärzte im Operationssaal etc.), „sieht" der Betroffene in der „Tunnelvision" Dinge, die über das Alltagsleben hinausreichen (z.B. Tote, Lichtgestalten, unbekannte Farben, exotische Landschaften etc.). Dieser Wechsel, zwischen „irdisch-realem Sehen" und „irrealem Sehen" wird in den Nahtod-Erfahrungen deutlich gekennzeichnet.

Zum Beispiel befindet sich der Patient zu Beginn der Nahtod-Erfahrung auf dem Operationstisch, anschließend verlässt er seinen Körper, sieht sich auf dem OP-Tisch liegen und die Ärzte bei der OP. Dann übertritt der Betroffene die Grenze zwischen dem „irdisch-realem Sehen" und dem „irrealem Sehen", indem er zum Beispiel eine dunkle Wand durchschwebt, worauf anschließend die „Tunnelvision" folgt, in der das „irreale Sehen" stattfindet. Wichtig bei diesen zwei sehr häufig auftretenden Elementen ist, dass eine gewisse Verbindung zwischen ihnen besteht: Eine „Tunnelvision" ohne eine „außerkörperliche Erfahrung" ist nicht möglich. Diese Verbindung zwischen den Elementen ist nicht ungewöhnlich, da wir solch eine Mischung aus dem Übergang von Traum zum „wachen Leben" oder Tagtraum kennen.

Ein drittes, bereits erwähntes Element einer NTE ist „die Begegnung mit Lichtgestalten oder Toten", die von den Betroffenen als

gute Bekannte aus ihrem Leben identifiziert werden, die ausnahmslos zuvor gestorben waren.
Hierbei ist auch ein gelegentlicher Gedankenaustausch mit den Personen möglich; aber weniger über ein „normales Gespräch". Fast alle Betroffenen berichten von einer Art Telepathie und einem wortlosen Austausch mit den Erscheinungen. Obwohl die „Anwesenden" dem Betroffenen sehr nahe kommen, verläuft das Gespräch ohne Worte, Gestik und Mimik ab.
Wir kennen solch eine Telepathie aus unseren Träumen, in denen wir auch häufig mit Personen „kommunizieren" ohne Worte zu benutzen. Solche „Gespräche" sind in Nahtod-Erfahrungen von besonderer Bedeutung, da den Betroffenen so übermittelt wird, dass sie noch einmal „zurück ins Leben" müssen; dass sie noch eine Aufgabe im „alten Leben" zu erfüllen haben.
Die Erfahrungen der NTE lassen aber noch keinen Blick auf diese neue Wirklichkeit zu. Es sind Erfahrungen des Diesseits - nicht der Ewigkeit. Das wird oft vergessen.
Im Mittelalter war es schließlich Papst Gregor selbst, der Berichte über Jenseitsreisen sammelte. Es handelte sich dabei um die Erlebnisse ganz gewöhnlicher Menschen, die krank oder schwer verletzt waren. Was sie erzählten, gleicht in vielerlei Hinsicht den zeitgenössischen Nahtod-Erfahrungen. Und die Begebenheiten durchziehen alle Schichten der Gesellschaft.
Ein konkretes Erlebnis wird aus dem südamerikanischen Volk der Mapuche berichtet. In einem Bericht aus jüngerer Zeit wird ein Mann zitiert, der tagelang todkrank war: „Ich bin lebendig und bin zum Vulkan gegangen. Ich habe all die toten Leute gesehen, die darin zurückgehalten wurden. Ich war bei meinem Sohn und meinen Großeltern. Sie sind alle beisammen und sehr glücklich. Sie warten auf mich, aber es ist noch nicht die Zeit dazu."

Der Unterschied zwischen gewöhnlichen Träumen und einer Nahtod Erfahrung wird bei diesem Element sehr deutlich. Zwar wird auf einer ähnlichen Art und Weise wie in Träumen kommuniziert, jedoch spielen „Gespräche" und Begegnungen der NTE im weiteren Verlauf des Lebens eine viel bedeutendere Rolle für die Betroffenen, als gewöhnliche Träume.

Oft haben wir unsere Träume noch am selben Morgen - manchmal sogar nach wenigen Sekunden - vergessen.

Wie bei der Nachtod-Kommunikation stellt sich bei Nahtoderfahrungen die Frage nach der Echtheit: Handelt es sich dabei nur um Halluzinationen, Phantasien, Träume, oder sind die Erlebnisse real? Es gibt zahlreiche Erklärungsversuche der Natur- und Geisteswissenschaften, die hirnphysiologische, pharmakologische oder psychologische Ursachen dieser Erfahrungen annehmen, sowie eine Fülle von Untersuchungen.

Doch es fällt auf, dass sämtliche Erklärungsversuche und alle entsprechend ausgerichteten Studien sich immer nur mit Teilbereichen der komplexen Nahtoderfahrungen befassen, also z.B. nur den Tunneleffekt oder das Licht zu erklären versuchen. Die ganze Komplexität des Geschehens bei Nahtod-Erlebnissen, einschließlich der zahlreichen Elemente, nicht zuletzt auch des beurteilenden Lebensrückblicks, der erfahrenen Liebe, der Begegnung nur mit tatsächlich verstorbenen Menschen, der Erfahrung von Sinn, der Änderung des Lebens nach dem Nahtoderlebnis, usw. - konnte von keiner der bisherigen Hypothesen in seiner Vollständigkeit erklärt werden. Ebenso müssten diese Erklärungsversuche die sehr unterschiedlichen Situationen, in denen eine Nahtoderfahrung auftreten kann, einbeziehen. Todesangst, Kohlendioxidüberschuss im Blut und ähnliche (von Skeptikern vermutete) Ursachen können niemals das gesamte Spektrum der Nahtod-Erlebnisse erklären.

Wichtig ist zu erwähnen, dass die Nahtod-Erfahrenen selbst in der Regel von der Echtheit ihres Erlebnisses überzeugt sind. Auch können sie sich noch nach Jahren detailliert daran erinnern, was für die Halluzinationen oder Träume im Allgemeinen untypisch ist.

Menschen, die ein Nahtod-Erlebnis hatten, werden in der Literatur als Experiencer bezeichnet. Ihre Schilderungen unterscheiden sich in vielen Einzelheiten, doch gibt es auch eine Vielzahl gemeinsamer Punkte. Durch diese erst wurde die Forschung auf die Ähnlichkeit und Vergleichbarkeit der Erfahrungen aufmerksam. Stellt man die verschiedenen Berichte nebeneinander, so erscheinen manche Elemente wie die Stationen einer Jenseitsreise.
Über das Verlassen des Körpers berichtet eine Frau:
"... ich hörte die Schwestern rufen: `Herzstillstand!´ Ich fühlte, wie ich aus meinem Körper austrat und zwischen Matratze und Seitengitter des Bettes hinabglitt - es kam mir eigentlich eher so vor, als ob ich mich durch das Gitter hindurchbewegte -, bis ich am Boden ankam. Und von da an stieg ich ganz langsam in die Höhe. Während des Emporsteigens sah ich immer mehr Schwestern ins Zimmer gelaufen kommen, es müssen wohl etwa ein Dutzend gewesen sein... Von da oben sah ich zu, wie man mich wiederbelebte. Klar und deutlich bot sich mir mein Körper dar, wie er da unten ausgestreckt auf dem Bett lag, um das sie alle herumstanden. Eine Krankenschwester hörte ich sagen: „Oh Gott, sie ist tot!", während eine andere sich hinunterbeugt, um mir Mund-zu Mund-Beatmung zu geben."
Oft ist von Begegnungen mit Personen und Wesen die Rede, die den Besucher empfangen. Meist handelt es sich dabei um Freunde und Verwandte, doch auch religiöse Gestalten werden erwähnt:
"Zunächst war es mir, als ob ich durch eine graue Decke hindurch in ein Lichtreich vorstoßen würde. Ich wurde in Richtung dieses Lichtes aus meinem Körper gezogen. Das allererste war eine liebevolle und herzliche Begrüßung durch verstorbene Menschen, die mir sehr wichtig waren. Vor allem waren das die Freundin...sowie meine Großmutter väterlicherseits. Was mich im Nachhinein sehr frappiert hat, ist, dass ich sie gar nicht gekannt habe, da sie vor meiner Geburt verstorben war. Aber sie war da, um mich zu begrüßen. (...) Diese Begrüßung durch die

Gestalten war sehr überwältigend, im Grunde genommen war es ein Meer von Liebe."

Nicht alle Personen berichten von angenehmen Eindrücken. Vereinzelt ist auch von "negativen" Nahtod-Erfahrungen die Rede. Eine Frau erinnert sich: ".. ich begann, in einen Tunnel gezogen zu werden. Es war ein schreckliches Erlebnis, weil alles, was ich sehen konnte, Leute aus meiner Vergangenheit waren, Leute, die schon tot waren, die mir irgendetwas getan oder gesagt haben, was mich in der einen oder anderen Weise verletzt hat. Sie lachten und schrien, bis ich dachte es nicht mehr aushalten zu können. Ich bat und bettelte, zurückgehen zu dürfen. Ich sah ein Licht am Ende des Tunnels, aber ich kam ihm niemals richtig nahe."

Charakteristisch für Nah-Todeserfahrungen ist die Begegnung mit einem Lichtwesen, das von Person zu Person unterschiedlich interpretiert wird:

"Dieses Licht hat für mich so etwas wie eine fremde Macht dargestellt. Ich hatte das Empfinden, dass ich dieses Licht sehr gut kenne und dass ich auch ein Stück von diesem Licht selbst bin."

Eine andere Person verleiht dem Lichtwesen eindeutig persönliche Charakterzüge:

"Meine letzte Erinnerung ist die größte und wichtigste. Ich war an einem Ort, an dem alles um mich herum Licht war - so etwas wie Wolken und dennoch keine Wolken wie man sie von einem Flugzeug aus sieht. Ich stand in der Kurve einer Straße aus Licht, die zu etwas in weiter Entfernung führte, was sich nicht einfach so beschreiben lässt. (...)

...ein Lichtwesen, eher eine Gegenwart als jemand sichtbarer, ein Licht in all dem Licht. Ich erkannte sofort, dass dieses Wesen durch mich hindurch sehen konnte und meine tiefsten Geheimnisse aufdecken konnte. Mein erster Gedanke war, mich zu verstecken, aber ich erkannte, dass das nicht möglich sein würde und auch nicht nötig. Zwischen uns fühlte ich nun eine starke gegenseitige Liebe ohne Worte ...Ich wusste ohne jeden Zweifel, dass,

was immer er in mir sehen würde, er mich verstehen, annehmen und lieben würde."
Eine häufig erwähnte Station ist eine Rückschau auf das vergangene Leben. Dabei machen die betroffenen Personen noch andere außergewöhnliche Wahrnehmungen. Ein Mann aus Schweden hatte als Kind ein Nahtod-Erlebnis. Die Lebensrückschau fand bei ihm im Beisein des Lichtwesens statt:
"Zusammen mit ihm ging ich durch mein ganzes fünf Jahre altes Leben, Ereignis für Ereignis. Aber das war nicht, wie ein Video mit hoher Geschwindigkeit anzusehen. Ich erlebte noch einmal, was geschehen war und gleichzeitig sah ich es als Zuschauer mit ihm. Das meiste war über mich und meinen Bruder, auf den ich sehr eifersüchtig war. ...
Die Betonung lag nicht darauf, wer Schuld hatte oder wer angefangen hat. Stattdessen lag meine Aufmerksamkeit auf unserem Austausch an Gefühlen. Wieder erlebte ich meine Einsamkeit und Eifersucht. Wenn ich ihn schlug, fühlte ich meinen Triumph und wenn ich ihn weinen sah, meine Bosheit. Und wenn ich gelegentlich freundlich zu ihm war, fühlte ich meine widerwillige Freude, ihn glücklich zu sehen. Doch ich erlebte auch seine Gefühle. Und das war nicht nur ein grundsätzliches Verstehen. Ich erlebt direkt, wie es war, er zu sein, mich als großen Bruder zu haben. ...Ich erlebte seine Gefühle so klar wie meine eigenen. Auf diese Weise war dies eine starke und harte Lehre über die Folgen meiner eigenen Taten."
Fassen wir die wichtigsten Fakten noch einmal zusammen.
Die Diskussion über Nahtoderlebnisse ist längst aus der Nische der Esoterik herausgetreten, seit mehr als 20 Jahren existieren Hunderte von Einzelstudien über die Nahtoderfahrung, und sie können als Indizien für ein Fortleben nach dem Tod gelten. Besonders bedeutsam in diesem Zusammenhang ist die Studie von Pim van Lommel aus Holland. Er hat über einen Zeitraum von zehn Jahren mit seinem Forschungsteam Patienten direkt nach

einer Reanimation über ihre Erlebnisse befragt. Seine wohl bemerkenswerteste Erkenntnis ist, dass Bewusstsein unabhängig vom Körper existiert, weil sich das Material anders gar nicht mehr deuten lässt. Daneben ist festzustellen, dass die Elemente einer Nahtoderfahrung, wie außerkörperliche Erfahrung, Tunnel, Begegnung mit Verstorbenen, das Eintauchen in das Licht und die Lebensrückschau, sich auch im Sterbeprozess des Menschen widerspiegeln. Sie markieren den Übergang des Menschen in die andere Welt.
Eine Studie der Universität Konstanz belegte Ende 1999 ca. 3,5 Millionen Menschen mit Todesnähe-Erlebnissen. Weltweit kann von über 50 Millionen Menschen mit Todesnähe-Erlebnissen ausgegangen werden. Leider werden diese immer noch tabuisiert, und es gibt in den Kliniken wenig psychologische Betreuung für Menschen mit Nahtoderfahrungen. Das hat natürlich mit der Verdrängung des Todes im Alltag der Menschen zu tun.
Die wenigsten können erkennen, dass Leben und Tod zusammengehören.
Grundsätzlich geht es im Sterbeprozess darum, dass der Betroffene eine Bewusstseinserweiterung erlebt. Je mehr sich die Seele vom Körper lockert, umso mehr geht das Bewusstsein des Sterbenden auf Reisen, werden Dinge der geistigen Welt gesehen. All die Phänomene, die mit dem Sterben einhergehen, wurden in den letzten Jahrzehnten als Halluzinationen und Verwirrung abgetan. Sie sind aber ein integraler Bestandteil des Sterbeprozesses. Durch die Bewusstseinserweiterung bekommt der Sterbende genauestens mit, was in seinem Umfeld geschieht. Er spürt nun verstärkt die Gefühle, den Kummer und den Schmerz der anwesenden Angehörigen. Wenn diese zu sehr klammern, kann sich das Sterben hinziehen. Das ist auch der Grund für das häufige Phänomen, dass Sterbende dann ihren Übergang vollziehen, wenn die Angehörigen gerade kurz das Zimmer verlassen haben.

Den Sterbenden „Loslassen können" wird zur besonderen Herausforderung für die Angehörigen. Wenn immer es möglich ist, sollten sie den einfachen Satz sprechen:„Du darfst gehen."
Erst wenn das feinstoffliche Band der Silberschnur, das Körper und Geist zusammenhält, endgültig durchtrennt ist, ist ein Mensch tot. Nun kann die Seele nicht mehr in den Körper zurückkehren. Beim klinischen Tod ist dieses feinstoffliche Band noch intakt, was dann auch der Grund dafür ist, dass der Patient in den Körper zurückkehren kann. Das Sterben ist dann abgeschlossen, wenn sich der Restkontakt zum Körper gelöst hat. Dann stellt sich der Eindruck ein, dass wir nur noch eine leere Hülle vor uns haben.
Nahtoderfahrungen sind Erfahrungen, die unser Leben hier bereichern können. Deshalb sind sie schon ein Geschenk und wir sollten den Menschen, die uns davon berichten, mit großer Aufgeschlossenheit und Dankbarkeit begegnen.

Selbstbestimmtes Sterben
Pro und Contra

Gernot Fahl fuhr in die Schweiz, um "würdevoll" zu sterben. Wer seine Geschichte in den Boulevardmedien verfolgt hat, kam nicht umhin, einen Blick in das ausgezehrte Gesicht eines Mannes zu werfen, der sein Leben beenden wollte – um jeden Preis. Doch auch in Deutschland ist ein würdevoller Tod möglich. Dabei muss beim Begriff Sterbehilfe genauso differenziert werden, wie bei ihrer Beurteilung durch Bundesärztekammer, Justiz und Kirche.
Wenn ein Mensch unheilbar krank ist und unter großen Schmerzen leidet, ist bei dem Betroffenen oder seinen Angehörigen der Gedanke an Sterbehilfe manchmal nicht sehr weit. Allerdings gibt es neben Argumenten dafür auch Argumente dagegen – und rechtlich gesehen ist die aktive Sterbehilfe in Deutschland verboten, in anderen Ländern hingegen erlaubt. Mit der sogenannten Patientenverfügung, die im Jahr 2009 in Deutschland eingeführt wurde, kann der Patient zumindest teilweise frei über sein Lebensende entscheiden.
Während die Politiker in Deutschland seit Jahren über die Sterbehilfe diskutieren, scheint sich die Bevölkerung bei diesem Thema relativ einig zu sein – zumindest, wenn man nach dem Ergebnis einer Forsa-Umfrage von 2014 geht.
Auf die Frage "Im Falle schwerster Krankheit, möchten Sie selbst die Möglichkeit haben, auf aktive Sterbehilfe zurückzugreifen?" antworteten 70 Prozent der Befragten mit Ja. Für die Studie, die von der Krankenkasse DAK-Gesundheit in Auftrag gegeben wurde, befragten die Forsa-Forscher 1005 Menschen im Alter von 14 bis über 60 Jahren.
Sterbehilfe bedeutet im allgemeinen Sprachgebrauch, den Tod eines Menschen durch Unterlassen lebensverlängernder Maßnahmen nicht hinauszuzögern, ihn durch fachkundige Behandlungen

zu erleichtern oder herbeizuführen. Als Sterbehilfe werden vielfach nicht nur Handlungen bezeichnet, die an unheilbar Kranken im Endstadium wie beispielsweise Krebspatienten vorgenommen werden, sondern auch solche an schwer Behinderten, Menschen im Wachkoma, Patienten mit Alzheimer-Krankheit im fortgeschrittenen Stadium oder Patienten im Locked-in-Syndrom, die sich nicht selbst zu einem Sterbewunsch geäußert haben.
Hierzu Karlheinz Wichmann, Präsident der Deutschen Gesellschaft für Humanes Sterben (DGHS): „Wir wollen, dass den Menschen bis zu ihrem Lebensende das im Grundgesetz garantierte Recht auf Selbstbestimmung gewährt wird. Laut einem BGH-Beschluss vom März 2003 steht der Patientenwille über dem des Arztes. Ist keine Willensäußerung mehr möglich, soll eine Patientenverfügung maßgeblich sein. Nur 10% der Bevölkerung haben eine Patientenverfügung, 47% können mit dem Begriff nichts anfangen".

Indirekte Sterbehilfe ist zulässig und liegt vor, wenn etwa ein Arzt einem Todkranken mit dessen Einverständnis schmerzlindernde Medikamente gibt, die als Nebenwirkung den Todeseintritt beschleunigen. Diese Art der Lebensverkürzung ist und bleibt nicht strafbar, weil sie dem Patienten einen Tod in Würde und Schmerzfreiheit ermöglicht. Verweigern Ärzte solche Schmerzmittel mit der Begründung, keinen vorzeitigen Tod herbeiführen zu wollen, können sie laut BGH wegen Körperverletzung oder unterlassener Hilfeleistung bestraft werden.
Als **Passive Sterbehilfe** gilt der Verzicht auf lebensverlängernde Maßnahmen bei einer tödlich verlaufenden Erkrankung oder Verletzung. Dieses bewusste Sterben, etwa durch das Abschalten eines Beatmungsgerätes, ist und bleibt zulässig, wenn eine entsprechende Willenserklärung des Patienten vorliegt oder von den Angehörigen glaubhaft nachgewiesen werden kann. Folgen Ärzte diesem ausdrücklichen Willen nicht, können sie wegen Körperverletzung bestraft werden.

In Deutschland regelt das Strafgesetzbuch ausschließlich die **aktive Sterbehilfe**: Sie ist strafbar, auch wenn der Patient explizit geäußert hat, dass er sterben möchte.

Aber bei dieser Art der Sterbehilfe verabreicht jemand einem Patienten ein unmittelbar tödlich wirkendes Mittel. Der Patient nimmt es also nicht selbst zu sich (das ist der Unterschied zum assistierten Suizid), sondern es wird dem Patienten von außen "aktiv" zugeführt. Wer aktive Sterbehilfe betreibt setzt also bewusst und vorsätzlich einen neuen Kausalverlauf in Gang, der unmittelbar und kurzfristig zum Tod führen soll.

Offiziell begeht der Helfer damit den Straftatbestand der Tötung auf Verlangen. Aktive Sterbehilfe, das direkte Töten eines Menschen, etwa in einem Pflegeheim durch das Spritzen einer Überdosis von Medikamenten, gilt als Totschlag und wird mit mindestens fünf Jahren Haft bestraft. Selbst der ausdrückliche und ernste Sterbewunsch des Patienten ändert nichts an der Strafbarkeit. Solch eine Tat wird dann als „Tötung auf Verlangen" mit bis zu fünf Jahren Gefängnis bestraft.

„Beihilfe" zur Selbsttötung bedeutet die Selbsttötung mit Hilfe einer Person, die ein Mittel zur Selbsttötung bereitstellt. Eine Selbsttötung liegt aber nur dann vor, wenn der Suizident den letzten Schritt noch selbst beherrscht, also die sogenannte Tatherrschaft über das Geschehen hat. Die Beihilfe zur Selbsttötung ist in Deutschland grundsätzlich nicht strafbar. So darf etwa ein Angehöriger einem Sterbewilligen eine Überdosis Schlaftabletten in die Hand drücken. Hat der Sterbewillige sie dann geschluckt und ist bewusstlos geworden, muss ihm allerdings unverzüglich geholfen und etwa ein Notarzt alarmiert werden. Geschieht dies nicht, kann das als „unterlassene Hilfeleistung" mit bis zu einem Jahr Haft bestraft werden. Sofern die andere Person die letzte todbringende Handlung vornimmt, ist kein Suizid mehr gegeben. In Deutschland kommt dann eine Strafbarkeit z. B. wegen § 216 StGB in Betracht.

2009 trat ein Gesetz in Kraft, das den Umgang mit der sogenannten Patientenverfügung regelt. In ihr können Menschen für den Fall vorsorgen, dass sie einmal nicht mehr selbst Entscheidungen treffen können, etwa wenn sie im Koma liegen: In der Patientenverfügung legen sie fest, welche medizinischen Eingriffe sie wünschen und welche nicht.

Demnach müssen sich Ärzte und Angehörige an den Willen des Patienten halten, selbst wenn die Krankheit nicht unbedingt zum Tod führt. Patientenverfügungen müssen schriftlich verfasst sein oder in einer ähnlich eindeutigen Art der Aufzeichnung vorliegen – wie beispielsweise als Video. Allerdings kann man in einer Patientenverfügung nicht einfordern, dass einem jemand beim Suizid hilft; dies bleibt weiterhin strafbar.

Diskussion Pro und Contra
Befürworter und Gegner der Sterbehilfe beharren schon seit Jahren auf ihren Argumenten. Die Gegner führen an, dass es nicht rechtens sei, über Leben und Tod zu entscheiden. Außerdem verbiete der Hippokratische Eid Ärzten, Sterbehilfe zu leisten. Ein Argument gegen Sterbehilfe, das immer wieder genannt wird: Die Schmerztherapie sei mittlerweile sehr wirkungsvoll, sodass der Patient bis zum natürlichen Lebensende nicht leiden müsse. Zudem sei das Netz an Hospizdiensten so dicht, dass das Sterben menschenwürdig gestaltet werden könne.

Die Befürworter hingegen sind der Meinung, dass jeder Mensch das Recht haben sollte, über seinen eigenen Todeszeitpunkt und die Todesart selbst zu entscheiden. Darüber hinaus würde eine klare rechtliche Regelung, die die Sterbehilfe erlaube, eine verlässliche Grundlage für Mediziner bilden. Sie könnten dann die entsprechenden Medikamente auf jeden Fall straffrei verschreiben. Damit würde das Leiden von unheilbar Kranken verkürzt werden, so das Argument der Befürworter.

In meinen Augen sollte letztlich der Wille des Patienten zählen. Der Suizid ist in Deutschland nicht strafbar, darum auch nicht die

Beihilfe dazu. Diese allgemeine Rechtslage bevormundet niemanden und achtet den Willen des Einzelnen - auch wenn es um eine so schwerwiegende Entscheidung geht: Warum sollte der Wille eines schwerstkranken Patienten nicht genauso geachtet werden?

Die Gefahren bei der Legalisierung ärztlicher Suizid-Beihilfe sind allerdings sehr groß: Wenn Menschen dadurch etwa unter Druck geraten, sich das Leben zu nehmen, um ihren Angehörigen nicht zur Last zu fallen, dann wäre das in der Tat eine Katastrophe.

Ein entschiedener Gegner der aktiven Sterbehilfe ist Prof. Dr. med. Eberhard Klaschik, Chefarzt der Abteilung für Anästhesiologie und Intensiv-/Palliativmedizin und Schmerztherapie, Malteser Krankenhaus Bonn-Hardtberg, Präsident der Deutschen Gesellschaft für Palliativmedizin: „Aufgabe des Arztes ist Leiden zu lindern und nicht den Leidenden durch aktive Sterbehilfe zu beseitigen. Wenn Sie bedenken, dass 90% der Patienten, die in den Niederlanden aktive Sterbehilfe erhalten, Tumorpatienten sind, dann weiß ich, dass wir gerade für diese Patienten Lebensperspektiven eröffnen können. Adäquate Palliativmedizin macht aus dem Todeswunsch einen Wunsch, Leben zu gestalten.

Laut Umfragen der DGHS sprechen sich über 80% der Befragten für die Legalisierung der aktiven Sterbehilfe aus. Dieser hohe Anteil zeigt die große Verunsicherung in der Bevölkerung und die Angst vor unerträglichem Leid, Entwürdigung, Schmerzen und anderen belastenden Symptomen. Von Seiten der Palliativmedizin sind wir dringend gefordert, unsere Möglichkeiten darzustellen, um diese Ängste abzubauen."

Das ist ein klares Plädoyer, dass endlich auch Diskussion darüber eröffnet werden sollte, was todkranke Menschen wirklich brauchen.

Das heißt im Klartext: Wir müssen über die Palliativmedizin reden, die in Deutschland schändlicherweise noch immer völlig unterentwickelt ist. Wir müssen über die zum Teil desaströse Situation in unseren Krankenhäusern reden. So hat gerade erst der Deutsche Ethikrat festgestellt, dass das Patientenwohl aus Spar- und Effizienzgründen immer mehr in den Hintergrund gerate. Das ist die Baustelle, an die wir zuerst und vor allem denken sollten.

Kein Wunder also, wenn Kritiker an der Sterbehilfe vielfach fordern, statt die Beihilfe zur Selbsttötung zu erlauben, müsse Deutschland eine flächendeckende palliativ-medizinische Versorgung sicherstellen.

Diese Forderung nach einer optimalen Schmerzmedizin kann man nur unterstützen - allerdings sehe ich darin keine Alternative, sondern die Voraussetzung für die Legalisierung der ärztlichen Suizid-Beihilfe: Was menschenmöglich ist, um Schwerstkranken das Leben zu erleichtern, das muss getan werden. Nur dann ist überhaupt eine freie Entscheidung des Patienten möglich.

In den Niederlanden sind, anders als in Deutschland, sämtliche Arten der Sterbehilfe straffrei. Der Arzt muss jedoch Vorgaben erfüllen. Er muss etwa zu dem Schluss kommen, dass der Patient aus eigenem Antrieb und nach reiflicher Überlegung sterben möchte. Zudem muss der Arzt definitiv feststellen, dass der Sterbewillige keine Aussicht auf Besserung seines Zustandes hat und dass er seine Leiden kaum erträgt. Fällt dann die gemeinsame Entscheidung, dass Sterbehilfe eingeleitet werden soll, muss ein zweiter Arzt zustimmen. Ähnliche Regelungen gelten in den benachbarten Ländern Belgien und Luxemburg.

In der Schweiz ist die aktive Sterbehilfe strafbar, die anderen drei Formen – die indirekte und die passive Sterbehilfe sowie der assistierte Suizid – hingegen sind erlaubt. Der Schweizer Berufsverband der Ärzte sieht einerseits die Beihilfe zur Selbsttötung nicht als Aufgaben-gebiet eines Mediziners an, andererseits soll ihm zufolge der Mediziner den Willen des Patienten respektieren. Deshalb wird in der Schweiz der assistierte Suizid toleriert. Schweizer Organisationen wie Dignitas vermitteln an Ärzte in der Schweiz, die bereit sind, zum Tode führende Medikamente zu verschreiben.

In Österreich sieht die rechtliche Lage ähnlich aus wie in Deutschland: Die passive und die indirekte Sterbehilfe sind erlaubt, sofern sie den Wunsch des Sterbenden widerspiegeln. Auch in Österreich können Patientenverfügungen verfasst werden, deren Erklärungen bindend sind. Allerdings ist auch dort die aktive Sterbehilfe strafbar – und anders als in Deutschland ist die Beihilfe zum Suizid eindeutig nicht erlaubt, sie wird wie die aktive Sterbehilfe bestraft.

Bliebe noch die Frage, welchen Einfluss unser Seelenplan und das mögliche vorbestimmte Schicksal auf unseren Sterbeprozess hat?

Das Schicksal ist wie eine allgegenwärtige Wolke, die über unserem Leben schwebt. Es hat einen starken Einfluss auf alle wichtigen Ereignisse und Entscheidungen in unserem Leben. Dazu zählen mit Sicherheit die Geburt, längere Partnerschaften, schwere Krankheiten oder Unfälle und der Todeszeitpunkt. Nach der Lehre des Karmayoga sind ca. 65% unseres Lebens vorherbestimmt und 35% obliegen unserem freien Willen. Die Entscheidung, Sterbehilfe zu leisten oder zu erbitten, mag also nur bedingt unserem freien Willen entsprechen und viele spirituelle Faktoren können die Folgen dieser Entscheidung beeinflussen.

Auch sollten Familienmitglieder darüber nachdenken, was ihr wahres Motiv für die Entscheidung zur Sterbehilfe ist. Geschieht dies vorwiegend zugunsten ihrer eigenen Zufriedenheit, fehlt es an persönlicher Pflegezeit oder wollen sie ihr weltliches Leben in Ruhe fortsetzen? Vielleicht aber sind sie auch durch und durch von der Absicht der Nächstenliebe getragen, um Leid und Qualen zu beenden. Was hat es für einen Sinn, jemanden in einem vegetativen Zustand ohne Hoffnung auf Gesundung zu halten, nur um die Ressourcen der schulmedizinischen „Hilfeleistung" ökonomisch optimal auszulasten?

Die kirchliche Position im Fall der aktiven Sterbehilfe ist klar: Ein Selbstmord ist nicht zu rechtfertigen. Das bestätigt die Glaubenskongregation in ihrer Erklärung zur Euthanasie (1980). Die katholische Kirche betrachtet das Leben als etwas Heiliges, als Geschenk der Liebe Gottes. Deshalb kann der Mensch darüber nicht selbst verfügen. Ein eigenmächtiges Beenden des Lebens bedeutet daher eine Zurückweisung der Oberherrschaft Gottes und seiner liebenden Vorsehung. Die Konsequenz: Auch die Beihilfe zur Selbsttötung – sei es durch einen Arzt, aber auch durch Freunde oder Verwandte – ist moralisch nicht zu verantworten. Anders ist das bei der sogenannten passiven Sterbehilfe. Zu ihr zählen alle Formen der Unterlassung oder des Abbruchs lebensverlängernder Maßnahmen wie Magensonden zur künstlichen Ernährung oder Beatmungsgeräte, aber auch der Verzicht auf die Behandlung mit Antibiotika.

Auch die christliche Ethik hält die "passive Sterbehilfe" unter entsprechenden Umständen für moralisch vertretbar. Sie stellt die Fragen: Wird der Tod des Sterbenden beabsichtigt oder lediglich zugelassen? Wird das Sterben nur hinausgezögert oder bestehen tatsächliche Heilungschancen?

Die Glaubenskongregation differenziert deshalb zwischen "verhältnismäßigen" und "unverhältnismäßigen" Mitteln in der Behandlung. Ein Verzicht auf therapeutische Maßnahmen, die zu hohe Risiken oder Schwierigkeiten bergen, ist durchaus möglich und gilt daher nach kirchlichem Verständnis nicht als "Selbstmord". Vielmehr spricht die Kongregation in diesem Fall von einem "schlichten Hinnehmen menschlicher Gegebenheiten". Gernot Fahls Wille war bekannt: Er verzichtete auf lebensverlängernde Maßnahmen wie künstliche Beatmung und Ernährung. "Er ist friedlich eingeschlafen", sagt Palliativmediziner Andreas Weber, auf dessen Station der 69-Jährige seine letzten Tage verbrachte. Auch wenn Gernot Fahl nicht so starb, wie er beabsichtigte: Er habe "den würdigen Tod gesucht und gefunden", sagt sein bester Freund.

Blut- und Organspende
Von Humanität keine Spur

"Die Chirurgen finden die Seele nicht, weil sie nicht wissen, dass das, was sie gerade zerschneiden, schon Seele ist".
Carl Friedrich von Weizsäcker (Physiker und Philosoph)

Transplantationsbefürworter stellen die Organspende als tugendhaften Akt der Nächstenliebe dar, verschweigen aber die unethischen, menschenunwürdigen Hintergründe des juristischen Medizinkonstrukts „Hirntod", mit dessen Erfindung die Organentnahme strafrechtlich legalisiert wurde. So wie unsere Nahrung nicht nur ein Haufen Chemie ist, so sind Körperteile mehr als nur ein Stück leeres Fleisch.

Die Bereitschaft zur Organspende sollte im eigenen Interesse sehr gut überlegt sein, denn Spenderorgane können nur von einem lebenden Körper entnommen und verwertet werden! Der Organspender lebt also zur Zeit der Organentnahme. Es ist wichtig, die medizinischen Bedingungen und gesetzlichen Bestimmungen zur Organentnahme zu kennen! Die nachstehend angeführten Informationen können für Sie und Ihr Leben von größter Bedeutung sein.

Die Lösung „Hirntod" – eine juristische Erfindung!
Nach der ersten Herztransplantation im Jahr 1967 durch Christian Barnard, wurden schon im folgenden Jahr in den USA rund 70 weitere Transplantationen vorgenommen. Als daraufhin die Staatsanwaltschaft wegen vorsätzlicher Tötung gegen die Transplantationsmediziner zu ermitteln begann, musste zum Schutz der Chirurgen und Kliniken schnell eine Lösung gefunden werden. Unter Aushebelung ethischer Prinzipien definierte die Haward-Ad-hoc-Kommission im Jahr 1968 den menschlichen Hirntod völlig neu. Seither werden Hunderttausende, so genannte Hirntote, aber noch lebende Organspender regelrecht ausgeschlachtet,

ihre Organe und der gesamte Körper als Ersatzteillager gewinnbringend vermarktet.
Nicht nur einzelne Organe, sondern der gesamte menschliche Körper eines noch lebenden Menschen wird zerlegt und verkauft: Herz, Nieren, Leber, Lunge, Bauchspeicheldrüse, Dünndarm … Auch Körperteile wie Gesicht, Arme, Hände, Zunge, Kehlkopf, Luftröhre, Penis usw. werden entnommen, ebenfalls Knochen, Haut, Augen, Blutgefäße, Herzbeutel, Sehnen, Bänder . Was nicht verpflanzt wird, findet für Forschungszwecke immer noch Abnehmer.

Wann ist der Mensch tatsächlich tot?

Nach traditionell-medizinischer Sicht ist der Mensch dann tot bzw. verstorben, wenn sein Organismus, die Herztätigkeit, die Atmung und der gesamte Kreislauf zum Erliegen gekommen sind, Seele und Geist den Körper verlassen haben. Der Körper des Verstorbenen kühlt ab, Totenflecken werden sichtbar, die Leichenstarre setzt ein, der Verwesungsprozess beginnt.
Das sind nach wie vor die eindeutigen Merkmale des Todes.
Bei Organspendern sind gänzlich andere Anzeichen vorhanden, die beweisen, der Spender lebt noch!
Das muss auch so sein, da für Transplantationen nur lebenddurchblutete Organe verwendet werden können. Das Herz dieser sterbenden Patienten schlägt noch, der Körper ist warm, hat eine normale Temperatur und der Stoffwechsel ist aktiv. Das nicht mehr funktionsfähige Gehirn ist ebenfalls noch durchblutet, nur kann sich der Patient aufgrund seines schwer geschädigten Gehirns leider nicht mehr äußern/artikulieren. Man könnte sagen, Organspender sind weder richtig lebendig noch richtig tot!
Es sind Sterbende, die in einem tiefen Koma liegen, durch die Gerätemedizin am Leben erhalten werden und schlussendlich durch die Organentnahme sterben. Welchen Sinn macht es also, einen Organspender „umzubringen", um womöglich das Leben

eines anderen schwer Kranken zu retten? In aller Regel steht das Geschäft und nicht das Wohl des Patienten im Vordergrund. Prof. Alexandra Manzel formuliert es so: „Hirntote sind keine Leichen. Leichenteile – um das vorauszuschicken – kann man nicht verpflanzen. Wenn man Leichenteile verpflanzen könnte, dann gäbe es keinen Organmangel, denn Leichen haben wir genug. Das heißt, Organe kann man nur von Patienten zur Verpflanzung verwenden, deren Organismus lebt. Das müssen frische, gut durchblutete Organe sein. Das heißt, der gesamte Organismus muss ein lebendiger sein, auch wenn er durch die künstliche Beatmung am Leben gehalten wird."
Profiteure der Transplantationsmedizin behaupten dennoch wider jeglicher Vernunft und Erfahrung, wenn bei einem Menschen der Hirntod eingetreten sei, dann sei der Mensch tot.
Dass aber Hirntote leben und erst durch die Organentnahme sterben oder besser gesagt, umgebracht werden, darauf weisen folgende Tatbestände hin:
• Der Patient wird bis zur Organentnahme ernährt, gewaschen und gepflegt.
• Der Bart wächst weiter.
• Männliche „Hirntote" sind selbst noch zu einer Erektion fähig.
• Weibliche, schwangere „Hirntote" lassen einen Embryo in ihren Körper weiter wachsen und reifen.
• Wunden können noch ausheilen.
• Dr. Zieger, Arzt für Neurochirurgie berichtete bereits 1966 dem Gesundheitsausschuss des deutschen Bundestages, dass Komapatienten auf äußere Ereignisse, wie z.B. auf Besuch von Angehörigen eindeutig reagieren können.
• Hirntote können noch Monate oder Jahre leben und danach einen würdevollen Tod sterben.
• Manche Hirntote sind wieder aufgewacht und konnten nach entsprechender Behandlung gesund weiterleben.

- Untersuchungen zeigen, dass rund 60% der so genannten Hirntoten wieder reanimiert werden und ins volle Leben zurückfinden können.
- Professor Franco Rest: „Den Hirntod gibt es nicht. Er ist eine Erfindung der Transplantationsmedizin."
- Oft werden die Organspender auf dem Operationstisch festgeschnallt, um irritierende Bewegungen zu verhindern. Warum? Tote bewegen sich doch nicht mehr!
- Vor der Organentnahme bekommen diese angeblich Toten (Hirntoten) häufig muskelentspannende und schmerzstillende Medikamente. Aber wofür, wenn sie doch tot sind und keine Schmerzen mehr verspüren können? Transplantationsmediziner wissen also, dass Organspender Schmerzen verspüren?
- Zur „Optimierung des chirurgischen Eingriffes" empfiehlt selbst die „Deutsche Stiftung Organspende" eines der stärksten Schmerzmittel: Fentanyl, ein synthetisches Opioid, das 100 Mal stärker ist als Morphin. Dennoch behaupten diese „Experten", der Organspender sei vor dem Eingriff schon tot. Dass das eine Lüge ist, geht schon aus ihren Handlungen hervor.
- Vollnarkosen werden gerne verschwiegen, weil jeder weiß, dass ein Toter keine Vollnarkose benötigt.
- Es existieren also zahlreiche Hinweise, dass Hirntote Schmerzen empfinden und darauf reagieren. Bei der Organentnahme schnellt auch die Pulsfrequenz hoch, der Blutdruck verändert sich, die Hormonausschüttung ist aktiv.
- Das Gesicht eines Organspenders spiegelt nicht den Seelenfrieden eines in Würde verstorbenen Menschen, sondern Furcht und Angst, wahrscheinlich von furchtbaren erlittenen Schmerzen herrührend.
- Organspenden sind ein gutes Geschäft für die Pharmaindustrie und die Krankenhäuser. Damit werden viele Millionen verdient. Aufgrund dessen dürfte es kaum eine seriöse Aufklärung geben. Organentnahme - die Bestimmungen:

- In Deutschland gilt das Zustimmungsrecht: Eine Organentnahme ist nur nach vorheriger Zustimmung des Spenders oder eines Angehörigen möglich. Hier wird mit Organspender-Ausweisen geworben.
- In Österreich gilt das Widerspruchsrecht. Hier geht man wesentlich radialer zu Werke und baut auf die Unwissenheit der Bevölkerung. Bei diagnostiziertem Hirntod können bei allen Menschen, ohne Einwilligung der Angehörigen, jederzeit alle Organe entnommen werden. Jeder Mensch, der zu keiner Organspende bereit ist, muss vor seinem Tode einen schriftlichen „Widerspruch zur Organentnahme" einlegen und die Speicherung im zentralen Widerspruchregister veranlassen, sonst wird er beim ev. Eintritt eines Hirntodes, ohne irgendwelche Rückfragen seiner gesamten Organe beraubt.
- Die Widerspruchsregel gilt für folgende Länder: Österreich, Liechtenstein, Italien, Frankreich, Luxemburg, Portugal, Spanien, Italien, Slowakei, Slowenien, Tschechien, Ungarn, Schweden, Lettland, Zypern. Wenn Sie in einem dieser Länder der „Hirntod" ereilt, können Ihnen ohne eine Rückfrage sämtliche Organe entnommen werden, wenn Sie nicht in einem dafür vorgesehenen Widerspruchregister registriert sind! Am besten tragen Sie auch immer eine Kopie des Widerspruchs bei sich.
- In Bulgarien ist es noch schlimmer. Dort gilt die so genannten Notstandsregelung. Es darf alles entnommen werden, was dringend benötigt wird. Ob dort ein Widerspruch beachtet werden würde, erscheint eher fraglich.

Blutspende

Während die Aufrufe zum Blutspenden immer dringlicher werden, hat bei einigen Transfusionsmedizinern ein Umdenken begonnen. Wohl auch, weil die Studienlage erdrückend ist und das eingefahrene Manifest "Blutspenden rettet Leben" neu bewertet werden muss. Inzwischen ist aus zahlreichen multizentrischen

Studien bekannt, dass die überflüssige Gabe von Fremdblutkonserven auch Ursache einer erhöhten Sterblichkeit, einer höheren Komplikationsrate (z. B. Herzinfarkt, Nierenversagen) und einem erhöhten Risiko für Infektionen (z. B. Lungenentzündung) assoziiert ist. Blut sollte daher als Medikament mit klarer Indikation und relevantem Nebenwirkungsspektrum gesehen werden, da ganz offensichtlich die Nachteile den Nutzen deutlich übersteigen.

Die ARD-Reportage "Böses Blut - Kehrtwende in der Intensivmedizin" (abrufbar bis 24.11.15) klärte auf über die Studienergebnisse, Risiken und Aktivitäten des Projekts. Einige der gezeigten Punkte waren:

Nach Operationen gab es mehr Schwierigkeiten, wie Koma und Entzündungen; wenn Blutkonserven (bis 42 Tage nutzbar) älter werden, zerfallen die roten Blutkörperchen und der Körper reagiert dann auf die Bestandteile mit seinem Immunsystem - d.h. das Immunsystem hat noch mehr zu tun als ohnehin.

Das gilt auch für Eigenblutspenden: wenn sie zu lange vor der OP abgenommen werden, reagiert das Immunsystem auch auf die Zerfallsprodukte.

Bei Krebs-OPs gab es mehr Metastasenbildung als in Vergleichsgruppen. Die Bestandteile bleiben über Jahrzehnte im Körper enthalten, sodass sie auch später noch Krankheiten erzeugen können - besonders, wenn weitere Transfusionen dazukommen.

Ziel ist es daher, dort, wo man sonst 10 Beutel gegeben hat, vielleicht mit 1-2 auszukommen, weil jeder Beutel das Risiko erhöht. 1 Beutel rote Blutkörperchen kostet 20 € - bis zur Verwendung und Rechnung sind seine Kosten auf 300 € für die Kassen gestiegen. Das heißt, die Kassenleistung könnte reduziert werden.

Nur so ist auch das Handeln von zahlreichen Medizinern an der Unikliniken Frankfurt und Münster zu erklären, die seit 2012 in einem Netzwerk "Patient Blood Management" (PBM) kritische Informationen zur Blutspende verbreiten, um andere Mediziner und Institutionen zu einem radikalen Umdenken zu bewegen.

Ziel ist es, die Verwendung von Bluttransfusionen auf das Notwendigste zu reduzieren, um kurz- und langfristige Folgen zu vermeiden und mehr Patientensicherheit zu gewährleisten. Inzwischen wächst die Anzahl von Krankenhäusern, die sich diesem Netzwerk angeschlossen und Konsequenzen aus den Ergebnissen gezogen haben.
Der Einsatz von Fremdbluttransfusionen soll dabei durch drei Maßnahmen verbessert werden:
1. durch die spezielle Vorbehandlung von Anämie-Risikopatienten vor selektiven operativen Eingriffen,
2. durch die standardisierte Prüfung, ob eine Bluttransfusion tatsächlich sinnvoll ist,
3. durch die Minimierung des Blutverlustes während und nach der Operation. Frankfurt übernimmt dabei für Deutschland die Federführung in diesem Bereich der Versorgungs-Forschung.

Umsetzung in drei Säulen
Die **erste Säule** des PBM bilden spezielle Vorbehandlungen von Risikopatienten vor operativen Eingriffen. Durch ein standardisiertes Prüfverfahren wird ermittelt, wie massiv der Blutmangel ist und wie hoch das Risiko für eine Bluttransfusion wäre. Bei Bedarf wird ein interdisziplinäres Fachkonsil einberufen, das vorbereitende medizinische Maßnahmen festlegt, durch die die Blutarmut reduziert und damit der Einsatz von Blutkonserven ohne gesundheitliche Risiken vermieden werden kann.
Die **zweite Säule** zielt auf den möglichst rationalen Einsatz der Blutkonserven auf Basis der Querschnittsleitlinien zur Therapie mit Blutkomponenten und Plasmaderivaten der Bundes-Ärztekammer. Hierfür wurde eine Transfusionsbedarf-Checkliste entwickelt, mit der in jedem Einzelfall die Entscheidung für oder gegen den Einsatz einer Blutkonserve überprüft wird.
Die **dritte Säule** umfasst weitere Maßnahmen, die den Blutverlust während und nach der OP minimieren. Dazu zählen unter

anderem die restriktive Handhabung von Blutentnahmen, der routinemäßige Einsatz von Cell-Saver-Geräten, die das Patientenblut bei Risikooperationen wieder auffangen, sowie ein Point-of-Care-gestütztes, patientennahes Gerinnungsmanagement.

Fassen wir noch einmal das wichtigste zusammen:
(1) Eine immense Prozentzahl aller Transplantationen schlägt fehl. Das Spenderorgan wird wieder abgestoßen, funktioniert nicht, macht Beschwerden usw. Eine zweite oder dritte Transplantation wird nötig.

(2) Der Empfänger büßt jegliche Lebensqualität ein. Er benötigt 15 oder 20 Medikamente täglich, lebt in andauernder Angst vor Infektion, braucht im Normalfall alle 5 oder 10 Jahre ein neues Organ. Transplantierte berichten zudem häufig von entsetzlichen Emotionen, Empfindungen und Schuldgefühlen.

(3) Es gäbe in bestimmt 75 Prozent der Fälle alternative Möglichkeiten und Therapieverfahren, um das eigene Organ zu retten, was den Betroffenen aber verschwiegen wird.

(4) Ein Spender darf zur Organentnahme nicht tot sein, da nur lebendfrische Organe transplantiert werden können! So berichten manche Unfallopfer, die gerade noch kurz vor der Organentnahme aufgewacht sind, dass sie alles mitbekommen hätten, also beinahe Zeuge ihrer eigenen „Ausweidung" geworden wären.

(5) Der sog. "Hirntod" ist eine rein juristische Erfindung, die einen einzigen Zweck zu erfüllen hat: Zu verhindern, dass Transplantationen strafrechtlich als Mord gewertet werden.

Spirituelle Aspekte

Wenn man bedenkt, was beim Tod geschieht, dann wird der Gedanke an Neutralität bei der Weitergabe eines lebenden Stückes Fleisch zur Illusion. Der Ätherkörper ist die energetische Grundform zum materiellen Körper und wird von der Seele und ihrem Bewusstsein „gespeist". Weil der Ätherkörper den dichten Körper vollständig durchdringt, ist er ein genaues Duplikat desselben und wird deshalb auch als „Äther-Doppelkörper" bezeichnet.

Wenn der Mensch stirbt, verlässt innerhalb von ca. 3 Tagen die „Lebenskraft" (sanskr. Prana) den ätherischen Körper, und es bleibt die leere, physische Hülle zurück.
Wird nun ein Organ lebend (nach Hirntod) zeitnah zum Todestag entnommen und bei einem anderen Patienten transplantiert, dann „verkörpert" dieses Organ immer noch das Bewusstsein seines ursprünglichen Besitzers. Mit der Folge, dass die Seele ihre Energie nicht vollständig einziehen kann und der Organempfänger mit der energetischen Information und Dynamik einer anderen Seele belastet wird. Auch wenn sich Hinterbliebene gern der Fantasie hingeben, dass der/die Verstorbene durch Organtransplantation in einem andern Menschen weiterlebt, oder zumindest einem guten Zweck gedient hat, bedeutet eine solche Verbindung immer auch eine seelische Verstrickung von Spender und Empfänger. Seelen- oder Bewusstseinsanteile bleiben zurück, die Essenz wird fragmentiert, der Rückzug in die Astralwelt erfolgt von einer „verstümmelten Seele".
Von Lehrern und spirituellen Meistern gibt es Hinweise auf die Auswirkungen aus höherer Sicht, die letztlich darauf hinauslaufen, dass die geschenkte Lebenszeit eher egoistisch motiviert und wertlos ist. Das Bestreben nach Organspende verzerrt die Natürlichkeit des Todes und die Freude der Seele an der Rückkehr in die Einheit der göttlichen Ebene - die erfüllte Sehnsucht "als Ganzes nach Hause" zu gehen. Das Bestreben führt zu einem Verhaftetsein an die irdische Dimension, ein Festhalten des EGOS an alles Weltliche.
Für den spirituellen Meister Sri Chinmoy sind insbesondere Herztransplantationen problematisch, weil sich die vitalen Schwingungen des Spenders im Körper des Empfängers auswirken und den spontanen Strom der Lebensenergie behindern. Wörtlich sagt er dazu:
„Das Herz ist der Sitz der Emotionen und wir identifizieren unsere tieferen Gefühle immer mit dem Herzen. Wir sagen: Ich liebe dich von ganzem Herzen.

Wenngleich rein stofflich das physische Organ einfach nur ein Organ ist, befinden sich dort die Emotionen – alles, was wir die vitale oder emotionale Natur des Menschen nennen, befindet sich unsichtbar in dieser Herzgegend. Diese vitale Natur wohnt in Wirklichkeit in der Mitte der Brust und nicht im physischen Herzen selbst. Aber es ist trotzdem unvermeidlich, dass bei einer Herztransplantation eine gewisse emotionale Verwirrung und Desorientierung stattfindet. Ich bin kein Freund der Herztransplantation, denn sie behindert den spontanen Strom der Lebensenergie. Auch empfindet die physische Hülle, die aus fünf Elementen zusammengesetzt ist, die Transplantation als ein handgreifliches Eindringen eines fremden Elementes in ein subtiles System, das die wissenschaftliche Medizin nicht verstehen wird. Die Schulmedizin kann das Leben eines Menschen durch eine Herztransplantation verlängern, aber eine bloße Verlängerung des Lebens ist wertlos, wenn das innere Streben des Betreffenden nach der Vervollkommnung seines eigenen Körpers fehlt. Eine Seele wird nicht fähig sein, mit den Möglichkeiten und Fähigkeiten eines anderen Herzens nach einem höheren Zweck zu streben."

Werner Hanne, Vortragsreisender in Sachen "Organwahn", berichtet von zahlreichen Rückmeldungen von Organempfängern über Fremdempfinden im eigenen Körper, bis hin zu Erkrankungen wie Gürtelrosen im Gesicht und Warzenwuchs. Es gibt Irritationen auf psychischer und auch seelischer Ebene. Er weist darauf hin, dass die Seelen der beiden betroffenen Menschen solange verbunden bleiben, bis der Empfänger verstirbt und die im irdischen Anteil verbliebenen Seelen-Energieanteile zum Spender zurückkehren können. Diese „Rückkehr" passiert nicht einfach so, sondern muss durch eine Clearing-Therapie (s. späteres Kapitel in diesem Buch) unterstützt werden.

Obwohl Organtransplantation inzwischen alltäglich geworden ist, werden viele Transplantierte ihres neuen Lebens nicht recht froh. Zum einen bleiben sie lebenslang von Medikamenten abhängig,

um die Abstoßungsreaktion des fremden Organs zu unterdrücken. Zum anderen haben sie mit den seelischen Folgen der Organübertragung zu kämpfen. "Manchmal fühlte es sich fast so an, als ob ich meinen Körper mit einer zweiten Seele teilte".
Die 48jährige Frau, die Herz und Lunge eines tödlich verunglückten Motorradfahrers erhielt, ringt darum, mit der Veränderung ihres Wesens fertig zu werden. Eine Woche nach der Operation bekommt sie plötzlich Appetit auf Hühnerkeulen und Bier - Dinge, die sie vorher nie gemocht hatte. Ihre Lieblingsfarbe wechselt von rot zu grün. "Meine Persönlichkeit veränderte sich und wurde maskuliner." Sie war betroffen, dass es ihr nicht mehr möglich war "wieder die gleiche Ebene der Spiritualität zu erlangen, die ich während meiner Krankheit erreicht hatte. Ich wollte unbedingt die Lehren, die ich damals erfahren hatte, in mir wach halten - Vergebung, den tieferen Zugang zu mir selbst, das Gefühl der Gelassenheit und die Zuversicht, dass sich das Universum seiner Bestimmung gemäß entfaltet. Doch jetzt konnte ich fast körperlich spüren, wie die geistige Dimension sich mir immer mehr entzog." Und das, obwohl sie ihre täglichen Meditationen beibehielt. (Claire Silvia, Herzensfremd - Wie ein Spenderherz mein Selbst veränderte, 1998, S. 154)
Anfänglich führt sie ihre seelische Veränderung auf die vielen Medikamente zurück, die sie täglich nehmen muss. Als dann massive Alpträume einsetzen, sucht sie psychotherapeutische Hilfe auf. Sie findet zu einer Gruppe von Herztransplantierten. Sie alle berichten über Wesensveränderungen. "Einen Großteil der Zeit waren wir elend oder verstört oder starr vor Angst", schreibt Claire Silvia. Zehn Jahre nach der Herz-Übertragung wird ihr ein weiteres Organ transplantiert - eine Niere, wegen Nierenversagens infolge der vielen Medikamente. Der Spender ist ihr Freund.
Organspende - ein Akt der Nächstenliebe? Ein Einzelfall? Wohl nur in dem Sinne, dass sich Betroffene selten in die Öffentlichkeit begeben. Denn in der Regel werden die seelischen Folgen

von Organtransplantationen verschwiegen. Auch in der gemeinsamen Erklärung der Deutschen Bischofskonferenz und des Rates der Evangelischen Kirche in Deutschland zur Organtransplantation (1990) ist davon keine Rede. Im Gegenteil: "Die Kirchen sehen ... in einer Organspende durchaus die Möglichkeit, über den Tod hinaus das eigene Leben in Liebe für den Nächsten hinzugeben." Und was sagen die Kirchenmänner zu den seelischen Folgen? Sie werden schlichtweg ausgeblendet: "Der Empfänger eines Organs braucht keine Änderung seines Wesens zu befürchten, kann aber zuweilen bedenken, dass er das Organ eines anderen, meistens eines verstorbenen Menschen in sich trägt."
Mit "bischöflicher Vollmacht" werden hier biologische Fakten diskreditiert: „Der Hirntod bedeutet ebenso wie der Herztod den Tod des Menschen. Mit dem Hirntod fehlt dem Menschen die unersetzbare und nicht wieder zu erlangende körperliche Grundlage für sein geistiges Dasein in dieser Welt. Der unter allen Lebewesen einzigartige menschliche Geist ist körperlich ausschließlich an das Gehirn gebunden ….."
Wieso hat die Kirche immer noch nicht begriffen, dass der Hirntod nicht der Tod des Menschen ist, allenfalls der Beginn des Sterbeprozesses, der mit dem Herzstillstand endet? Die klassischen Todesmerkmale in der jahrhundertealten Medizingeschichte sind Erkaltung, Leichenstarre und Todesflecken. Per kirchlicher Definition wird der Mensch für tot erklärt, ihm der Leichenstatus aufoktroyiert, ohne dass er sich dagegen wehren kann.
Eine hirntote Frau konnte nach Monaten noch ein Kind austragen, das gesund zur Welt kam. Ein hirntoter Mann kann noch Erektionen haben. Der "Hirntote" wird bis zur Organentnahme beatmet. Beatmen aber kann man nur einen lebenden Menschen, keinen Toten. Den könnte man allenfalls "aufblasen". Der Hirntote hat vor der Organentnahme einen normalen Blutdruck und eine stabile Herzfrequenz. Kurz vor dem Eingriff kommt es in

der Regel zu einem dramatischen Blutdruckanstieg auf Werte von 230 zu 115.

Der katholische Moraltheologe Johannes Gründel, ein Befürworter der Hirntod-Theorie, wurde in einer Rundfunksendung zur Organtransplantation befragt. Sein bemerkenswertes Statement liest sich so: "Nach dem Auseinanderbrechen dieser Einheit Mensch mit dem irreversiblen Ausfall der Gehirnfunktionen hört diese Form von Leben auf, aber Lebens-Prozesse bleiben, und diese Lebensprozesse haben jetzt nichts mehr mit dem Leben zu tun, wo ein Mensch noch erfährt, wo er sensibel ist, wo er etwa denkt und dergleichen, sondern das sind nachklingende Prozesse an einem Leichnam ..." Darauf die Moderatorin: "Können wir denn wissen, was ein Mensch will? Kann man denn das, was in der Seele eines Menschen oder in seiner Psyche vorgeht, messen?" Die Antwort von Prof. Gründel: "Lassen Sie mal den Begriff Seele weg ..." Die Seele weglassen? Aus dem Mund eines Gottesmannes? Der „entseelte Patient", entnommen aus Kühlboxen und Transplantationszentren? Bei diesem Gedanken läuft mir ein kalter Schauer über den Rücken!

Kontakte zu Verstorbenen
Wir bleiben dauerhaft verbunden

Ich glaube, es ist jetzt Zeit, dass die Leute wissen, dass der Tod gar nicht existiert, wenigstens nicht so, wie wir uns das vorstellen. – Der Tod ist ganz einfach das Heraustreten aus dem physischen Körper, und zwar in gleicher Weise, wie ein Schmetterling aus seinem Kokon heraustritt.
Dr. Elisabeth KÜBLER-ROSS

Die folgende Geschichte klingt nach Halluzination oder Esoterik. Aber Achtung: Die Quelle ist ein vertrauenswürdiger Naturwissenschaftler Namens James Grant. Chemiker seines Zeichens und mehrere Jahre am Max-Planck-Institut in Deutschland tätig. Grant erzählt seine Geschichte, die sich während seines Studiums in London ereignete, so: Kurz nach dem Einzug in ein Zimmer des Studentenheims sei er eines Nachts aufgewacht und habe in seinem Zimmer im Schein einer Straßenlaterne einen jungen Mann mit schwarzem, lockigem Haar bemerkt. Er habe sich furchtbar erschreckt und dem vermeintlichen Nachbarn gesagt, dass er sich wohl im Zimmer geirrt habe. Doch dieser habe überhaupt nicht reagiert, sondern ihn nur tieftraurig angeschaut. Nach dem Einschalten des Lichtes sei die Gestalt nicht mehr wahrnehmbar gewesen.
„Da ich mir absolut sicher war, dass ich nicht geträumt hatte, erzählte ich am nächsten Morgen der Heimleiterin von der seltsamen Begegnung und beschrieb ihr genau, wie der junge Mann ausgesehen hat", berichtet Grant.
Daraufhin habe diese kurz im Archiv gesucht und ihm ein Foto gezeigt, auf dem er sofort den jungen Mann erkannt habe. Das schier Unglaubliche beschreibt Grant wie folgt: „Als ich sie

fragte, um wen es sich handele, erwiderte sie mit bebender Stimme, dass es mein Vormieter gewesen sei, der sich kurz zuvor das Leben genommen habe."

Nicht minder fantastisch ist die Vision, die der schwedische Naturforscher und Theologe Emanuel von Swedenborg (1688 bis 1772) nach bezeugten Quellen im Jahr 1759 gehabt haben soll: Er hatte eines Abends die Vision, dass im 450 Kilometer entfernten Stockholm, seiner Heimatstadt, ein Feuer ausgebrochen, aber einige Häuser vor seiner Wohnung zum Stillstandgekommen sei. Ein Bote hatte später seine Eingebung bestätigt. Professor Hans Schwarz, Ordinarius für Evangelische Theologie an der Universität Regensburg, studierte hierzu die zeitgenössischen Quellen und kam zu dem Schluss, dass Swedenborgs Bericht glaubwürdig ist. Erstaunlicherweise gibt es eine Vielzahl von Menschen, die im Gespräch unter vier Augen von Erlebnissen berichten, die nach landläufiger Meinung als übernatürlich gelten. Aus Furcht, fortan als Träumer oder besessen abgestempelt zu werden, scheuen sich die meisten von ihnen, offen darüber zu sprechen.

Hat die **Naturwissenschaft** etwas zu solchen Vorstellungen zu sagen?

Inzwischen gibt es eine Reihe von namhaften Physikern, die solche Effekte für real halten. Dabei kommen sie zu dem revolutionären Schluss, dass es eine physikalisch beschreibbare Seele gibt. Das Fundament für die atemberaubende These liefert das quanten-physikalische Phänomen der Verschränkung.

Bereits Albert Einstein ist auf diesen seltsamen Effekt gestoßen, hat ihn aber als „spukhafte Fernwirkung" später zu den Akten gelegt. Erst in jüngerer Zeit hat unter anderen der Wiener Quantenphysiker Professor Anton Zeilinger den experimentellen Nachweis dafür geliefert, dass dieser Effekt in der Realität tatsächlich existiert. Auch Professor Hans-Peter Dürr, einer der renommiertesten Quantenphysiker der Gegenwart, vertritt die Auffassung, dass der Dualismus kleinster Teilchen nicht auf die subatomare Welt beschränkt, sondern vielmehr allgegenwärtig ist.

Der Dualismus zwischen Körper und Seele ist für ihn ebenso real wie der Welle-Korpuskel-Dualismus kleinster Teilchen, also die Tatsache, dass Licht beide scheinbar gegensätzlichen Formen annehmen kann: elektromagnetische Welle und „handfestes Teilchen". Seiner Auffassung nach existiert auch ein universeller Quantencode, in den die gesamte lebende und tote Materie eingebunden ist. Dieser Quantencode soll sich seit dem Urknall über den gesamten Kosmos erstrecken.
Konsequenterweise glaubt Dürr an eine Existenz nach dem Tode. „Was wir Diesseits nennen, ist im Grunde die Schlacke, die Materie, also das, was greifbar ist. Das Jenseits ist alles Übrige, die umfassende Wirklichkeit, das viel Größere", zeigt er sich überzeugt. Insofern sei unser gegenwärtiges Leben bereits vom Jenseits umfangen.
Den Anfang, das Thema der Jenseitserfahrungen empirisch-wissenschaftlich aufzuarbeiten, machte 1975 ein kleines Buch mit dem Titel "Life after Life" *(Leben nach dem Tod)* des amerikanischen Arztes Dr. Raymond Moody, in dem Patienten über ihre Erfahrungen im klinisch-toten Zustand berichten.
Niemand ahnte damals, welch' unvorstellbare Entwicklung und Flut von weiteren Veröffentlichungen sogenannter Nah-Tod-Erlebnisse dadurch ausgelöst würden.
Inzwischen gibt es in den USA eine wachsende Zahl von Psychologen, Theologen und Ärzten, die sich der Spirit Releasement Therapy verschrieben haben und in zwei Verbänden organisiert sind. Die Organisation berichtet von rasch zunehmenden weltweiten Kontakten, organisiert Workshops und Konferenzen und hat schon zahlreiche Bücher und Schriften herausgegeben.
Die Therapeuten arbeiten teilweise mit den Betroffenen direkt, teilweise mit Hilfe eines Mediums. Eines der Hauptziele dieser Gruppierungen ist die Anerkennung ihrer Therapien bei den großen medizinischen und psychologischen Verbänden.
Als Begründerin dieser Therapieform darf die amerikanische Psychologin Edith Fiore (1997) mit ihrem Buch "Besessenheit

und Heilung" angesehen werden. Bisher liegen zahlreiche Fallberichte über Heilungen vor, eine exakte Aufschlüsselung über Indikationen und Langzeitwirkungen soll folgen.
Vergleicht man die Beschreibungen, die hilfesuchende Verstorbene den sensitiv begabten Menschen über das Erleben im Jenseits geben, zeigen sich eklatante Unterschiede zu den "Jenseitserfahrungen" klinisch toter Menschen, die wiederbelebt wurden. Die einen realisieren oft nicht, dass sie gestorben sind, und wenn sie sich doch darüber klar geworden sind, irren sie umher, versuchen sich an Menschen zu hängen oder werden von vertrauten Orten magisch angezogen.
Aus den Nahtodeserlebnissen hingegen erfahren wir, wie die vom Körper befreite Seele durch einen Tunnel in ein meist wunderbares Licht schwebt, geistige Führer oder Christus antrifft, Lebensrückschau hält und aus Sehnsucht nach der lichtvollen Welt nicht mehr ins Erdenleben zurückkehren möchte.
Aus den divergierenden "Jenseitserfahrungen" werden ebenso unterschiedliche Vorstellungen über eine Existenz nach dem Tode entwickelt.
Daraus könnte geschlossen werden, dass gewisse Menschen jenseitige Führer antreffen und ins Licht geleitet werden, andere aber auf dieses Privileg "Ins Licht abgeholt" zu werden, verzichten müssen. Das Schicksal dieser entkörperten Seelen ist es dann, weiterhin auf der Erde umherzuirren, bis ihnen irgendwann ein Medium oder ein Clearing-Therapeut begegnet.
Zunächst ist zu fragen, warum bisher so wenig über "negative" Nahtoderlebnisse berichtet wurde. Bei Raymond Moody (1975) gab es zu keiner Zeit Berichte über negative Erlebnisse und Kenneth Ring stellte 1984 fest:
"Die meisten Experten scheinen darin übereinzustimmen, dass es sich um 1% oder weniger aller berichteten Fälle handelt".
Tatsächlich scheinen jedoch solche negativen Berichte deutlich häufiger zu sein als bisher -wie oben zitiert- in der Literatur angeführt wurde.

Die amerikanische Ärztin Barbara R. Rommer berichtete 1999 (Free Spirit, Vol. 4/3 und 4), dass die "Less Than Positiv" (LTP) Erfahrungen nach den Erkenntnissen von ihr und anderen Forschern 15% - 18% der Nahtodeserlebnisse ausmachten.
Die Betroffenen würden die Erlebnisse kaum berichten aus Angst, kritisiert und verurteilt zu werden. Die Erfahrungen würden hauptsächlich Schrecken, Verzweiflung, Schuldgefühle und überwältigende Einsamkeit beinhalten. Rommer ist überzeugt, dass auch diese Erlebnisse meist Anstoß zu tiefgreifendem spirituellem Wachstum seien.
Weiter ist zu fragen, warum die Schilderungen Verstorbener wie sie uns durch Medien berichtet werden, oft so banal und wenig intelligent erscheinen, selbst wenn es sich um die Wesen von auf Erden überdurchschnittlich begabten Menschen handeln soll.
Eine Erklärung könnte sein, dass diese Medien sich täuschen und sich nur einbilden, zu ehemals berühmten Diesseitigen in Kontakt zu stehen. Diese Interpretation mag teilweise zutreffen, dürfte aber insgesamt dem Verständnis dieser Phänomene nicht gerecht werden.
Eine wesentlich tiefer greifende Erklärung, die aber bisher noch kaum diskutiert wurde, besagt, dass auch bei Verstorbenen Dissoziationen, d. h. Abspaltungen von Bewusstseins- oder Persönlichkeitsanteilen vorkommen können. Bei lebenden Menschen spricht man von Verdrängung ins Unbewusste. Wenn jedoch kein Körper als gemeinsames Verbindungsglied mehr vorhanden ist, könnte ein Bewusstseinteil "verloren" gehen und als quasi selbständige Wesenheit in einer nichtkörperlichen Existenzebene angetroffen werden. Was sensitiven Menschen dann oft begegnet, wären nicht notwendigerweise Verstorbene, sondern allenfalls **abgespaltene Bewusstseinsteile**. Für diese Sichtweise spricht die jahrtausendealte schamanische Überlieferung, dass Seelenteile durch Schockerlebnisse im Leben abgespalten und in der nichtalltäglichen Wirklichkeit von Schamanen gefunden werden können.

Ausführliche Beschreibungen finden sich in den ins Deutsche übersetzten Büchern von Sandra Ingermann. Demnach wäre ein plötzlicher Tod und insbesondere ein Unfalltod selber ein Schockerlebnis, das zu Verlusten von Seelenanteilen führen kann. *(Sandra Ingermann: Wie wir uns von negativen Energien befreien, 2009)*
Dass Tote auf unsere Welt der Lebenden Einfluss nehmen können, wobei es ohne Belang ist, wann diese Menschen einst starben, ist ein heikles, um nicht zu sagen umstrittenes Thema. Immerhin würde es bedeuten, dass die Lieben aus dem Reich des Todes die Menschen immer "beobachten" können und es folgerichtig auch tun. Gleich aus welchen Motiven dies geschieht.
Ein Vorreiter und Experte im Bereich „Tonband-Stimmen", ist Prof. Ernst Senkowski.
Immer wieder nehmen Angehörige seine Dienste in Anspruch, wollen mit verstorbenen Familienmitgliedern Kontakt aufnehmen, wissen, dass es ihnen im Jenseits gut geht. Natürlich begegnen ihm Skepsis und Unglauben.
„Wen das Unerklärliche nicht interessiere oder wem es Angst bereite, solle sich auf keinen Fall mit Tonbandstimmen auseinandersetzen", meint auch Irma Rogge aus Düren, die seit mehr als 30 Jahren mit Jenseitskontakten arbeitet. Als Medium hatte sie beispielsweise Kontakt mit einem bekannten deutschen Politiker, der in der Schweiz auf mysteriöse Weise ums Leben kam. Seine Stimme klang offensichtlich verwirrt und gedrückt und sein Zustand nicht beneidenswert: „Es ist dunkel und so furchtbar kalt". Und auf die Frage, ob es Mord oder Selbstmord war, die zu seinem Tode geführt habe, antwortete eine andere Stimme:„Ihr habt doch seine Kleider."
Diese Kleider aber spielten bei der späteren kriminal-technischen Aufklärung eine unrühmliche Rolle und sind bis heute verschwunden.
Für Irma Rogge bestand niemals ein Zweifel, dass diese Stimme, wie alle anderen auch, authentisch waren.

Zurückhaltender ist da die Meinung von Ernst Senkowski: „So wenig man die Stimmen der Toten eindeutig verifizieren kann, so wenig könne man sie eindeutig widerlegen." *(Ernst Senkowski: Instrumentelle Transkommunikation-Dialog mit dem Unbekannten, 1989)*
Wer mehr zu diesem Thema erfahren will, kann sich das Buch: „Niemals geht man für immer" von Marita Lautenschläger kostenlos auf ihrer Homepage herunterladen. In diesem Buch sind jahrelange Erfahrungen der Berliner Heilerin mit dem Jenseits spannend und informativ festgehalten (www. marita-lautenschlaeger.de)
Geradezu erstaunlich klingt die These von Bernhard Jakoby, Deutschlands bekanntestem Sterbeforscher: Jeder zweite Deutsche hat in seinem Leben Kontakt zu Verstorbenen."
Der Forscher und Fachbuchautor begleitet seit 25 Jahren Sterbende und ihre Angehörigen, vergleicht aktuelle Berichte mit historischen Schriften aus allen Kulturkreisen.
Die 6 wichtigsten „Wahrheiten über das Jenseits", die er herausfand:

1. Der Übergang verläuft bei fast allen gleich
Jakoby: „Zuerst kommen außerkörperliche Erfahrungen. Der Sterbende sieht seinen Körper von oben, z. B. auf dem OP-Tisch oder an der Unfallstelle. Danach das Tunnellicht: Man scheint sich aus einer dunklen Röhre zu einem hellen Licht zu bewegen. Dort die Lebens-Rückschau: Bilder aus der Jugendzeit scheinen auf, Gesichter der Eltern oder früherer Partner. Dann der Aufstieg ins Licht."

2. Es gibt keine "überraschenden" Todesfälle
„Oberflächlich sieht es vielleicht so aus, z. B. bei einem Unfalltod oder nach einem Verbrechen. Doch dann berichten die Ange-

hörigen immer wieder, dass der Verstorbene sehr wohl Vorahnungen hatte. Vielleicht hat er sich vorher unbewusst verabschiedet oder schon seinen Nachlass geordnet."

3. Wer sich gegen den Tod wehrt, leidet mehr
„Je stärker die Gegenwehr gegen das Sterben, desto schwieriger wird es. Wenn sich jemand bis zum Tod dagegen auflehnt, liegt das meist an unbewussten Ängsten: Was wird mit mir, verschwinde ich im Nichts? Dabei weiß der Mensch seit frühester Geschichte, dass er sich vor dem Tod nicht fürchten muss.

4. Wir behalten im Jenseits unsere Identität
„Die Seele verwandelt sich nicht. Wenn wir sterben, sind wir die Essenz der Taten, Gedanken und Worte unseres Lebens. Deshalb ist es so wichtig, jeden Tag mit Liebe und Versöhnung zu füllen."

5. Wir bleiben miteinander verbunden
„Sterbende spüren, dass sie Freunde und Verwandte im Jenseits wieder sehen werden. Deshalb der häufige Wunsch, sich auf dem Sterbebett noch zu versöhnen. Jeder darf hier zuversichtlich sein: Keiner ist im Jenseits einsam, keine Seele geht verloren."

6. Die Toten suchen den Kontakt zu uns
„Häufig sind es Träume, in denen der Verstorbene erscheint, um sich zu verabschieden oder einfach zu zeigen, dass es ihm gut geht. Für viele Angehörige ist das ein großer Trost."
Aus:„Gesetze des Jenseits", 208 Seiten, Nymphenburger Verlag

Channeling
Gott bleibt Glaubenssache

Channeling über ein Medium bezeichnet einen Prozess, in dem Botschaften („nicht-physikalische Wahrnehmungen) von übernatürlichen Wesen wie Engeln, Geistern oder Verstorbenen empfangen werden. In der Parapsychologie wird der Begriff dabei unabhängig von religiösen oder okkulten Weltbildern verwendet. Die bekanntesten Phänomene oder Techniken sind dabei Hypnose und Telepathie. Gebräuchlich ist auch der Begriff „Mediumismus", hier im Sinne von: Kommunikation mit jenseitigen Wesen als gesprochene oder geschriebene Weitergabe von Visionen und „Mitteilungen".
In den 1970er Jahren etablierte sich dafür in der US-amerikanischen New-Age-Bewegung der Begriff Channeling, der in den Achtzigern auch im deutschsprachigen Raum bekannt wurde. Wissenschaftlich anerkannte Beweise für die behaupteten Effekte existieren nicht. Aber wie sollten diese Beweise aussehen und was macht einen Beweis zu einem Beweis? Gibt es in den empirischen Wissenschaften und im Alltagsleben überhaupt "richtige" Beweise? Was heißt das, ein "richtiger" Beweis? Beweisen geschieht meist - wenn auch nicht immer - in und mit Hilfe der Sprache, doch bewiesen werden sollen im allgemeinen nicht sprachliche Ausdrücke, sondern Sachverhalts- bzw. Tatsachenbeziehungen bestimmter Welten, hier des Channelings.
Aber existieren in der Spiritualität überhaupt zulässige Beweismittel, die eine Theorie oder Hypothese lückenlos belegen können? Und das Ganze auch noch widerspruchsfrei, klar und eindeutig? Wie beispielsweise halten es die Beweisfanatiker mit Gott?
Der Versuch, zwingende Argumente für die Existenz Gottes zu finden, hat eine uralte Tradition.
Aristoteles führte vor über 2.300 Jahren einen Gottesbeweis, in

späteren Jahrhunderten taten es ihm Anselm von Canterbury, Thomas von Aquin, René Descartes, Baruch de Spinoza und Gottfried Wilhelm Leibniz nach. Bemerkenswert an all diesen cleveren Argumenten ist, wie wenig Überzeugungskraft sie haben. Es ist unwahrscheinlich, dass je eines von ihnen einen Atheisten bekehrt hat. Auch wenn seine Existenz tausendmal bewiesen würde: Gott bleibt Glaubenssache. Sogar die Bibel sagt, dass wir die Tatsache der Existenz Gottes, im Glauben annehmen müssen: "Aber ohne Glauben ist's unmöglich, Gott zu gefallen; denn wer zu Gott kommen will, der muss glauben, dass er sei und denen, die ihn suchen, ein Vergelter sein werde" (Hebräer 11,6). Wenn Gott es so wünscht, könnte er einfach in Erscheinung treten und der ganzen Welt beweisen, dass er existiert. Aber dann wäre kein Glauben mehr nötig. "Spricht Jesus zu ihm: 'Weil du mich gesehen hast, Thomas, so glaubst du. Selig sind, die nicht sehen und doch glauben!' (Johannes 20,29).

Mathematiker kennen ein ähnliches Phänomen: Um eine Vermutung als wahr zu akzeptieren, genügt ihnen keine rein formale Ableitung. Sie wollen mit ihrer Vorstellungskraft "sehen", dass die Vermutung wahr ist. Daher entbrennen immer wieder kontroverse Diskussionen, wenn Computer bei Beweisen mithelfen, wie zum Beispiel beim Vierfarbensatz oder der Keplerschen Vermutung, denn oft sind diese Computerbeweise für Menschen undurchschaubar. In solchen Fällen suchen viele Mathematiker unbeeindruckt weiter nach Beweisen, die ihnen "sehen" helfen. Das erklärt auch, warum der Gottesbeweis aus der Maschine die Welt kein bisschen frömmer macht.

Doch zurück zu unserem Thema. Channeling mag für manche etwas mit „bösen Geistern" oder „schwarzer Magie" zu tun haben – wir sollten das Thema, soweit es geht, entmystifizieren. Wo immer Kommunikation oder Zwiesprache mit unserem Höheren Selbst, mit Gott oder mit unseren Schutzengeln stattfindet, channeln wir. Wir nehmen Kontakt auf zu "etwas", was nicht realphysisch existiert, uns dennoch Botschaften, Signale, das Gefühl

von Schutz und Nähe liefert. Das, was uns da „als innere Stimme" antwortet, ist schwer zu fassen.
Und dennoch ist Vorsicht geboten. Auch unser Ego kennt die Technik der Intervention. Mal flüstert es, mal begehrt es auf wie ein störrisches Kind.
Die Grundstruktur des Egos lautet: "Ich will haben" oder "Ich will die Dinge anders haben, als sie sind." Der Mensch versteckt sich hinter einer Maske, ist unecht und selbstbezogen, täuscht etwas vor, was er nicht ist. Das eigene Wesen ist weitgehend verschüttet und überdeckt durch falsche Gefühle, durch die rastlose Aktivität des Denkens und Grübelns.Es entstehen Gefühle von Verletztheit, Eifersucht, Wut, Hass, Angst, Neid und Stolz.
Ausgehend von Nordamerika ist der Begriff „Channeling" seit den 70er Jahren des letzten Jahrhunderts auch im europäischen Sprachraum verbreitet worden. Er ist ein gebräuchlicher Begriff aus der Esoterik, kommt aus dem Englischen und bedeutet wörtlich: Etwas durch einen Kanal zu empfangen, im Sinne von Kanal für die Mitteilungen von nicht menschlichen, geistigen Wesenheiten sein. Dabei tritt ein Medium als Kanal auf, durch das eine Wortbotschaft übermittelt wird.
Diese medialen Personen befinden sich meistens in einer Form von selbst induzierter oder durch Dritte (Hypnose) eingeleiteter Trance. Diese Trance dient dazu, das eigene Ego, also das Wachbewusstsein, während der Übermittlung auszuschalten, auch wenn das nie zu 100% gelingt.
Grundsätzlich unterscheidet man zwei Arten von Channeling: Die „gesprochene Durchsage" (automatisches Sprechen) und die „geschriebene Durchsage" (automatisches Schreiben). Davon zu unterscheiden sind Visionen und auch Nahtoderlebnisse, die in der Regel bildhaft erfolgen. Aber auch in diesen Fällen dringt etwas in unser Bewusstsein durch eine Perspektive, die wir im Wachzustand nicht einnehmen können.
Seit Anbeginn historischer Aufzeichnungen erfahren wir immer wieder von Menschen, die glaubten, Offenbarungen von „Außen"

zu bekommen. Für die meisten kamen diese Offenbarungen von „Gott", sie hatten keine andere Erklärung dafür. Die Bibel ist sowohl im Alten als auch im Neuen Testament voll davon (Moses, Abraham, Johannes, Paulus etc.).

An Pfingsten wird von den Gläubigen die Ausschüttung oder auch die Entsendung des Heiligen Geistes gefeiert. Zu den Gaben des Heiligen Geistes gehört die Mitteilung von Weisheit, Vermittlung von Erkenntnis und prophetisches Reden. In Epheser 1,17 heißt es: "Der Gott Jesu Christi, unseres Herrn, der Vater der Herrlichkeit, gebe euch den Geist der Weisheit und Offenbarung, damit ihr ihn erkennt."

Das Pfingstgeschehen fand am jüdischen Fest Schawuot statt. Dieses Fest feiert die Offenbarung der Tora an das Volk Israel und gehört zu den Hauptfesten des Judentums.

Mohammed empfing den Koran - so glaubte er - vom Erzengel Gabriel. In Sure 2, 213 heißt es: "Das Menschengeschlecht war eine Gemeinde; dann erweckte Allah Propheten als Bringer froher Botschaft und als Warner und sandte hinab mit ihnen das Buch mit der Wahrheit, dass Er richte zwischen den Menschen in dem, worin sie uneins waren."

Das Buch Mormon wurde angeblich ebenfalls gechannelt. Die "abenteuerliche" Geschichte der Übermittlung lässt zumindest bei mir Zweifel aufkommen, ob es sich hier wirklich um eine Offenbarung handelt, der man trauen kann. Zweifeln ist erlaubt.

Auch nach Jesus bis zur Gegenwart gibt es zahlreiche historisch belegte „Erscheinungen" und Offenbarungen von so genannten Heiligen, Gurus oder Meistern.

In den letzten 40 Jahren – im Zeitalter der New-Age-Bewegung – ist weltweit die Zahl der medial übermittelten Botschaften regelrecht explodiert. Es sind ebenso zahllose Bücher darüber veröffentlicht worden, das Internet ist voll davon. Die modernen Kommunikationsmöglichkeiten haben dabei eine weite und schnelle Verbreitung begünstigt.

Wenn ich eingangs sagte, wir channeln alle, meinte ich damit die Verbindung zu unserem "höheren Selbst", der Seelenessenz auf der astralen Ebene oder zu unserem Seelenführer. Wir bekommen alle Impulse von "dort" (nicht örtlich gemeint). Ungeübte bezeichnen das als "Eingebungen" von denen sie nicht wissen, woher sie stammen, die sie aber durchaus bedenken, weil sie "es" für einen "guten Gedanken" halten.
Viele Skeptiker tun jede Form von Channeling mit diversen Argumenten als Unsinn ab. Wenn man sich mit gechannelten Botschaften beschäftigt, stellt man schnell fest, dass es Widersprüche und Ungereimtheiten gibt. Channeln ist eben nicht wie Radio hören. Die "Empfänger" sind nicht standardisiert, wie ein Radioempfänger. Jeder Channel hat eine eigene Prägung und seine individuelle Weltanschauung. Das beeinflusst das Ergebnis. Niemand wird etwas channeln, das seinem Weltbild, seiner Religion, seiner Auffassung widerspricht. Er würde es auch persönlich nicht akzeptieren, es gäbe für ihn keinen Sinn.
Verschiedene Channel ermitteln unterschiedliche Informationen zu bestimmten Themen. Jede gechannelte Information bedarf der Validierung, darauf weisen die Quellen der Channel immer wieder hin. Es gibt nicht nur eine Wahrheit, das sehen wir auch täglich hier in unserer physischen Welt. Ändern wir unsere Perspektive, ändert sich auch das Bild. Wahrheiten verändern sich, aber nur, wenn wir dafür aufgeschlossen sind, wenn sie sich aus unserer Sicht auch verändern dürfen. Das kann zu Unsicherheit führen, die Chance, ein umfassenderes Bild zu bekommen, ein weiteres Bewusstsein zu erreichen, ist es aber wert.
Deshalb ist es für mich erforderlich, neue Informationen – egal welchen Ursprungs – daraufhin zu prüfen, ob sie zu "meiner Wahrheit" zumindest auch einen Teil beitragen können.
Das Gleiche muss jeder für sich selbst tun, man kann zwar auch "blind glauben", aber das entspricht nicht mehr dem Geist unserer Zeit. Unsere heutige Gesellschaft steht an der Schwelle vom jungen Seelenalter zum erwachsenen Seelenalter. Zur Zeit der alten

Offenbarungen gab es überwiegend kindliche Seelen. In diesem seelischen Reifezustand möchte man Regeln folgen. Entsprechend sind die Offenbarungen damals als Regeln (Die 10 Gebote oder auch der Koran) übermittelt worden. Es wurde aufgefordert zu glauben und zu folgen.

Bei aller Unsicherheit und Unschärfe sind gechannelte Botschaften - meiner Meinung nach - heute doch immer wertvolle Denkanstöße. Es ist allerdings wichtig, persönlich zu validieren.

Als erstes sollte die Informationen formal und dann inhaltlich geprüft werden. Bei dieser Plausibilitätsprüfung ist die Beantwortung folgender Fragen wichtig:

- Ist das Medium nach menschlichem Ermessen vertrauenswürdig?
- Ist die Quelle nach menschlichem Ermessen vertrauenswürdig?

Ein Medium ist zunächst auch ein Mensch und daher mit einem Ego behaftet und durch religiöse und kulturelle Prägungen beeinflusst. Abhängig von der Zeit und dem Umfeld einer gechannelten Botschaft und den Adressaten gibt es Unterschiede. Auch der seelische Reifegrad, das Seelenalter ist von Bedeutung. Diese Einflüsse sind nie ganz auszuschalten und es wird daher immer zu Fehlern in der Übermittlung führen.

Die möglichen Quellen von Botschaften sind vielfältig. Die Identifikation einer Quelle ist nie sicher möglich. Mit etwas Erfahrung gelingt es aber immer besser, die Spreu vom Weizen zu trennen.

Deshalb sind diese beiden Fragen nie eindeutig zu klären. Das steckt schon im Begriff „menschliches Ermessen". Es gibt also auch im besten Fall immer eine Restunsicherheit. Deshalb müssen weitere Fragen – hilfsweise - diese Unsicherheit weiter eingrenzen.

- Ist Die Botschaft in sich widerspruchsfrei?
- Wird die Information – unabhängig - von anderer Seite „bestätigt"?

Ideale Antwort: zweimal „ja", bei „jein" ist weitere Klärung erforderlich. Widersprüche, die wir sehen, können darauf basieren, dass wir eine andere Perspektive haben. Das gilt auch für unterschiedliche oder widersprüchliche Informationen von verschiedenen Channeln. Eine Botschaft aus dem Mittelalter hatte andere Adressaten als Botschaften von heute.

Um überhaupt eine Chance zu haben, verstanden zu werden, werden Botschaften immer so ausgedrückt, dass der Empfänger - mit seinem Erkenntnisstand und seiner Reife - etwas damit anfangen kann. Ein Lehrer wird vor Grundschülern anders unterrichten, als vor Abiturienten. Vor hundert Jahren war das Weltbild anders als heute.

- „Muss" man etwas glauben (ansonsten droht Unheil)?
- „Soll" man etwas glauben (dann gibt es Heilsversprechen)?
- Stecken kommerzielle oder missionarisch-religiöse Interessen dahinter?

Ideale Antwort: dreimal „nein", sonst wittere ich für mich „Unrat", bin mir aber darüber im Klaren, dass diese "Taktik" bei anderen Adressaten erforderlich ist, um überhaupt Zuspruch/Aufmerksamkeit zu erreichen.

- Welche Absicht ist mit der Botschaft verbunden?
- Welche Konsequenzen ergeben sich aus der Botschaft?
- Wie passt die Botschaft zu meinem Verständnis von richtig oder falsch?

Ideale Antwort: Positive (liebevolle) Intentionen, Auswirkungen und Stimmigkeit. Ich möchte für mich erkennen können, ob die Informationen vorurteilsfrei und aus einer Position von Akzeptanz gegeben werden. Botschaften können dabei durchaus unbequem sein. Sie sind dann besonders hilfreich.

Fazit: Auch nach dieser Prüfung bleibt eine „gesunde" Skepsis angebracht. Aber nichts ist statisch, alles fließt, keine Meinung ist endgültig. Die Entwicklung des Menschen und seiner Seele ist ein Prozess. Sackgassen, Fehler und Irrtümer gehören immer mit zum Lernen. Die Akzeptanz des Inhalts einer Botschaft bietet m. E. in gleicher Weise Chancen und Risiken. Jeder sollte für sich „hineinfühlen, ob die gechannelten Aussagen Impulse setzen, um mit meinem Höheren Selbst in Kontakt zu kommen. Wir leben mit der Dimension "Zeit" hier auf der physischen Ebene. Alles fließt und alles trägt die Kraft der Veränderung in sich.

Dennoch sollte auch das Thema Channeling kontrovers und kritisch hinterfragt werden. Grundsätzlich ist am Channeln nichts Falsches und ganz sicher ist diese spirituelle Technik auch erlernbar. Zumindest bis zu einem bestimmten Grad. Was mich allerdings stört ist die Propaganda, mit der sogenannte „Lichtarbeiter" in Eintageskursen zahlungswillige Probanden einfangen und dabei den Eso-Himmel auf Erden versprechen: Alles ist ganz einfach! Sie setzen sich hin, machen ein paar Atemübungen, gehen in einen meditativen Zustand, machen ein paar "Technik-Übungen" und voilà, wir haben einen frischgebackenen Channel, der sich einbildet, er channelt fortan Engel, Verstorbene oder auch „Aufgestiegene Meister". Gleich mehrfach habe ich erlebt, dass nach solchen Workshops Klienten zu mir in die Behandlung kamen, weil sie schutzlos mit entkörperten Seelen in Kontakt gebracht wurden und kein Lehrer oder selbsternannter Lichtarbeiter sich dieser Problematik auch nur im Ansatz bewusst war. Wer vorher das Thema „Besetzung" nicht kannte, nun war er nicht mehr „allein".

Es ist im Grunde eigentlich egal, welche esoterischen Kurse angeboten werden, ich stelle immer wieder fest, dass nach Schema F vorgegangen wird. Morphogenetische Felder werden einfach geöffnet, bioenergetische und mentale Prozesse laufen wahllos ab, der Astralkörper bleibt ungeschützt und bietet eine geradezu magnetische Anziehung für Fremdenergien jeder Art.

Ob sie channeln lernen oder die Merkabah aktivieren, schamanische Rituale oder (wieder eine neue) Heiltechnik wie Prana oder

Reiki erlernen, fast allen fehlt eine grundsätzliche Idee und das Wissen über feinstoffliche Anatomie, Aufbau der Dimensionen und des Chakra-Systems und der feinstofflichen Körper.

Was sich da abspielt und die „Gläubigkeit" der Esoterik-Schüler betrifft, auch darauf geben inzwischen Umfragen eine gesicherte Antwort: 52 Prozent, also ein wenig mehr als die Hälfte aller Deutschen, glauben zum Beispiel, dass sogenannte "ganzheitliche Heilverfahren" wie Reiki oder Bachblüten ernstzunehmende Alternativen zur Schulmedizin darstellten. Und die meisten dieser Gläubigen wenden diese Heilmethoden auch an, genauer: 80 Prozent der Frauen und 60 Prozent der Männer. Und noch eine Zahl: Nach einer EMNID-Umfrage glauben 48 Prozent der Befragten, also fast die Hälfte aller Deutschen, dass der Stand der Sonne und der Sterne das körperliche und seelische Wohlbefinden beeinflussen.

Unterm Strich – diesen Schluss ziehen wiederum die Statistiker von EMNID – bilden mittlerweile jene Menschen, die nichts mit Esoterik im Sinn haben, eine Minderheit.

Okkultismus und Magie
Verwünschungen, Voodoo & Satanismus

Okkultismus hat seine Grundlage in einer religiösen Denkweise, deren Wurzeln bis in die Antike zurückreichen. Die hermetischen Abhandlungen über Alchemie und Magie, Neuplatonismus und der Kabbala haben alle ihren Ursprung im östlichen Mittelmeerraum während der ersten Jahrhunderte nach Christus.
Mit der Alchemie beschäftigten sich wichtige Wissenschaftler wie zum Beispiel Isaac Newton und Gottfried Leibniz.
Im achtzehnten Jahrhundert lag der Okkultismus am äußersten Rande der allgemeinen Akzeptanz. Die Bücher über Okkultismus, Geheimwissenschaften und deren Praktiken blieben jedoch durch Antiquare und Mystiker erhalten.
Aus (schul-)wissenschaftlicher Sicht wird der Okkultismus als unwissenschaftlich betrachtet, da es schwierg ist, die Praktiken mit den zur Verfügung stehenden Standard-Methoden zu überprüfen.
Einige Religionen missbilligen den Okkultismus als etwas Übernatürliches oder Paranormales, was nicht von Gott ausgeht, sondern von einer entgegenstehenden Macht des Bösen stammen.
Das Wort Okkultismus hat für viele Menschen eine negative Bedeutung. In verschiedenen Religionen wird in diesem Zusammenhang bereits auf der Begriff "okkult" verzichtet und durch Begriffe wie „spiritistisch" oder "esoterisch" ersetzt.
Die Rosenkreuzer sind eine der berühmtesten der mystischen Abspaltungen des Christentums, die Ansichten ihrer Philosophie leiten sich von auf dem Christentum basierendem Okkultismus ab.
Der Okkultismus enthält unter seinen verschiedenen Zweigen eine Vielzahl von rituellen Praktiken, diese reichen von
- Schwarzer Magie über
- weiße Magie,

- Geister- und Dämonenbeschwörung,
- Alchemie,
- Astrologie,
- Kräuterkunde,
- Yoga-Praktiken,
- Sex Magie,
- Visualisierungsübungen,
- Trance,
- Hellsehen,
- Voodoo,
- Spiegelmagie,
- Astralreisen,
- Gläserrücken,
- Runenmagie...

Im volkstümlichen Sinn bezeichnet man Spiritismus als Aktivitäten, die man praktiziert, um mit Geistern (insbesondere mit verstorbenen Personen) und Dämonen in Kontakt zu treten. Handelt es sich um einen personengebundenen Spuk, so wird dieser auch als "Poltergeist-Phänomen" bezeichnet. Verbunden damit ist meistens das Auftreten lauter Geräusche oder das Zerstören von Gegenständen.

Häufig lesen wir von Seancen, die von Okkultisten veranstaltet werden. Hierbei handelt es sich um Gruppenrituale, in deren Mittelpunkt Personen mit paranormalen Fähigkeiten stehen, die Kontakte zu Geistwesen und Engeln aufnehmen. Dabei gibt es Ähnlichkeiten zu Nekromantie. Eine Art Totenbeschwörung, bei der versucht wird, mit Hilfe verschiedener magischer Rituale den Geist eines Verstorbenen zu kontaktieren.

Zum Ablauf des Rituals einer Geister- oder Dämonenbeschwörung gehören Elemente und Symbole, auch das Verwenden eines magischen Schutzkreises sowie verschiedene Anrufungen und Beschwörungen nach den Formeln und Sprüchen aus alten Überlieferungen. Durchgeführt wird eine solche Beschwörung meist an speziellen Plätzen oder an einem Ort in der Natur, der dazu geeignet scheint.

Im Kontrast zu Gott und der Anrufung von Engeln gibt es Satan, die Inkarnation des Bösen. Schatan => Satan ist hebräisch und bedeutet Widersacher. Teufel kommt aus dem griechischen von Diabolos und bedeutet Verleumder.

Der Teufel taucht in fast allen Religionen auf und verkörpert in der Regel das Böse oder führt die Menschen in Versuchung, vom Wege Gottes abzuweichen. Das Bild des Teufels wurde maßgeblich im Mittelalter geprägt. Nach Überlieferungen der Gnostiker und Katharer (Tempelorden) aus dem 12. Jahrhundert ist der Teufel der Engel Luzifer (Lichtbringer) der sich gegen Gott auflehnt und somit zum Widersacher Gottes wurde.

Der Teufel hat viele Namen und Umschreibungen. Einige davon sind Luzifer, Antichrist, Mephisto, Leibhaftiger oder gefallener Engel. Auch in Sprichwörtern kommt er oft vor.

Satanismus ist die religiöse Form des Glaubens an Satan. Meist geht es um Stärke und Macht über andere Lebewesen, weshalb auch oft Menschen und Tieropfer in diesem Zusammenhang genannt werden.

Es ist die klare, eindeutig erkennbare Lehre der Heiligen Schrift, dass Satan keine bloße, abstrakte Idee, sondern eine konkrete, personenhafte, übersinnliche Realität ist, geht zurück bis in die Lehre der Heiligen Schrift.

Wenn Gott der Schöpfer des gesamten Universums ist (Kol. 1, 16), dann muss auch Satan, seiner Existenz nach, auf ihn zurückgeführt werden. Da Gott aber nichts Sündiges und Gemeines aus seiner Schöpferhand hervorgehen ließ, muss das Böse erst später von Gott abgefallen sein. Aus gewissen Hinweisen der Schrift lässt sich die Vermutung gewinnen, dass in Sonderheit Hochmut das Wesen dieser dämonischen Ursünde gewesen ist. (Carl-Friedrich von Steegen: Satan; Portrait des Leibhaftigen)

Ursprünglich war Satan ein „Lichtträger" (lat. Lucifer) göttlicher Herrlichkeit und es scheint, dass ihm, als einem der besonderen

Engelfürsten, ein großer Teil des Universums zur Verwaltung „übergeben" worden war (vgl. Luk. 4, 6). In diesem ursprünglichen Lichtzustand (vgl. Hes. 28, 14) war dieser Engelfürst Gottes Stellvertreter in der höchsten Himmelswelt. Doch dann geschah ein Ereignis, „das aller Not im Universum zugrunde liegt." (Karl R. H. Frick: Licht und Finsternis.) Luzifer fiel von Gott ab und stand fortan als Fürst eines organisierten Gegenreichs Gott und seinem Lichtreich entgegen. Er war „Feind" und „Widersacher" zugleich.

Mit diesem Fall war sein Sturz aus den höchsten Himmelsregionen verbunden. „Ich sah den Satanas vom Himmel herabfallen wie einen Blitz", erklärt Christus (Luk. 10, 18). Doch hat er auch von hier aus, wie die Geschichte Hiobs (Hiob 1, 6; 2, 1) und die Offenbarung des Johannes (12, 10) belegen, für bestimmte Gelegenheiten Zutritt zum Himmelsthron. Grundsätzlich aber bleibt er in den niederen „himmlischen Orten", bis er in der Endzeit mit seinen Engeln und Dämonen vom Erzengel Michael auf die Erde „herabgeworfen" werden wird (Off. 12, 7 13).

Viele Menschen auch in unserem Land haben Kontakt zu schwarzmagischen Techniken, versprechen sich davon Macht und Kontrolle über andere. Dabei sollte nicht unerwähnt bleiben, dass die Beschäftigung mit schwarzer Magie oft nicht ohne karmische Auswirkungen bleiben kann. Es geht also um einen sehr kurzfristigen „Spaß", eine schnelle Befriedigung von Instinkten ohne Weitblick, eine uralte menschliche Schwäche.

Aber ein Übergriff muss nicht unbedingt über rituelle Magie stattfinden. In konzentrierter, kraftvoller Form abgeschickte Zerstörungs- und Lenkungs-Wünsche (Verwünschungen, Flüche) können ebenso starke negative Folgen beim Opfer nach sich ziehen. Eine solch' feinstoffliche Attacke kann sich folgendermaßen bemerkbar machen:

Diffuses, plötzliches Gefühl von Bedrückung,
Allgemeines Unbehagen
Nervöse Erschöpfungszustände,

Schwäche, Energielosigkeit,
Druckgefühle in Brust und Herz, Schweratmigkeit,
Diffuse, unerklärliche Ängste bis hin zu Panikattacken,
Albträume.
Es geht, wie in jeder therapeutischen Arbeit, auch bei einer ernsthaften Auseinandersetzung mit magischen Attacken vor allem darum, die eigenen (inneren) Ursachen eines solchen Übergriffes zu erfahren und nicht um einen kurz wirkenden Schutz oder das Zurückwerfen einer magischen Attacke auf den Verursacher. Es ist wichtig, nicht einfach nur einen Schutz aufzubauen (siehe Praxisteil) mit Hilfe von Gebeten, Visualisierungen oder Symbolen.
Sie können immer nur eine sehr kurzfristige Erleichterung bringen, hin zu einer Überbrückung bis zur endgültigen Reinigung.
Mit Hilfe des Clearings kann man zuerst einmal magisch erschaffene Elementale und Elementarwesen identifizieren und aus der Aura entfernen. Doch nach der Identifizierung beginnt die eigentliche Arbeit. Die Resonanz für den Übergriff bearbeiten heißt, dass man sich auseinandersetzen sollte mit:
Der Beziehung zu der betreffenden Person oder Gruppe, von der die Schädigung ausgeht bzw. ausgehen könnte
Überprüfen der eigenen Nähe zu diesem Thema, bis zur Beschäftigung mit schwarz-magischen Praktiken in vergangenen Leben
Oft gilt, wenn man nicht selbst irgendwann diese Praktiken (bewusst oder unbewusst) schädigend gegen andere eingesetzt hätte, wäre man heute kein Opfer (Resonanzprinzip).
Da reicht es schon, Fähigkeiten und Interessen in sich zu tragen, die mit Okkultismus und Magie zu tun haben. Irgendwie kam die Energie an die Oberfläche (ins Bewusstsein), was womöglich alte (karmische) Erfahrungen reaktiviert, Traumata oder Verfehlungen, die durch einen egoistischen Einsatz der Macht begangen wurden. Und nochmal: Dabei geht es nicht immer um rituelle Magie, sondern auch schon um "laienhafte" Verwünschungen,

Flüche und Verdammnisse. Durch den Kontakt zur dunklen Energie wird der Betreffende jetzt schmerzhaft darauf hingewiesen, wie es sich anfühlt, wenn diese Fähigkeiten unsozial eingesetzt werden. So kann man die Leiden der eigenen Opfer (aus früheren Leben) am eigenen Leibe nachvollziehen, daraus für einen konstruktiven Einsatz der Kräfte lernen und sie in diesem Leben sinnvoll und liebevoll lenken.

Der Sinn der Übergriffe wird so erkannt und in das heutige Leben integriert. Das führt im Allgemeinen zu einer Stärkung der Person und ihrer Spiritualität, die dann sehr bald Schutzpraktiken gegen magische Übergriffe überflüssig machen.

So gesehen ist die „Bedrohung" durch feinstoffliche Angriffe auch „nur" eine Lernaufgabe, die eine Auseinandersetzung mit Fähigkeiten und Ängsten forcieren soll. Ein Schritt auf dem Weg zur „Ganzwerdung", in jedem Falle aber Schulung und Entwicklung der Seele.

Dass Flüche und Verwünschungen nicht harmlos sind, beweist das Schicksal des Nachtclub-Besitzers Finis Ernest aus Oklahoma City in den 90iger Jahren. Eines Tages wurde er nach einem schweren Asthmaanfall in das Vertran's Administration Hospital eingeliefert.

Zwar konnte er das Krankenhaus nach wenigen Tagen wieder verlassen, wurde aber zwei Monate später erneut rückfällig - dieses Mal mit Krämpfen und massiven Herz-Rythmus-Störungen. Da die Ärzte aber organisch nichts fanden und Ernest schon nach zwei Tagen völlig genesen zu sein schien, wurde er entlassen. Dieses Prozedere wiederholte sich in den kommenden Wochen gleich mehrmals. Einlieferung, immer mit dem Tode ringend, danach eine geradezu spontane Besserung.

Der behandelnde Arzt Dr. James Mathis machte sich Gedanken über diesen Patienten und befragte ihn schließlich etwas näher zu seinen Lebensumständen.

Bald schon stellte sich heraus, dass die Krankheitszustände des Mannes immer unmittelbar nach einem Besuch bei seiner Mutter

aufgetreten waren. Daraufhin wurde Finest Ernest nur unter der Bedingung aus dem Hospital entlassen, dass er seiner Mutter keinen Besuch mehr abstatten würde. Der Patient willigte ein, doch kurz nachdem er die Klinik verlassen hatte, fand man ihn nach Luft ringend auf - bereits eine halbe Stunde später war er tot.
Dr. Mathis war fest entschlossen, den mysteriösen Tod seines Patienten zu untersuchen. Er erfuhr, dass Ernests Vater früh starb. Der Heranwachsende war fortan der Willkür seiner überaus dominanten Mutter ausgeliefert. Die Mutter war zudem Teilhaberin des florierenden Nachtclubs, den Finis Ernest betrieb.
Als er eines Tages ein lukratives Angebot bekam, beschloss er den Club zu verkaufen. Seine herrschsüchtige Mutter war damit allerdings nicht einverstanden und stieß wüste Drohungen gegen ihren Sohn aus. „Wenn du das tust, wird dir etwas Schreckliches passieren", warnte sie ihn.
Bereits zwei Tage später wurde Ernest von einem Asthmaanfall niedergestreckt, wollte sich jedoch von dem Verkauf nicht abbringen lassen. Seine Mutter setzte indessen ihre Drohungen fort und Ernests Gesundheitszustand verschlechterte sich rapide. Dr. Mathis erfuhr außerdem, dass Ernest die Mutter kurz vor seinem Tod noch angerufen hatte um ihr mitzuteilen, dass er das Geld aus dem Verkauf in ein neues Geschäft investieren wollte, an dem er sie nicht beteiligen werde. Frau Ernest wies ihn nochmals auf die „schrecklichen Folgen" hin, zu denen seine Handlungen führen würden - und noch in derselben Stunde war ihr Sohn tot. Dr. Mathis schloss daraus, dass es sich bei Ernests Fall um eine „verfeinerte Form des Voodoo-Todes" handelte, bei dem Menschen auf Grund einer Verwünschung oder einer Verhexung den Tod finden.

Verschwörungstheorie, Fantasie oder doch Realität?
Die Vorstellung, jemanden durch die Erweckung dämonischer Kräfte zu töten - eine Praxis, die bis in die ältesten Religionen zurückreicht - wird von der akademischen Wissenschaft im Allgemeinen als irrationaler Unsinn abgetan. Tatsache ist jedoch, dass

Hexerei auch heute noch in vielfältigster Form und in jedem Kulturkreis überall auf der Welt praktiziert wird. Es sind inzwischen so viele Todesfälle durch Verhexungen dokumentiert, dass dieses Phänomen nicht länger bezweifelt werden kann.

Nach Meinung der Forscher hängt die Wirksamkeit eines Fluches nicht mit den übernatürlichen Kräften der Person zusammen, die den Fluch ausspricht, sondern mit der geistigen Haltung eines potenziellen Opfers.

Eine Theorie über die Wirkung von Flüchen und Verwünschungen wurde aus Beobachtungen von Ärzten abgeleitet, die während des Ersten Weltkriegs verwundete Soldaten behandelt hatten. Traumatisiert von den entsetzlichen Erlebnissen an der Westfront, starben viele Soldaten an einem Schock. Körperlich waren sie völlig unversehrt.

Ärzte, die mit Voodoo-Todesfällen zu tun hatten, glauben, dass ein ähnlicher psychologischer Prozess - die so genannte „vagale Inhibition" stattfindet, wenn ein Opfer zu Tode „gehext" wird. Zu Beginn bewirkt die durch den Fluch erweckte Angst beim Opfer Panik, was eine Überstimulation des adrenalen Systems auslöst.

Gibt das Opfer die Hoffnung auf, kommt es zu einer umgekehrten Reaktion: Herzschlag und Atmung werden langsamer, der Blutdruck sinkt dramatisch und kurz darauf tritt der Tod ein. Stanford Cohen, ein Psychologe an der amerikanischen Boston University, untersuchte zahlreiche Voodoo-Todesfälle. Er hält Hexerei für tödlich, wenn sie beim Opfer eine Mischung aus Furcht und Hilflosigkeit bewirkt und dadurch einen negativen Gefühlszustand, den so genannten „Resignationskomplex", bewirkt. Ebenso wie Patienten, bei denen eine tödliche Krankheit diagnostiziert wurde und die sich oft in ihr Schicksal ergeben und resignieren, kann auch das Opfer eines Fluches seinen Lebenswillen einfach deshalb verlieren, weil es davon überzeugt ist, dass ihm der Tod gewiss ist.

Die Tatsache, dass Angst den Menschen so stark beeinflussen kann, ließ manche Forscher zu dem Schluss kommen, eine Todesverwünschung sei nur dann wirksam, wenn das Opfer davon weiß und zudem daran glaubt, dass es zum Tode verurteilt ist. Nach Professor Gottlieb Freisinger von der John Hopkins University, Baltimore, „müssen in einer Gemeinschaft erst spezielle Umstände und Glaubensvorstellungen herrschen, bevor ein Individuum durch Hexerei zu Tode kommen kann".

Wade Davis, ein weiterer Experte auf dem Gebiet der Ethnobiologie (einer Wissenschaft, die sich damit befasst, wie kulturelle und biologische Faktoren das menschliche Verhalten beeinflussen), hat das Phänomen des Voodoo-Todes eingehend studiert. In den Büchern "The Serpent and the Rainbow" und "Passage of Darkness" betont er, dass soziale und kulturelle Erwartungen die Kraft einer Todesverwünschung verstärken.

"Bei den australischen Aborigines ist das Opfer einer Todesverwünschung, solange es noch lebt, eine Bedrohung der bestehenden Ordnung" so Davis."Freunde und Familienangehörige trauern offen vor der Person, so als ob sie schon tot sei, und ziehen sich von ihr zurück" Auf Haiti entdeckte Davis auch, das Zombieopfer - also lebende Tote - eine ähnliche Form sozialer Ablehnung erfahren: "Obwohl das Opfer physisch noch lebt, stirb es psychologisch und ist gesellschaftlich bereits tot" berichtet Davis.

Exorzismus und Kirche
Befreiung vom Bösen hat Renaissance

Als Exorzismus wird in den Religionen die Praxis des Austreibens von Dämonen bzw. des Teufels aus Menschen, Tieren, Orten oder Dingen bezeichnet. Der Exorzismus ist noch **heute** Bestandteil katholischer Lehre und Liturgie. Unter Papst Benedikt XVI. und seinem Vorgänger Johannes Paul II. wurden und **werden** Exorzisten ausgebildet und allein im Jahre 2003 ca. 200 Priester als Exorzisten bestellt. Im Jahr 2005 nahm erstmals eine Frau, die katholische Theologin Alexandra von Teuffenbach, an der Exorzistenausbildung teil.
Don Gabriele Amorth, eine Art Chef-Exorzist des Vatikan, hat mit Billigung des Papstes bereits über 30.000 Fälle von Besessenheit "behandelt". Täglich kommen neue hinzu. Am 13.07.2007 fand ein Exorzistentreffen in Polen statt. 330 Exorzisten aus 29 Ländern seien dort zusammengekommen. Nur offizielle Exorzisten seien eingeladen worden zu dem jährlichen Treffen der "Internationalen Vereinigung der Exorzisten". Dieser Verein wurde erst 1990 von Pater Gabriele Amorth gegründet.
Trotz einiger Todesfälle bei Exorzismen bietet der Vatikan verstärkt Exorzismuskurse an und führte 2004 die erste internationale Exorzismuskonferenz in Mexiko durch, auf der beschlossen wurde, verstärkt gegen den Okkultismus und private Austreibungen vorzugehen.
In verschiedenen christlichen Kirchen sind Deliverance Ministries (Befreiungsdienste) entstanden, die sich eine ähnliche Aufgabe wie im Vatikan gestellt haben. Manche Kritiker vermuten dahinter ein Bestreben der Kirche(n), die Trennung zwischen Staat und Kirche aufzuweichen. Während einer Generalaudienz auf dem Petersplatz am 15. September 2005 wandte sich Benedikt XVI. an die Teilnehmer des Nationalkongresses der italienischen Exorzisten und ermutigte sie dazu, „mit ihrem wertvollen

Dienst an der Kirche fortzufahren."

Das Neue Testament versteht unter Besessenheit einen Zustand, in dem ein Mensch durch Dämonen seiner psychischen Selbstverfügung beraubt und mehr oder weniger zum Spielball dieser im Christentum immer als destruktiv und zum Reich des Satans gehörig verstandenen Geistwesen wird. Symptome für Besessenheit können sein: epileptische Anfälle, Wechsel des Charakters, Tobsucht, ungewöhnliche Kräfte, Aggression gegen das Religiöse, psychische Hellsichtigkeit. Jesus half vielen derart Betroffenen durch Exorzismus, d.h. durch einen den Dämonen erteilten Befehl, ihre Opfer zu verlassen, wodurch diese von ihren zwanghaften Ausnahmezuständen frei wurden. Dieses Wirken verstand er als ein bedeutsames Zeichen für die Macht des durch ihn anbrechenden Gottesreiches.

Der letzte, unrühmliche Fall vom kirchlich angeordneten Exorzismus in **Deutschland,** ist die Geschichte um Anneliese Michel. Die junge Frau starb 1976 im Verlauf des kirchlich angeordneten Exorzismus an Unterernährung und Entkräftung, nachdem Sie selbst zuvor die ärztliche Behandlung abgebrochen hatte. Der Würzburger Bischof Josef Stangl genehmigte dem Kaplan Ernst Alt und dem Pater Arnold Renz († 1986), an dem Mädchen eine Teufelsaustreibung durchzuführen. Monatelang saßen sie am Bett des kranken Mädchens, bespritzen sie literweise mit Weihwasser, legten christliche Symbole auf, beteten ständig ein festgelegtes Ritual, um Anneliese Michel von ihren Dämonen zu befreien. Am Ende wog sie nur noch 31 Kilogramm, verweigerte die Nahrungsaufnahme und starb schließlich am 1. Juli 1976. (*Uwe Wolff: Das bricht dem Bischof das Kreuz. Teufelsaustreibung in Deutschland 1975/76; Verlag Rowohlt Taschenbuch, 1999*)

Nach zweijährigen staatsanwaltschaftlichen Ermittlungen kam es zum Prozess, der zur Verurteilung der Eltern und der beiden Exorzisten wegen fahrlässiger Tötung führte.

Ein weiterer Fall aus jüngster Zeit ist die „Teufelsaustreibung" der Maricica Irina Cornici, die im rumänisch-orthodoxen Kloster der Heiligen Dreifaltigkeit im Jahre 2005 zu Tode kam. Die junge Frau verbrachte ihre Kindheit zunächst in Rumänien. Sie wuchs in einem Heim in Rumänien auf. Mit 19 Jahren hatte ihr Leben eigentlich erst begonnen, als sie sich im niederbayrischen St. Oswald als Au-Pair-Mädchen auf einem Bauernhof bewarb und überall sehr beliebt war.

Einige Zeit später wollte sie dann in ihrer Heimat eine alte Freundin treffen, mit der sie ihre Kindheit in Rumänien verbracht hatte. Dort angekommen erfuhr sie jedoch, dass ihre Freundin inzwischen Klosterfrau in einem orthodoxen Kloster in Tanacu geworden war und Maricica ganz plötzlich auch diesen Wunsch verspürte, sehr zur Verwunderung ihrer Freunde in Bayern. "Dies war nicht ihre Lebensart.

Sie hatte Freude am Sport, spielte selbst Fußball und war ein lebensfroher Mensch." Immer intensiver tauchten Gerüchte auf, dass man die junge Frau mit Drogen gefügig gemacht habe, um sie im Kloster halten zu können. Ihr Wesen begann sich völlig zu ändern, sie wurde mehr und mehr psychisch und seelisch krank. Anfangs steckten die Nonnen sie in eine Psychiatrie, da sie angeblich Stimmen hörte und verwirrt sei. Die Ärzte diagnostizierten eine beginnende Schizophrenie.

Auf Betreiben des Priors Daniel Corogeanu kam sie wieder zurück ins Kloster, mit der Maßgabe: "Dies ist der Teufel und den bekämpft man nicht mit Pillen". Er befahl der Äbtissin und weiterer drei Nonnen, die junge Frau an ein Holzkreuz zu ketten und zu knebeln.

Drei Tage dauerte das Martyrium, ohne Essen und Trinken. Als es der Frau immer schlechter ging und sie bewusstlos wurde, bestellten die Schwestern einen Rettungswagen.

Auf dem Weg in das Krankenhaus verstarb die erst 23 jährige Frau. Todesursache: Atemnot, Flüssigkeitsverlust, Austrocknung des Körpers mit einem tiefen Schock. Am 20. Februar 2007 wurde Daniel Corogeanu von einem Gericht in Vaslui zu 14 Jahren Gefängnis verurteilt. Auch die beteiligten Nonnen erhielten

Haftstrafen von einmal 8 und dreimal 5 Jahren. Die Orthodoxe Kirche entzog Corogeanu die Priesterwürde und exkommunizierte die Nonnen.

In Deutschland gilt Exorzismus in der Kirche weiterhin als Tabuthema, wenngleich Papst Paul VI im Jahre 1972 ein jahrhundertealtes Verbot aufhob und jedem Priester das „Recht zur Hilfeleistung" zustand. Das war schon mal anders. Im 16. Jahrhundert wurde auf dem Tridentischen Konzil allen Angehörigen der katholischen Kirche verboten, „Geister auszutreiben". *(Monica Scala: Der Exorzismus in der katholischen Kirche; Regensburg 2012)* Dieses Verbot blieb bis zum 19. Jahrhundert unangetastet, alle Exorzismen wurden geächtet und z.t. mit langen Kerkerstrafen belegt. Erst 1886 hob Papst Leo XIII das Verbot weltweit wieder auf.

Der Grund: Während einer Predigt wurde der Papst selbst von einem dämonischen Geist besetzt, und er brauchte Hilfe. Woher aber nehmen, da es ja offiziell keine Exorzisten mehr geben durfte?

Aus dem fernen Russland wurde ein Priester herbeigeholt, der sich in der Ablösung von dämonischen Geistern verstand, und fortan war die priesterliche Austreibung wieder möglich, fortan konnte jeder die Exorzisten-Weihe erhalten, „völlig bar jeglicher Kenntnis, wie mit den verirrten Seelen umzugehen sei."
(Alexandra von Teuffenbach: Der Exorzismus. Befreiung vom Bösen; Sankt Ulrich Verlag)

Der großen Spannweite heutiger katholischer Positionen zur Frage des Exorzismus entspricht es, dass seine Ausübung innerhalb der meisten deutschen Bistümer stark zurückgegangen ist. Unsicherheit hat in der Amtskirche um sich gegriffen. Bei einer Umfrage unter allen 22 westdeutschen Diozösen stellte sich heraus, dass in 19 von ihnen keine Genehmigung zum Exorzismus in den letzten Jahren, meist sogar in den letzten Jahrzehnten erteilt worden war. Lediglich die Bistümer Würzburg, Passau und Augsburg bilden eine Ausnahme.

Dafür erlebt der Exorzismus in Polen im 21.Jahrhundert offenbar eine Renaissance. Laut einer Meldung von „Kath. Net" hat sich die Anzahl der kirchlichen Teufelsaustreiber innerhalb von 15 Jahren von vier auf 120 (!) erhöht.

In einem anderen Artikel der *Katholischen Nachrichtenagentur* wird berichtet, man arbeite zwar mit Psychiatern zusammen, um die Möglichkeit einer Geisteskrankheit (bei vermeintlich Besessenen) auszuschließen. Der Priester Alexander Posacki - „Dämonologe und Exorzist" - jedoch hält die verschiedenen Schulen der Psychologie und Psychiatrie für unfähig, mit den Phänomen der „Besessenheit und Umsessenheit" umzugehen. Auch kritisieren die Priester okkulte Praktiken, die selbst Ursache für Besessenheit werden könnten. Allerdings wird nicht klar, inwiefern sich ihre Methoden, mit denen sie angeblich echte Dämonen erkennen können, davon unterscheiden. Jedenfalls werde jetzt auch eine Monatszeitschrift,

„Der Exorzist", in Polen herausgegeben (Startauflage 15.000 Stück, 62 Seiten dick). Immerhin, so ein anderer Priester, sei die Hilfe der Exorzisten in Warschau beispielsweise so begehrt, dass „Besessene" bis zu drei Monate Wartezeit ertragen müssten, um einen Termin für den kostenlosen Service zu erhalten. Vielleicht sollten sich die wackeren Teufelsaustreiber ja Hilfe bei Bruder Hermes in Kolumbien suchen: Der will einer österreichischen Pressemeldung zufolge in den letzten 25 Jahren 35.000 Exorzismen durchgeführt haben. Macht 3,8 pro Tag. Damit schlägt er sogar den römischen Chefexorzisten (837 Exorzismen in 4 Jahren) um Längen. Schneller geht's nicht. Wobei die Frage erlaubt sei, wem mit dieser Quantität gedient ist?

Dass bereits eine medizinische Indikation in Richtung „Besessenheit" die Aprobation kosten kann, darüber berichtete das britische Boulevard-Blattes "Sun" in seiner Ausgabe vom 14. Dezember 2011.

Danach habe eine Ärztin in London einer Frau während ihrer Sprechstunde dazu geraten, einen Exorzismus an sich durchführen zu lassen. Die Patientin, deren Identität nicht bekannt gegeben wurde, hatte die Ärztin Dr. Joyce Pratt aufgesucht, um sich über Empfängnis-Verhütung beraten zu lassen. Während der Sprechstunde habe Pratt der Patientin erklärt, dass sich "etwas in ihrem Bauch bewegte", sie würde etwas "Schreckliches in sich tragen" und sei von einem bösen Zauber befallen. Um das Böse, samt den verursachenden Geistern aus ihrem Körper zu vertreiben, so der Rat der Ärztin, müsse die Frau umgehend die Hilfe eines Priesters der "Catholic Westminster Cathedral" ersuchen. Dieser könne dann einen Exorzismus durchführen. ..."
Ein riskanter Rat, denn schon nach wenigen Wochen war die Aprobation futsch!
Dass hier inzwischen (Therapiequalität angeht) die katholische Kirche auf einem guten Weg ist, belegt der Umstand, dass Benedikt XVI. das Thema wieder in den Fokus der Aufmerksamkeit gerückt hat. Im Jahr 2005 wurde in Rom an der päpstlichen Hochschule Athenaeum Regina Apostolorum ein eigener Exorzismus-Lehrgang gegründet, eine Kaderschmiede für Exorzisten aus aller Welt.
2011 lud der Papst dann zu einer großen Exorzismus-Konferenz nach Rom ein und bekundete in seiner Begrüßung, dass ihm die „Teufelsaustreibung" ein persönliches Anliegen sei. Vom Exorzisten erwarte er fortan besondere Fähigkeiten: „Von Gott hat er die Gnade und vom Bischof den Befähigungsnachweis. Nur jene Männer, die charakterstark und leidensfähig genug seien, werden zu diesem Amt zugelassen", so der Papst weiter.
Der Teufelsaustreiber müsse, nach den Worten des Oberhirten, dem Dämon gewachsen sein: „Die Autorität seines Befehls, der Dämon solle weichen, müsse den bösen Engel auch tatsächlich einschüchtern können."
Die wichtigste Aufgabe beim Exorzismus-Dienst sei laut Papst die „Unterscheidung der Geister": Wann ist jemand schizophren,

wann aber besessen? „ Im ersteren Fall verständige man einen Arzt, im letzteren Fall schreite man beherzt zur Tat." Denn eines, so Benedikt XVI damals, dürfe nicht passieren: Medizin und Theologie gegeneinander auszuspielen.
Zu oft sei das bereits geschehen, auch innerhalb der Kirche habe es bereits Diskussionen zur Genüge gegeben. Hierzu Benedikt: „Aber ein solcher Streit dient nur jenen Außenstehenden, die sich daran weiden, wenn es der Kirche schlecht geht."
Dass den Menschen heute auch der Exorzismus und die Besessenheit ein Begriff ist, sei vor allem dem Hollywood-Kassenschlager The Exorcist aus dem Jahr 1973 zu verdanken, meint die 51 jährige Theologin Monika Scala.
Sie muss es eigentlich wissen, denn in ihrer Doktorarbeit hat die Klosterneuburgerin auf akribische Weise aufgearbeitet, welche Bedeutung Teufelsaustreibungen in der katholischen Liturgie zukommt, bis heute, über die Jahrhunderte hinweg. Kritiker, die bezweifeln, dass diese Praxis zum katholischen Ritus dazugehöre wie Fronleichnamsprozession oder Erntedanksegnung, würden einem Irrtum unterliegen, meint sie. Exorzismus komme einer normalen Glaubensübung gleich, die bereits von Jesus Christus höchstselbst zur Bekämpfung allerlei körperlicher Leiden und seelischer Bedrängnisse eingesetzt worden sei.
„Das Böse ist präsent, das erfahren wir tagtäglich", sagt Scala. Nicht allein die aktuelle Gewalt in Syrien sei der beste Teufelsbeweis!
Sofort kommen auch Anders Breivik, der norwegische Massenmörder, oder der Amokschütze von Denver in den Sinn. Die kritisch-rationale säkularisierte Gesellschaft der Moderne, meint die Theologin, sei den Dämonen hilflos ausgeliefert. Nur Gebet und Buße seien geeignet, die Menschen vor dem Jammertal zu bewahren: „Es ist einer der größten Irrtümer unserer Zeit, zu glauben, ohne Gebet auskommen zu können. Und wenn eines Tages gar nichts mehr hilft, bleibe nur mehr die Macht eines Exorzisten,

um Luzifer in die Schranken zu weisen." Oder, so lässt sich anfügen, gefragt sind die Qualitäten eines helfenden und heilenden Therapeuten, der die Aura von Fremdeinflüssen befreit und den verwirrten oder geblendeten Seelen den Weg zur ursprünglichen Identifikation weist.

Fremdenergien und Clearing
Vom Erkennen zum Trennen

„Fremdenergien" sind nicht sichtbar, und deshalb werden sie vor allem von jenen Menschen in ihrer Existenz geleugnet, die fasziniert auf alles Stoffliche und Materielle schauen.
Dabei ist die sichtbare Welt nur das Unsichtbare in sichtbarer Form! Durch wissenschaftliche Forschung ist längst belegt, dass einem Teil sichtbarer Materie rund eine Milliarde unsichtbarer Energieeinheiten gegenüberstehen. Oder um es bildhaft zu beschreiben: Schon die Existenz des primitivsten Einzellers benötigt ein Feld von 1.000.000 Energie-Frequenzen, um sichtbare Strukturen entwickeln zu können.
Das Gesetz des Ewigen Wandels, das ständige Werden und Vergehen bewirkt, dass Materie mal sichtbares Teilchen und mal Welle ist. Was wir mit Teleskopen sehen, beispielsweise Sterne und Planeten, macht nach neuesten Erkenntnissen der Kosmologie nur rund fünf Prozent der Energiedichte und Materie im Universum aus. 95 Prozent bilden so genannte Dunkle Energie und Dunkle Materie, deren physikalische Natur bislang völlig ungeklärt ist. Die Dunkle Energie erfüllt das Universum homogen und bewirkt, dass es ständig beschleunigt expandiert. Grund für die moderne Astrophysik-Hypothese, dass sich die Dimensionen des Weltraums permanent verändern.
Wir sind in jeder Sekunde umgeben von unzähligen verschiedenen Formen von Energien, die unser Leben mehr oder weniger stark beeinflussen. Zu diesen Energien zählen zum Beispiel auch entkörperte Seelen Verstorbener, Naturgeister, Gedankenkräfte sowie Wesen aus der geistigen Welt wie etwa Geistführer oder unsere Schutzengel.
Was der Volksmund als „Geister" bezeichnet, sind meist Seelen verstorbener Menschen, die nach ihrem körperlichen Tod den Weg ins Licht nicht gefunden haben. Nun irren sie auf der Erde

als feinstofflicher Geist umher. Daher nennt man sie auch erdgebundene Seelen.

Die Ursachen für Erdgebundenheit sind so vielfältig wie die Menschen selbst. In der Regel spielen starke Anhaftungen an die irdische Welt eine große Rolle, aber auch ungesunde Bindungen zu Angehörigen oder Unwissenheit und damit verbundene Ängste vor dem Tod.

Materielle Dinge, die für unser irdisches Leben mehr oder weniger erforderlich sind, haben nach dem Tod keine Bedeutung mehr. Im Jenseits zählen rein geistige Werte. Ein Mensch, der zu Lebzeiten sehr am Materiellen hing oder von Süchten gepeinigt war, wird nach seinem Tod versuchen, diesem Drang weiterhin nachzugehen. Er heftet sich an einen gleich gierigen Menschen an, um nun über diesen noch lebenden Menschen seine Begierde auszuleben.

Auch zu Lebzeiten unerfüllte Träume, Unerledigtes, Trauer, karmische Verstrickungen, emotionelle Gründe wie Ängste, Scham und Schuldgefühle sowie Tod durch Suizid und damit verbundene Reue, das alles können Gründe für die Erdgebundenheit der Seele sein.

Starke Bindungen zu Hinterbliebenen oder langes, intensives Trauern von Angehörigen können ebenfalls eine oft verzweifelte Anhaftung zur Folge haben, auch wenn der Verstorbene den Weg in sein Lichtzuhause kennt. In diesem Fall kann die Seele nicht gehen, weil sie über Trauergedanken und deren Bedürftigkeit festgehalten wird.

Carl Wickland, amerikanischer Psychotherapeut, beschreibt es in seinem Buch „30 Jahre unter den Toten" wie folgt: „Ist der Fokus ausschließlich auf die Seite der irdischen Existenz gerichtet, können die Sterbenden nicht realisieren, wenn sie den irdischen Körper verlassen haben. Durch den Tod wird der Mensch weder anders noch besser."

Offensichtlich können diese körperlosen Wesen dann die grobstoffliche Energie nicht abwerfen - zu sehr ist ihr Bewusstsein auf die irdische Ebene gerichtet. Deshalb ist es so wichtig, dass es Therapeuten, Heiler und Geistliche gibt, die sich den anderen Daseinsbereichen öffnen, ihr göttliches Selbst leben und diese Wesen dann von hier aus erreichen und unterstützen. Manchmal bedarf es nur eines kurzen Anstoßes (bei Liebesbesetzungen), manchmal ist ein längeres Ritual nötig, und generell ist es wichtig, verlorene und traumatisierte Seelen mit medialer und sensitiver Liebe und Kompetenz aus ihrer irdischen Anhaftung zu befreien.

Insbesondere bei Unfällen ist es möglich, dass Teilaspekte durch Schock am Unfallort verbleiben.

Manchen Verstorbenen ist es nicht möglich, sich von ihren Hinterbliebenen zu lösen - meinen sie doch immer noch, dass der Tod eine absolute Trennung bedeutet. Menschen, die im Leben irgendwelchen Süchten anhingen, sind nicht automatisch nach ihrem körperlichen Tod davon befreit.

Manchmal versuchen sie, den "fehlenden Stoff" über das Energiefeld lebender Personen zu kompensieren. Dies ist allerdings nur möglich, wenn der diesseitige Mensch mit der körperlosen Wesenheit (unbewusst) in Resonanz tritt, sie die gleiche Sucht verbindet.

Unwissenheit und Fehlinformationen über das Sterben und die Zeit nach dem Tod sowie religiöse Dogmen können Ängste und Schuldgefühle auslösen und so das Verharren in der stofflichen Dimension verursachen. So führt beispielsweise die (unnötige) Angst vor Bestrafung in Fegefeuer oder Hölle bei manchen Seelen zu Zweifel und Hemmungen, hier loszulassen und in die Lichtwelten zu gehen.

Irrt die Seele nun ohne eigenen Körper auf der Erde umher, sucht sie sich einen lebenden Menschen mit ähnlicher Schwingungsfrequenz, um sich an ihn anzuheften und so die irdischen Bedürfnisse weiter ausleben zu können. Ist die Aura dieses Menschen instabil oder anderweitig geöffnet, kann die Seele sich anheften (Umsessenheit), womöglich in sie eintreten (Besessenheit) – um so das Steuer des Handelns und Denkens dieser Person zu übernehmen. Durch die Befreiungsarbeit (Clearing) können wir Kontakt zu den erdgebundenen Seelen herstellen, sie aufklären und ins jenseitige Licht führen.

Neben erdgebundenen Seelen beeinflussen auch massiv Gedankenformen oder Elementale unser Leben. Der Mensch erschafft diese Energiewesen (wie weiter hinten beschrieben) durch sein eigenes Denken. Je nach Art und Intensität der Gedanken entstehen positive oder negative Emotionen um uns herum. Ständiges Wunsch-Denken nährt sie und lässt sie immer größer und dominanter werden. So werden wir entweder durch unsere eigenen Gedanken beeinflusst oder von den Gedankenformen anderer Menschen in unserem Umfeld manipuliert. Solche Elementale werden bei der Clearingarbeit ebenfalls in das Licht geschickt und dort in Liebe, der höchsten Energieform, transformiert.

Das folgende Wissen ist zur Begriffsklärung der Fremdenergie besonders wichtig:

Alle Geistseelen (Mensch & Tier) müssen ein stoffliches Fragment (Körper) „bewohnen", um hier existieren bzw. handeln zu können. Ansonsten könnte diese Seele in der schweren Materie nichts bewegen oder bewirken, weil ihm die „materielle Hand" und deren Wirk-Kraft fehlt. Körperlose Seelen können zwar auf ihrer eigenen Schwingungsebene handeln, aber nicht in der Materie. Hier vermögen sie nur geistig und gefühlsmäßig zu agieren, nicht aber physisch.

Geistwesen sind in ihrer Bewegungsfreiheit nicht von physikalischen Gesetzen der stofflichen Welt eingeschränkt. Deshalb unterliegen sie auch weder Zeit noch Raum.

Und da sie „von der dichten Energie des materiellen Leibes befreit sind, vibrieren sie in einer Schwingungsfrequenz, die wir nicht messen können. Geistwesen leben in einer Atmosphäre, die sie sich aus ihren eigenen Gedanken und Haltungen ganz und gar selbst erschaffen haben, und können sich daher augenblicklich

von eine Ort zum anderen bewegen." (James van Praagh: Geister sind unter uns; Seite 61)
Ausgangspunkt für das Phänomen der "Besetzung von Fremdenergien" ist das Verständnis, dass das Leben nach dem Tode weitergeht, dass der Tod die „Geburt in einen anderen Seinszustand" darstellt. (Carl Wickland: Dreißig Jahre unter den Toten) Das Problem aber ist, dass Seelen oft nicht wissen, dass sie gestorben sind und können daher nicht in die geistige Welt transzendieren. Hauptgründe, so Wickland in seinem o.g. Buch für ihre Bindungen an unsere Welt sind vorrangig „unerledigte Aufgaben und Beziehungen; Selbstmord und Süchte (Alkohol- u. Drogenkonsum), das Gefühl noch gebraucht zu werden oder Ängste vor Strafe oder dem Zurücklassen geliebter Menschen."
Zwischen Umsessenheit und Besessenheit besteht ein gradueller Unterschied.
Bei der Besessenheit wirkt das freie Geistwesen nicht von außen, sondern beansprucht den Energiekörper des „Wirtes" und nutzt diesen wie seinen eigenen. „Es spricht durch seinen Mund, sieht durch seine Augen und agiert mit seinen Armen, wie es das zu seinen Lebzeiten getan hat." (Jean Ritchie)
Meistens haben wir es hier mit Handlungen eines feindseligen Lebens zu tun. Dort haben sie Gewalt und Egoismus erfahren, kehren nun aus den erdnahen Schwingungsebenen zurück in der Hoffnung auf Hilfe, oder sie wollen einfach nur Machterhalt. Da diese Seelen überwiegend nicht wissen, dass sie tot sind, werden sie, je nach Bewusstsein versuchen, über die Betroffenen ihre eigenen Bedürfnisse zu stillen, und/oder auszuleben.
Extreme Emotionen wie Wut, Gier, alle Arten von Depressionen, Leid usw. sind „Türöffner" für erdgebundene Seelen. Aber auch Bewusstseins verändernde Süchte, z.B. Alkohol, Spielsucht, Drogen, usw. schädigen die Aura und machen so den Weg frei für entkörperte Seelen.

Auch der Aufenthalt an Leidorten wie Krankenhäusern, Friedhöfen, Pflegeheimen oder Krematorien können zu Anhaftungen führen, da die Ansammlungsdichte für erdgebundene Seelen an diesen Orten, am größten ist.

Nicht zu unterschätzen sind seelische Erschütterungen (z.B. der Tod eines geliebten Menschen), der den natürlichen Schutz der Aura reduzieren kann. Durch körperliche Störungen und Schwächungen kann der Organismus des Betroffenen weniger Widerstand leisten, so z.b. nach einem Unfall, einer Narkose oder einem Schock.

Bei Umsessenheit handelt es sich überwiegend um Verstorbene aus dem Familiensystem. Sie haben durchweg eine liebevolle Gesinnung, wollen nicht ins Jenseits wechseln, aus Sorge, ihre nahen Verwandten könnten ohne ihre Anwesenheit den Schmerz des Todes nicht verwinden. Sie sind nicht im Körper, sondern suchen permanent energetischen Kontakt.

Können sie auf diesem Wege ihr „Anliegen" nicht mitteilen, suchen sie einen günstigen Zeitpunkt, um sich in der Aura eines geliebten Menschen festzusetzen. Aus Umsessenheit wird dann eine Besetzung.

Die neun auffälligsten Erkennungsmerkmale bei Besetzungen durch Fremdenergien sind:
Unerklärliches Auftreten von körperlichen Problemen,
Unerklärliches Auftreten von seelischen Problemen,
Unerklärliche Charakterveränderungen ,Vermeiden von Blickkontakt,
Innere Stimmen hören,
Stimmungsschwankungen,
Unkontrolliertes Verhalten,
Unerklärlich auftretende Süchte,
Schnelle Müdigkeit und Erschöpfungszustände,
Konzentrationsprobleme, Gedächtnisstörungen.

Auf die Frage, ob die Geistige Welt nicht von sich aus über die Möglichkeit verfügt, fremdenergetische Anbindungen zu durchtrennen und transformieren zu lassen, wurde in verschiedenen Channelings folgende Botschaft übermittelt:
„Wenn es so einfach wäre, hätten wir es schon längst getan. Doch dies muss von Menschen, von irdischen Lebewesen erkannt und ausgeführt werden. Und das kann nur von Menschen geschehen, die die Möglichkeit haben, einerseits an diese Information zu kommen, indem sie sie abrufen, oder auch die Möglichkeit haben, diese Anbindungen durchtrennen zu können, notfalls mit eigener Kraft. Wenn Ihr um Hilfe bittet, so werden wir Euch jede Hilfe aus der Geistigen Welt gewähren. Doch wie gesagt, die Befreiung von entkörperten, irdischen Wesen muss von den lebenden Menschen ausgehen: Erkennen – Trennen. Ausführen dürfen wir nicht." (Hans-Jürgen Sackmann/Uta Hierke Sackmann: Wer oder was ist Gott? Erklärungen aus der Anderswelt)

Vor dem Clearing (Befreiungsarbeit) sollte immer mittels geeigneter Methoden der Radiästhesie oder der Kinesiologie getestet werden, welche Organe bzw. Körperteile durch die Fremdenergie belastet sind. Sinnvoll ist ferner die Dauer der Anhaftung und (bei Familienbesetzungen) die Identität der Seele zu bestimmen. Hierbei kommuniziert der Therapeut mit dem Höheren Selbst des besetzten Mediums. Dabei ist wichtig, dass über Resonanzmuster gesprochen wird, die für eine solche Seelenanhaftung Anlass und Ursache gewesen sein können.

Danach wird die Wesenheit über ihre wahre Bestimmung informiert, gefolgt von dem eigentlichen Ablösungs-Ritual, auf das im folgenden noch einmal eingegangen wird.

Die Befreiungsarbeit von Fremdenergien ist nicht nur für den besetzten Körper wichtig, sondern sie öffnet den Geistwesen den Weg für eine weitere Inkarnation und macht erst den Weg frei für die Entwicklung ihrer Essenz.

Dispositionen für Fremdbesetzungen:
Psychisch gesehen sind melancholische, phlegmatische und passive, aber auch cholerische Naturen am meisten betroffen. Vor allem ängstliche Menschen neigen zu einer Ich-Schwäche und Suggestibilität, was ebenfalls eine Fremdbesetzung durch verstorbene Seelen erleichtern kann. (Dietrich Klinghardt: Lehrbuch der Psycho-Kinesiologie: Ein neuer Weg in der psychosomatischen Medizin
Gefährdete Personen/Gruppen sind: Menschen, die berufsbedingt mit kranken/ alten Menschen zu tun haben, Sekten, Zirkel, Channeling, spiritistische Sitzungen, auch Familienaufstellungen. Da Medialität bei Frauen, aber auch bei Kindern und Jugendlichen stärker zum Ausdruck kommt, sehen wir dort Besetzungen viel häufiger als bei Männern und intellektualisierten Völkern.
Bei Männern wird die Wahrnehmungs- und Schutzfunktion durch kritisch-distanziertes Denken ausgelöst. Dr. Wickland (s. Literaturempfehlung) hat bei seinen Forschungen und Behandlungen festgestellt, dass medial veranlagte Menschen eine besonders intensive bioelektrische Strahlung um den Kopf erzeugen, die Fremdwesen anziehen.
Es kommt in der Praxis nicht selten vor, dass sich die Befreiungsarbeit komplexer gestaltet, da man auf Ursachen (auch aus früheren Inkarnationen) wie z. B. religiöse Rituale (durchaus bekannt in früheren Kulturen waren Menschen-Opferrituale), Flüche, Bann, magische Rituale sowie abgelegte Gelöbnisse (Armuts-, Märtyrer-, Keuschheitsgelübde, Treueeide z. B. einem Feldherrn gegenüber) u. v. m. stößt.
In solchen Fällen wird in der Clearingarbeit von „dunklen Energien" gesprochen, die in der Regel einen Auftrag auszuführen haben, nämlich der besetzten Person Schaden zuzufügen (beruflich, psychisch, physisch, partnerschaftlich, Verfehlen bzw. Misslingen des eigentlichen Lebensziels/Berufung).
Dr. med. Carl A. Wickland hatte sich zu Lebzeiten als Psychologe mit der Thematik „Geistesstörungen" befasst und ist im

Laufe seiner Studien auf das Phänomen „Besessenheit" gestoßen. In ca.100 dokumentierten Fällen konnte er nachweisen, dass eine Geisteskrankheit wie Verwirrung und Bewusstseinsspaltung in vielen Fällen auf ein Geistwesen zurückzuführen war und er auf diesem Gebiet Pionierarbeit geleistet hat.

Auch die bekannte amerikanische Psychologin Dr. Edith Fiore hat nach Jahren praktischer Erfahrungen und Forschungen festgestellt, dass rund 70 % ihrer Patienten an Besessenheit durch Geistwesen litten und Depressionen, Phobien, Sucht und viele andere Erkrankungen durch „erdgebundene Seelen" verursacht wurden.

Was sich auch zeigt ist, dass solche unerlösten Seelen oft völlig unbeteiligte Personen besetzen, die nicht – gemäß den klassischen Regeln des Familienstellens – zum Familien-System gehören oder durch schuldhafte Verwicklungen zu Beteiligten des Systems wurden.

Generell bedeutet in der Psycho-Kinesiologie Dr. Dietrich Klinghardts die Besetzung einen „unerlösten seelischen Konflikt". In seinem „Lehrbuch der Kinesiologie" findet sich auf Seite 101 der folgende Hinweis: „Wenn man das Denkmodell akzeptiert, dass die Seele wie eine Art Energiewolke den Körper bewohnt, bis dieser stirbt, dann kann der Gedanke nicht fern sein, dass die Seele in bestimmten traumatischen Situationen, die von Lebensangst begleitet sind, den Körper verlässt. Der Körper jedoch überlebt oft die bedrohliche Situation. Besetzung entsteht, wenn die Seele sich aus dem Körper entfernt hat und eine andere Seele jetzt den freigewordenen Platz einnimmt. Wenn die ursprüngliche Seele dann versucht, in den Körper zurückzukehren, kann sie nur noch teilweise den schon besetzten Platz einnehmen. Das heißt, es wohnen jetzt zwei Seelen im gleichen Körper." Und etwas später weist der Mediziner und Psychologie dann auf den Konfliktinhalt der Besetzung hin. Dabei sei charakteristisch, „dass ein

Teil des Nervensystems des Patienten von dem Geist einer anderen Person ... übernommen wird und dass dies ohne Einverständnis des Patienten geschieht."

Nicht nur religiös verwurzelte Heiler rufen beim Clearing Engel zur Hilfe. Insbesondere sind es die Führungsengel Andon und Elohim, die durch jenseitige Resonanzenergie die Trennungsarbeit unterstützen. Aber auch die jenseitige Hilfe wird wenig nützen, sofern beim Clearing Kompetenz, Sorgfalt und Nachhaltigkeit fehlen. Was wirklich zählt, ist die Befreiung der Seele und ihr Weg ins Licht. Struktur und systemisches Vorgehen sind notwendig, um erfolgreiche Ablösungsarbeit zu gewährleisten. Der Weg zur Vertiefung der sensitiven Kräfte und des Fremdenergie-Clearings sind weder durch Buchwissen noch durch das Wollen allein zu erlangen. Die wichtigste Grundlage für diesen Weg ist die Anleitung und Selbsterfahrung durch einen kundigen Therapeuten, und diese benötigt Zeit und die Anleitung zum sinnvollen Üben. Vor der Therapie aber steht die Diagnostik. Das Abklären vielfältiger Störeinflüsse, sei es durch die Anhaftung beseelter Energiefelder, durch selbsterzeugte negative Energiefelder, Blockaden aufgrund destruktiver Emotionen, Flüche, Gelübde oder Verwünschungen. Im Gegensatz zum Erlernen von Clearing-Ritualen sind die nachfolgenden Analysetechniken ohne besondere Vorkenntnisse praktizierbar.

Wir beschreiben dabei den Einstieg in die Energie-Testung mittels der Radiästhesie (Strahlenfühligkeit), erläutern die Funktion der Nelya-Analysekarten, die eine Weltneuheit darstellen und liefern Texte und Beispiele, wie negative emotionale Felder und Fremdenergien verortet werden. Diese Informationen sind von jedem Leser beliebig oft kopierbar, hier gibt es kein Copyright .

Und, wie Goethe es einmal beschrieb:„Es ist nicht genug zu wissen - man muss auch anwenden. Es ist nicht genug zu wollen - man muss auch tun."

Da der Zugang zur metaphysischen Wirklichkeit aber von Merkmalen wie Erkenntnisfähigkeit, spirituellem Denkvermögen, Selbsterkenntnis und damit letztendlich vom Entwicklungsstand der Seele abhängig ist, bleibt metaphysische Forschung zwangsläufig "subjektiv". Weisheit, Mystik und alle transpersonalen Sinneserfahrungen werden somit nie mit den herkömmlichen wissenschaftlichen Methoden beweisbar sein!
Ist also ein Naturphänomen nicht "objektiv" verifizierbar, wird der Esoteriker wenig Verständnis von Seiten der Wissenschaft ernten. Aus deren Sichtweise handelt es sich nämlich bei spirituellen Erscheinungen nicht um wissenschaftliche Wahrheiten, sondern um Scharlatanerie, bestenfalls um Hypothesen.
Seit Max Planck wissen wir aber, dass es keine Materie an sich gibt. „Materie ist eine Form von Energie mit unterschiedlicher Frequenz". Der Unterschied liegt lediglich in der Dichte der Schwingung. Jeder Gegenstand beinhaltet potenzielle Energie. Wir schwimmen deshalb wie Fische in einem Energiewirbel. Alle Quanten sind mit unsichtbaren „Gummibändern" verbunden. Wenn wir an einem Band ziehen oder agieren, dann hat das Auswirkungen auf das Ganze. Mit anderen Worten: Viele Menschen schauen aus sich heraus und glauben, die Dinge des Universums sind getrennt von ihnen. Das ist eine Illusion. Alles hängt mit allem zusammen.
Die Radiästhesie erlebte im Laufe der Jahrtausende abwechslungsweise Höhen und Tiefen. Doch mit dem Wassermann-Zeitalter kommt auch diese Disziplin aus ihrem Schatten. Die heutige Technik ermöglicht es, die unsichtbaren, geheimnisvollen und daher geleugneten Strahlen zu messen.
Die Abstrahlung des Menschen, auch Aura oder bioenergetisches Feld genannt, kann mittlerweile fotografiert werden (Kirlian-Fotografie)..
Bei der bioenergetischen Analytik (BA) ist das Gehirn des Menschen die Befehlszentrale, der Thalamus regelt den Schaltvorgang für ein- und ausgehende Informationen, dabei werden

gleichzeitig Empfindungen und Gefühle eingebaut. Das „Limbische System" im Zentralhirn tastet dabei seine „Erfahrungen" ab und das Nervensystem dient als Leitung. Energielieferanten sind das zirkulierende Blut und die Lymphe im Zusammenhang mit den Hormonen und Drüsen. Die im Gehirn eintreffende Bio-Information eines Objektes wird im Thalamus ausgewertet und in Induktionsenergie umgewandelt, die durch Nervenstränge geleitet und in den entsprechenden Muskeln die gemäß Abmachung festgelegten Bewegungen mit dem Pendel/Tensor/Rute auslösen.

„Ein Pendel unterliegt den gleichen Gesetzen wie wir. Wenn man es in Bewegung setzt, kommt es irgendwann an einen Punkt, an dem wir nicht vorhersagen können, was passiert. Dieser instabile Punkt ist gleichzeitig die Stelle der höchsten Sensibilität. An dieser Stelle nimmt das Pendel die ganze Welt wahr, ist in Kommunikation mit dem gesamten Universum. Das ist deshalb sehr interessant, weil gerade an dieser hochsensiblen Stelle die neue Physik zum Tragen kommt. Des Pendel tastet nun den geistigen Hintergrund ab, von dem aus es sozusagen seine Antwort bekommt."
(Prof. Hans-Peter Dürr- entnommen aus "Natur und Heilen", Heft 3/2004)
Ruten- und Pendelfähigkeit sind keine Kunst oder Gnade, sondern mehr oder weniger allen Menschen eigen. Bio-elektrische Induktionen sorgen für einen Muskeltonuseffekt, der den Ruten- oder Pendelausschlag bewirkt.
Ähnliche Muskelreaktionen wurden in der Kinesiologie in jüngerer Zeit wissenschaftlich erforscht und in langjährigen Tests bestätigt. Besonders hervorzuheben war hierbei die Feststellung, dass sowohl körperliche als auch mentale Reize eine positive JA– oder negative NEIN– Reaktion hervorrufen.
Die gependelten Werte sind keine „objektiv reproduzierbaren, wissenschaftlichen Statusanzeigen, sondern das Höhere Selbst kommuniziert immer nur den „Bedarf an Heilung", den „Bedarf

an Harmonisierung", den „Bedarf an Balancierung", den „Wunsch nach aufbauender Energie", etc.

Dem Interessierten sei das Buch von Tom Graves „Pendel und Wünschelrute" empfohlen. Da sich der Praxisteil dieses Buches an geübte und fortgeschrittene Radiästheten wendet, wird auf Grundlagen und einführende Pendelübungen verzichtet. Hier wird u.a. auf das Buch von Reinhard Schneider „Leitfaden und Lehrkurs der Ruten- und Pendelkunst", Teil I und Teil II oder auf Gertrud I. Heilmann „Rute und Pendel" im Oesch Verlag verwiesen.

Neues Diagnose-Verfahren

Eine bahnbrechende Neuerung auf dem Gebiet der Radiästhesie stellen die Nelya-Analysekarten im Scheckkartenformat dar. Bislang kamen Pendelergebnisse durch mentale Abfragen zustande. Selbst bei der Verwendung von Pendeltabellen waren mentale Abfragen erforderlich.
Die Ergebnisse wurden wissenschaftlich nicht anerkannt, weil die mental erzielten Ergebnisse von Anwender zu Anwender z.T. unterschiedlich ausfielen, also nicht reproduzierbar waren. Mit diesen Pendel-Analysekarten lassen sich weitgehend reproduzierbare Ergebnisse erzielen unabhängig davon, ob der Anwender Pendelkenntnisse besitzt oder nicht. Die Nelya-Karten wurden von Kornelia Tomson entwickelt und werden über das Umweltinstitut Hanspeter Kobbe, Ententeich 25 in 29225 Celle vertrieben.
Folgende Analysekarten sind u.a. erhältlich (Bestellnummer in Klammern):
- Vitalenergie (5310)
- Energieblockaden (5320)
- Reizüberflutung - Überforderung der Sinne (5327)
- Chakren-Energiebalance (5330)
- Blockaden in der mentalen Wahrnehmung (5326)
- Blockaden durch negative Emotionen (5324)
- Blockaden durch selbstauferlegte Gelübde, Flüche, Verbote, Aufträge (5322)
- Anhaftende Felder von Mitmenschen auferlegte Gelübde, Flüche (5323)
- Blockaden durch von Mitmenschen erzeugte negative Emotionen (5325)
- Therapie- und Gesundungsblockaden (5329)
- Blockaden durch Kontrollverbindungen von Mitmenschen (5328)

- Blockaden durch beseelte Energiefelder am Standort (5341)
- Anhaftung beseelter Energiefelder (an der Person) (5321)
- Erdstrahlen - geopathische Störfelder (5301)
- Hochfrequente Strahlung (5303)
- Niederfrequente Felder (5302)
- Standortvitalenergie (5340)
- Test der Wasser-Vitalenergie (5388)

Der Preis pro Karte liegt bei 14.- Euro und kann über: Telefon: 05141- 330280 oder E-Mail: info(at)nelya-energieprodukte.de bestellt werden.
Die gezielten Codierungen für anhaftende Felder, Vitalenergie, geopathische Zonen oder beseelte und unbeseelte Blockaden wurden mit moderner computergestützter Informations-Technologie auf die Magnetstreifenkarte übertragen. Mit unterschiedlichen Testverfahren, wie u.a. Bioresonanz-Gerätetestung, Radiästhesie und Kinesiologie wurden die Nelya-Analysekarten überprüft.
Einige der nachfolgend vorgestellten Karten sind für die Testung von Personen, andere sind für die Testung von Standortbelastungen und Standorteigenschaften geeignet. Einige Karten sind sowohl für Personen- als auch für Standorttests entwickelt worden. Für andere Tests, wie z. B. der Wasservitalenergie, stehen spezielle Analysekarten zur Verfügung. Die Karten sind mit entsprechenden Symbolen in der oberen rechten Kartenecke versehen.
Mittels der Nelya-Analyse-Karte „Pendel-und Rutenfühligkeit" können Sie zunächst überprüfen, ob sie die nötige Pendelfähigkeit besitzen.

Pendel- und Rutenfühligkeit

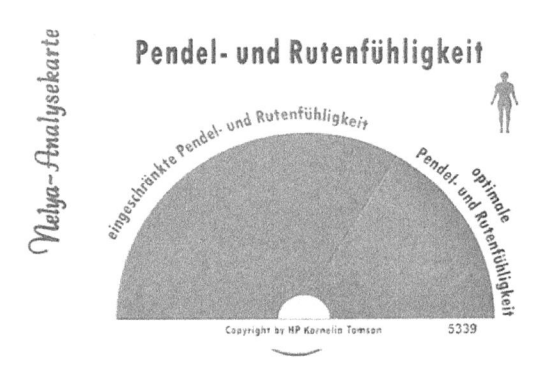

Hier eine kurze Anleitung zum Umgang mit der Karte beim Personentest:
Die Analysekarte wird waagerecht mit der linken Hand gehalten, dabei berührt der Zeigefinger in Längsrichtung den Magnetstreifen unterhalb der Karte. Nun wird das Pendel mittig über die Karte gehalten, dort wo alle Skalenstriche zusammenlaufen. Eine mentale Abfrage ist dabei nicht erforderlich.
Das Pendel schwingt sich nach einer kurzen Kontaktphase automatisch auf den Skalenbereich ein. Soll mit der Karte eine dritte Person getestet werden, nimmt diese die Karte wie beschrieben in die Hand und der Pendelanwender hält das Pendel über die Karte. Grundsätzlich kann aus unserer Sicht jeder Pendeln lernen. Die einzige Voraussetzung ist, sich offen auf ein neues Gebiet einzulassen und bereit zu sein, Erfahrungen einfach einmal zuzulassen und wahrzunehmen, die vielleicht eher in ungewohnten Bahnen stattfinden.
Testung: Blockaden durch Anhaftung beseelter Energiefelder
Ich bin durch meine langjährige Arbeit auf dem Gebiet des Clearings davon überzeugt, dass sehr viele Menschen Kontakt zu Seelen der Astral-Ebene haben, ohne es zu wissen. Inzwischen sind wir - mit der Erhöhung der Schwingungsfrequenz unserer Erde - schon in den unteren Schichten der Astralebene angekommen.
In diesem „Zwischenreich" leben Myriaden von verlorenen und traumatisierten Seelen.

Diese Schwingungsebene ist nicht „irgendwo", sie ist um uns herum. Zwar agieren die körperlosen Seelen auf einem anderen Frequenzband, dennoch sind sie uns nahe und hoffen auf einen günstigen Augenblick, dass ihnen ein „hilfsbereiter und mitfühlender Mensch" eine „Tür" öffnet. Fühlige Menschen spüren förmlich diesen körperlosen Kontakt. Aber sie können nur „andocken" und in die Aura schlüpfen, wenn wir ihnen eine Resonanzenergie bieten,
bei der Gleiches zu Gleichem kommt. Menschen mit dunkler Angstenergie wirken beispielsweise wie ein Magnet auf diese Geistwesen, aber auch „Geber-Typen", die immer für andere da sind, sprichwörtlich über den Tod hinaus.
Dabei gibt es in den unteren nichtmateriellen Schichten der Astralwelt mindestens so viele ähnliche Lebensformen, wie in unserer materiellen Welt. Viele von ihnen ernähren sich von unserer Resonanz-Energie, und das Besetzen eines Körpers geschieht weder zufällig noch wahllos. Nicht selten kommt es in Fällen der Bewusstlosigkeit (Unfall), bei Vollnarkose (Operation), Meditationen oder Seancen zu Anhaftungen von Fremdenergien.
Bei der Testung mittels Nelya-Karte hat eine solche Besetzung stattgefunden, wenn das Pendel im rechten (roten) Bereich schwingt (Blockade durch Anhaftungen).Wird der mittlere Bereich (Orginalkarte orange) angezeigt, dann befinden sich Wesenheiten in unmittelbarer Nähe und warten auf einen günstigen Zeitpunkt, um in die Aura einzudringen.
Ergänzend zur Kartentestung kann die Abfrage nach den Besetzungsursachen Aufschluss geben, welche Resonanzfelder bei der betroffene Person die Seelenenergie angezogen hat. Dies können Ängste und Selbstzweifel gewesen sein, Abtragen von Karma, die Entwicklung des Selbst durch Leid, Abbau des EGO, Selbstverantwortung übernehmen u.a.m.
So gesehen sind Analysekarten (NELYA), wie wir sie im Folgenden vorstellen und bei Clearings auch einsetzen, eine wunderbare

Hilfe, um energieblockierende Felder am Menschen oder in Räumen zu testen. Generell sind die Karten auch für Ferntestungen (über Haare/s. nachfolgendes Kapitel) geeignet.

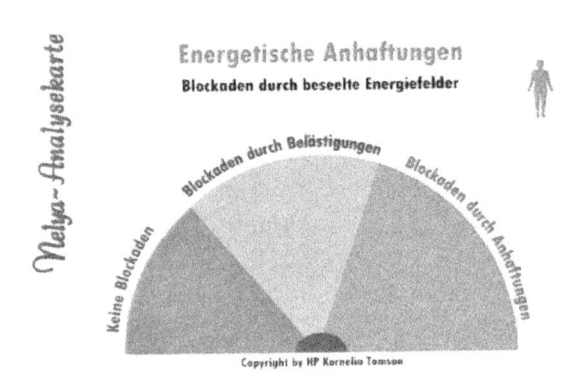

Nelya-Analysekarte — Energetische Anhaftungen
Blockaden durch beseelte Energiefelder
(Keine Blockaden / Blockaden durch Belästigungen / Blockaden durch Anhaftungen)
Copyright by HP Kornelio Tomson

Beseelte Energiefelder innerhalb und außerhalb von Räumen + Gebäuden
Nicht nur Menschen, sondern auch Räume, Häuser und Grundstücke können energetisch durch Wesenheiten belastet sein. Ursachen sind meistens frühere Kriegsereignisse und die damit verbundenen Todesangstenergien. Ebenfalls nicht selten ist, dass bestimmte Orte als Kultstätte genutzt wurden oder mit Flüchen oder Verwünschungen belastet sind. Die Entstehung kann Jahrhunderte zurück liegen.
Ängste davor sind unbegründet, weil sich die Störfelder auflösen lassen. Das sollte allerdings mit dem erforderlichen Wissen geschehen. Zuvor sollten mit der Nelya-Analysekarte (energetische Anhaftungen am Standort) die Räume ausgetestet werden. In der Regel befinden sich die beseelten Energiefelder in einer Ecke des Raumes unter der Decke. Schwingt das Pendel über dem linken Sektor (auf der Karte grün), sind am Standort keine Geistfelder Verstorbener vorhanden.

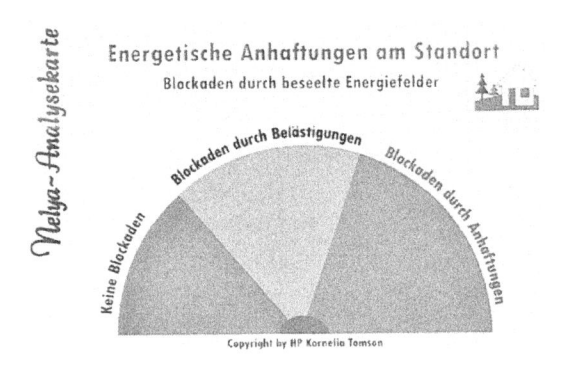

Der Standort kann auch im Freien sein, da auch Anhaftungen an Bäumen und Sträuchern vorkommen. Schwingt das Pendel im rechten Bereich (auf der Orginalkarte rot), so sind in jedem Fall entkörperte Seelen (mit spürbaren Auswirkungen) vorhanden. Das mittlere Feld zeigt sog. Belästigungen an und das meint, geringe energetische Anhaftungen, vermutlich handelt es sich um Wesenheiten, die sich an diesem Ort nicht dauerhaft aufhalten. Diese Karte kann auch zur Ferndiagnose eingesetzt werden. Dazu wird die Karte auf ein Foto, eine Grundrisszeichnung oder eine Landkarte gelegt. „Sensor" ist in diesem Fall dann die Stelle des Zentralpunktes am unteren Rand der Karte, wo die drei farbigen Zonen zusammenlaufen.

Tele-Radiästhesie/Fernabfrage

Bei dieser Methode arbeitet der Operator hauptsächlich mit Fotos und Haarproben. Da die quanten-physikalischen Wirkzusammenhänge dem Operator bekannt sein müssen, soll diese BIO-Plasma-Testung etwas umfangreicher beschrieben werden, auch wenn nicht jeder Leser die Absicht hat, damit zu arbeiten.
Fotos von Personen, Haare, Blut oder Speichel verfügen über eine bioplasmatische Abstrahlung. Dahinter steckt die Erkenntnis der Neuen Physik, dass zwei Photonen (Lichtquanten), die einmal in einem lebendigen System miteinander in Wechselwirkung getreten sind, offenbar zu Bestandteilen eines unteilbaren Systems

werden, selbst wenn sie räumlich weit voneinander entfernt sind. So genannte Zwillingsphotonen halten über beliebige Entfernungen gleichzeitigen Kontakt zueinander.

Erwin Schrödinger hat dafür den weiter vorne beschriebenen Begriff der Verschränkung geprägt. Dieses zunächst nur hypothetische Konzept ist inzwischen durch zahlreiche Forschungsarbeiten bestätigt worden. An der Ecole Nationale Supérieure in Paris konnte eine Forschergruppe um Serge Haroche nachweisen, dass es nicht nur verschränkte Photonen, sondern auch verschränkte Atome gibt.

Die atomare Wirklichkeit besteht demnach aus ausgedehnten "Quantenobjekten", die nur als Ganzheit beschrieben werden können.

Unsere DNS produziert laufend Biophotonen (bioelektrische Lichtteilchen), die in ständiger Wechselwirkung mit den aus der Umgebung kommenden Signalen stehen. Sie bauen ein morphogenetisches Feld auf, in das hinein sie die Baustoffe anordnen und so mit dafür verantwortlich sind, was und wer wir sind.

Als die Ureinwohner der Xingu-Region in Brasilien 1887 zum ersten Mal vor einer Kamera standen, erstarrten sie vor Schreck. Sie glaubten, die Kamera raube ihnen die Seelen: eine mythische Angst, geboren aus der Vorstellung, menschlicher Geist sei identisch mit einem Abbild des Körpers und ließe sich also ablichten. Was würden die Menschen aus der Ferne mit diesem Geist wohl anstellen?

Die abendländischen Forscher hingegen staunten. Schließlich bestand für sie kein Zweifel, dass es unmöglich ist, Seelen fotografisch festzuhalten. Aus Sicht moderner, methodischer Denker war das eine primitive Vorstellung.

In einer Indianerbuchserie beschreibt Ernie Hearting das Leben von Sitting Bull, Cochise und vielen anderen. Mehrfach ist in diesen Büchern darauf hingewiesen worden, dass sich die Indianer weigerten, sich fotografieren zu lassen - etwas, dass auch andere Naturvölker nicht gerade schätzen. Nach ihrer Anschauung wird

beim Fotografieren "die Seele in einen Kasten gesperrt". Gewiss wussten die Naturvölker nichts über Photonen und Quantenphysik. Sie spürten aber, dass ein Teil von ihnen in den Fotoapparat gesperrt wird und dieser so Informationen über sie (die Seele) enthielt.
Die auf das Foto gebannte Lichtabstrahlung enthält Zwillingsphotonen (kleine Lichtteilchen), die sich vorher im Körper des Menschen befanden und durch Fotografie von diesem abgetrennt wurden. Das Gegenstück dieses „Zwillings" befindet sich nach wie vor im Körper seines „Eigentümers". Nach dieser Erkenntnis stellen Photonen ein Kommunikations- und Informationsmedium der Zellen dar und lassen sich bei Kenntnis feinstofflicher Diagnose-Methoden entschlüsseln. Die Verbindung von Zwillingsphotonen ist wissenschaftlich erwiesen; ebenfalls erwiesen ist, dass diese Verbindung zur Übermittlung von Informationen genutzt werden kann. Es gibt für diese Art der Informationsübertragung sogar schon industrielle Nutzungsmöglichkeiten.
Zwillingsphotonen können raum- und zeitlos über beliebige Distanzen gleichzeitig Kontakt halten und Informationsträger sein.
So ist es möglich, dass über ein Bild abgestrahlte Lichtphotonen (sichtbare elektromagnetische Lichtstrahlungen) in das Gerät eingescannt und gespeichert werden. Das Phänomen der Zwillingsphotonen, erforscht durch CERN (Conseil Européen pour la Recherche Nucléaire, die europäische Organisation für Kernforschung in Genf) ist Bindeglied zwischen dem Wesen, dessen Belastung getestet werden soll und dessen Fotografie.
Tatsächlich verhält es sich so, dass wir nicht nur einzelne Photonen produzieren, sondern auch Zwillingsphotonen, von denen das eine unter Umständen bei uns bleibt, der integrale Zwilling hingegen abgegeben und auf dem Foto gespeichert wird. Da diese Zwillinge ständig miteinander in Kontakt sind, kann über den einen der andere beeinflusst (informiert) werden. So wird verständlich, dass ein Informationstransfer über ein Foto gleichzeitig auch eine Information des abgebildeten Objektes bedeutet.

Mit den Mitteln der mentalen Radiästhesie und der Radionik kann nun der Mensch, das Tier, die Pflanze erreicht und mit den gewünschten Informationen bzw. Schwingungen versorgt werden. Ebenso wie ein zu behandelndes Objekt mit seinem Foto fest verbunden ist, ist auch die Schwingung eines Heilmittels in seinem fotografischen Abbild bzw. in seiner eindeutigen Bezeichnung repräsentiert. Diesen Umstand der Verbindung zwischen Probe (Haare/Fotos) und dem Klienten machen wir uns bei der Ablösung von Fremdenergien zunutze, indem wir sowohl körperlose Testungen, wie auch Befreiungsarbeit von Besetzungen mittels Fernbehandlung durchführen können.

Hinweis: Die bioplasmatischen Analysen sind energetische Testverfahren und als Informationstechnologie noch nicht wissenschaftlich anerkannt. Sie ersetzen nicht die Untersuchung, Behandlung oder onkologische Verordnung durch einen Heilpraktiker, Therapeuten oder Arzt.

Die Verantwortung beim Clearing von Fremdenergien

In unserer polaren Welt gehört die lichte Seite ebenso dazu wie die dunkle Seite. Anhaftungen oder Besetzungen durch unerlöste Seelen, dämonische Wesenheiten, Flüche, Verwünschungen oder Elementale kommen sowohl bei Personen als auch in Gebäuden vor.

Die Befreiungsarbeit und das Ablösen von o. g. Fremdenergien ist kein „therapeutischer Spaziergang" und sollte nur von Menschen übernommen werden, die fachliche Kompetenz und mentale Stärke besitzen, um den Wesenheiten gegenüberzutreten und sie ins Licht zu schicken. Ein Clearing ist sowohl bei Gebäuden, Personen, aber auch bei belasteten Grundstücken möglich.

Dieser Praxisteil stellt keinen Schnellkurs im Ablösen von Fremdenergien dar. Sehr wohl aber soll er die Möglichkeit zur Belastungsdiagnose bieten und die Befreiungsarbeit in ihren Grundzügen beschreiben.

Vor dem Clearing werden die Seelen mittels geeigneter Methoden der Radiästhesie und Biofeldanalytik „aufgespürt", mit ihnen kommuniziert und über ihre wahre Bestimmung informiert, bevor sie mit Suggestionen und mentalen Techniken ins Licht geführt werden. Die besetzte Person ist dann frei von Energieblockaden, die sie oft viele Jahre beeinflusst und manipuliert haben. Erst nach der Ablösung kann der Klient wieder seinen persönlichen Lebenssinn erkennen und realisieren. Seelische Blockaden, Energielosigkeit und/oder körperliche Beschwerden können sich bessern, wenn sie in Zusammenhang mit der Besetzung durch fremde Energien standen.

Aber auch jene Seelen, die ins Licht geführt werden, sind dann frei und können sich jenseitigen Aufgaben zuwenden. In der Kommunikation, in die der Klient miteinbezogen wird, sollten die näheren Umstände der Besetzung in Erfahrung gebracht werden:

- wann (Zeitpunkt) ist es zur Fremdenergieanhaftung gekommen
- welche Umstände (z. B. ein Autounfall) haben sie begünstigt
- in welchen Resonanzmustern hat sich der Klient zum Zeitpunkt der Besetzung befunden
- hat eine karmische Ursache vorgelegen

Die Auswertung der feinstofflichen bioplasmatischen Analyse kann nicht nur Auskunft über das Zustandsbild der Energiekörper (Aura, Chakren) des Klienten, sondern auch eine Klärung liefern, ob Fremdenergien aufzulösen sind („darf ich ablösen"; „kann ich ablösen") und bei welchen Symptomen es sich um eine Dysfunktion durch beseelte Energieanhaftungen handelt.

Im Anschluss an diese Auswertung sollte vor jeder Clearingarbeit ein ausführliches Vorgespräch stattfinden, um das weitere Vorgehen zu besprechen. Bei der gesamten Thematik ist es wichtig, dass der Clearingtherapeut offen und ohne Wertung die Ursache-Wirkungskette mit dem Klienten bespricht.
Großen Wert sollte bei der Clearing-/Befreiungsarbeit darauf gelegt werden, dass der Klient aktiv am Prozess beteiligt wird und die Verantwortung für sich und eine positive Veränderung in seinem Leben übernimmt. Ist diese Bereitschaft nicht vorhanden, sollte dem Betroffenen Zeit und Raum gegeben werden, ohne Druck und Schuldgefühle das integrative Gespräch zu reflektieren. In vielen Fällen ist das Unterbewusstsein zu diesem Zeitpunkt noch nicht bereit, in die Trennungsarbeit einzusteigen und alte, energetische Resonanzmuster loszulassen.
Kommt es zur Ablösungsarbeit, so sollte nach erfolgter Freisetzung der beseelten Energie unbedingt ein Nachgespräch geführt werden:
- warum eine Fremdenergie überhaupt Einfluss nehmen konnte, (Resonanz, Affinität)
- welche Strukturmuster ein Frequenzband/Verbindung zu entkörperten Seelen liefern
- über mentale Schutztechniken und Abwehrsymbole sprechen

Dabei können mögliche Strukturveränderungen beim Klienten angesprochen und bearbeitet werden:

1. Lernen „Nein" zu sagen:
- bei Überforderung
- bei Manipulation
- bei reinen Kopfentscheidungen (der Bauch sagt manchmal mehr....)

2. Abgrenzung gegen/von
- Vereinnahmung
- Grenzüberschreitung
- negativen Energien (Personen & Handlungen)

3. **Abschied nehmen vom Helfersyndrom** (vor allem von dem Glaubenssatz „wenn ich anderen helfe, bin ich ein guter Mensch")
4. Sich selbst akzeptieren, so wie man ist
5. Sich Zeit, Zuwendung und Reflexion gönnen
6. Authentisch sein, nicht immer auf Kompromisse und Rücksichtnahmen „schielen". Gefühle äußern (Wut, Zorn, Enttäuschung, ebenso wie Dankbarkeit, Freude, Liebe, Glück)

Eine Besetzung durch eine anhaftende Seele ist immer der „Freund" der autonomen Persönlichkeit. Denn ohne Besetzung gäbe es keinen Grund, offene Resonanzfelder und Reaktionsmuster zu erkennen und wichtige Seelenthemen zu heilen. Erkenntnis erlangen wir durch Unterscheiden; durch Trennung, durch Dualität. Erst wenn wir das „Drama" der Dualität in seinem vollsten Umfang erfahren haben, gelangen wir zur Einsicht. Einsicht ist die Sicht des EINEN. Keine Draufsicht, sondern Ein-Sicht. Das menschliche Dasein gipfelt in der Erfahrung der Einsicht. Ängste, Traumata, Trauer, Depression haben sich sehr oft eingekapselt, sind als niedrige, ätherische Schwingung in der Aura manifestiert und wirken wie ein Magnet auf Geistwesen, die den Weg noch nicht in das Licht gefunden haben und die am Stofflichen festhalten.

1987 hat die amerikanische Psychologin Edith Fiore mit ihrem Buch „The Unquiet Dead" („Besessenheit und Heilung", Silberschnur Verlag) für Aufsehen gesorgt, worin sie ihre langjährigen therapeutischen Erfahrungen mit der Befreiung ihrer Patienten von beseelten Wesenheiten beschreibt. In englisch sprechenden Fachkreisen wurden seither schon hunderte Psychiater und Psychologen in der so genannten „Spirit Releasement Therapy" („Seelen-Erlösungs-Therapie") weitergebildet und es entstanden zahlreiche Forschungsgruppen zu diesem Thema. Edith Fiore benutzt mit Hilfe hypnotischer Trance ihre Patienten als Medium

und kann so direkt durch die Patienten mit den betreffenden erdgebundenen Verstorbenen sprechen.
Ihre Arbeit steht ganz im Gegensatz zur kirchlichen Form der "Austreibung", denn sie ist keineswegs der beste Weg, mit einem spiritistischen Ansatz Kranken zu helfen.
Bei den wenigen Ärzten und Psychotherapeuten in Westeuropa, die mit Ablösungstechniken arbeiten, überwiegt eine verständnisvolle, empathische Einstellung gegenüber dem anhaftenden Geist.Während katholische Priester, mit bischöflicher Erlaubnis, von vornherein pauschal böse Dämonen oder gar den Teufel persönlich am Werk sehen, die sie mit Flüchen und wüsten Beschimpfungen zu bannen versuchen, halten kundige Therapeuten die aufsässigen Geister eher für aufklärungs- und hilfsbedürftig. "Austreibung" wird dadurch zur geduldigen, therapeutischen Überzeugungsarbeit: Die verirrte, "erdgebundene Seele", die sich nach dem Tod ihres eigenen Körpers nicht von dieser Welt lösen konnte, soll über ihre wahre Bestimmung aufgeklärt und zum freiwilligen Weitergehen ermutigt werden ("ins Licht").
Diese Art der Hilfe wird auch im folgenden Ablösungstext deutlich, den ich seit Jahren bei Clearingsitzungen verwende. Er soll die von Mitgefühl und Liebe geführte Kommunikation wiedergeben und dient nur kundigen Clearing-Therapeuten als Anregung für die Ablösungsarbeit:

Wir sehen euch nicht, wir können eure Sprache nicht verstehen, aber wir wissen, dass ihr da seid. Wir kennen eure Namen nicht, aber wir freuen uns, dass ihr gekommen seid und uns vertraut. Wir wollen euch helfen.
Wir sind heute hier versammelt, um euch aus einer Situation von Leid und Hilflosigkeit zu befreien. Ohne Ausnahme werden wir Euch helfen, wenn ihr es denn wollt. Ihr habt immer wieder versucht, mit uns zu sprechen. Wir Menschen hier auf der Erde können euch aber nicht hören. So, wie ihr ohne Körper für uns unsichtbar seid, so sind auch eure Stimmen in einer anderen Dimension verständlich.

Es ist ein astrales Zwischenreich, in dem ihr lebt. Alle Seelen dort haben keinen eigenen Körper mehr, weil ihr gestorben seid. Es ist ein Gefühl der Hilflosigkeit und Verzweiflung, die meisten von euch wollen dieses Leid beenden.
Wir haben gelernt, euch zu verstehen, auch ohne mit euch zu sprechen. Wir kennen alle eure Ängste und Sorgen. Den Weg der Hilfe und Heilung kann jeder gehen, deshalb sind wir hier. Zunächst aber müsst ihr akzeptieren, dass ihr gestorben seid und körperlos seid. Wir kennen den Zeitpunkt eures Todes nicht, aber seither irrt eure Seele ohne Halt und Zuversicht umher. Viele haben Panik und erfahren tägliche Gewalt.
Es sind einzig eure Seelen, die hier sind. Körperlos und für uns unsichtbar. Ihr aber könnt überprüfen, ob es wahr ist, was wir sagen. (kleine Pause): Schaut auf eure Hände und schaut auf eure Füße, ihr werdet nichts davon erkennen. Ihr tragt keine Kleidung, ihr könnt nichts greifen oder festhalten.
Ihr lebt nach eurem Tod in einer Dimension, die wir untere Astralwelt nennen. Dort ist es eng und dunkel. Immer wieder tauchen Gestalten auf, die süchtig, krank und gewalttätig sind. Ihr kennt sie, die Irren und Verwirrten. Längst wollt ihr weg aus dieser dunklen Welt.
Wenn ihr uns vertraut, dann werden wir euch helfen. Die Zeit des Leidens und der Verzweiflung kann heute schon vorbei sein. Dazu müsst ihr aber euren Tod akzeptieren und auf die Liebe derer vertrauen, die euch dahin führen, wo Frieden und Harmonie herrschen. Dort, wo diese himmlischen Helfer zu Hause sind, das ist die Welt des Lichtes, das Reich der absoluten Harmonie.
Wenn eure Seele dorthin gelangt, trefft ihr Freunde und Verwandte wieder, die längst vor euch gestorben sind und die sehnlichst auf euch warten.
Ihr seht überall in diesem Raum ein helles, goldenes Licht. Dieses Licht ist die Pforte zur jenseitigen Welt. Dort ist die Welt der Verstorbenen, die nicht mehr am Irdischen und Materiellen

*festhalten. Die JA sagen zum Leben, aber auch den Tod akzeptieren.
In dieser Welt des Lichtes werden alle Schmerzen und alle Ängste geheilt. Es ist eine Welt ohne Gewalt und ohne Hass. Dieses Reich kann auch für euch Freiheit und Erlösung bedeuten, ihr müsst es nur aus tiefster Überzeugung wollen. Wenn ihr euch diesem hellen Licht anvertraut, wenn ihr die Hilfe der himmlischen Engel annehmt, dann seid ihr sehr bald in einer anderen Welt.
Rückt also ganz nahe an dieses goldene Licht heran. Seid mutig und entschlossen. Spürt mit all euren Sinnen, dass dort in dem Licht unzählige Hände sind, die euch helfen werden, dass die Reise in das jenseitige Licht gelingt.
Wir versprechen nichts, was nicht auch eintrifft. Ihr könnt gleich frei sein, wenn ihr nicht mehr festhaltet an der Welt der Lebenden. Dort seid ihr ohne Körper verloren.
Es gibt nichts, was euch hier im Irdischen noch an Wünschen und Liebe erfüllt werden kann. Freiheit und Harmonie der Verstorbenen gibt es nur im Jenseits. Es stehen zahlreiche Engel bereit, die euch jetzt in diese freie und lichtvolle Welt begleiten.
(kleine Pause)
Werdet also ganz ruhig und konzentriert euch auf die magische Kraft des goldenen Lichtes. Durchtrennt jetzt mit euren Gedanken und mit eurem Willen das unsichtbare Band zur irdischen Welt. Ihr braucht nur ganz intensiv darum zu bitten und ihr werdet mitgenommen in eine neue, friedvolle, harmonische Welt.
Seid absolut angstfrei und vertraut den Helfern, die heute nur gekommen sind, um euch zu erlösen!
Dazu tretet in das Licht und lasst euch willenlos fallen- so, als wolltet ihr euch auf den Händen der Engel wegtragen lassen. Haltet nichts mehr fest. Lasst euch sanft in das Licht fallen und vertraut der Kraft und der Liebe, die hier versammelt ist. Reicht jetzt den Engeln symbolisch eure Hand und lasst los. Genau jetzt*

ist der richtige Zeitpunkt. Lasst los und nehmt Abschied. Vertraut auf die Liebe Gottes und verlasst die irdische Dimension. Geht alle zusammen. Genau jetzt ist der Augenblick, auf den ihr lange gewartet habt. Übernehmt Verantwortung und geht……
(Pause)
BITTE GEHT JETZT …… Lasst Los mit allen Sinnen .
Vertraut der Kraft und der Liebe der himmlischen Helfer.
Keiner sollte mehr bleiben, denn …..
Alles wird gut!!!

Elementale/Negative Emotionen

Gedanken und Gefühle haben Kraft und wirken sich aus. Wir können den Vorgang in etwa so beschreiben: Wer intensiv etwas denkt oder wünscht und sich davon eine bildhafte Vorstellung schafft, der erzeugt ein Gedankenwesen. Die zeitlich ausgedehnte Konzentration darauf gibt zusätzlich Energie hinein. Je öfter und intensiver diese Vorstellung genährt wird, umso stärker, größer und mächtiger wird das „Gedankenwesen". Man kann sich das wie eine Seifenblase vorstellen, die unsere Vorstellungen enthält. Sie verlässt uns, wenn der Gedanke losgelassen wird und kehrt immer wieder zurück, um weiter genährt zu werden. Immer wieder drängt sich die Idee, der Wunsch oder die Sucht auf, die man selbst geschaffen hat, und fordert Tribut in Form von Aufmerksamkeit und Energieverbrauch.
So entstehen Gewohnheiten, Abhängigkeiten, Zwänge und Ängste. Es beginnt mit einem kleinen Gedanken, dem man die Tür öffnet, den man wälzt, nährt und füttert. Weil wir uns um ihn „kümmern", kann er groß und stark werden und den Betreffenden lenken, anstatt von ihm gelenkt zu werden. Die Rollen von Herrn und Knecht drehen sich um.
Natürlich denken jetzt viele, die Lösung sei, gegen seine Zwänge, Ängste und Abhängigkeiten anzukämpfen, weil man sie ja loswerden will. Doch in Wirklichkeit stärkt das Kämpfen die Gedankenwesen, da Energie „gegen etwas" die Aufmerksamkeit immer solange stärkt, bis nicht die Ursache für die Abhängigkeit hinterfragt wird.
Fakt ist, dass Gedanken keine Wirklichkeit haben. Sie tauchen in unserem Bewusstsein auf und verschwinden wieder. Es sind Bilder, Worte, Vorstellungen. Sie alle lösen Gefühle aus und steuern damit unser Verhalten. Und nicht nur das: Sie können in uns

Leiden erzeugen. Unsere Vorstellungen und destruktiven Glaubenssätze sind es, die uns zutiefst leiden lassen und die Liebe überdecken.

Fassen wir das bisher gesagte noch einmal zusammen:
Gedanken und Gefühle prägen die Persönlichkeit des Menschen und beeinflussen sein Leben und Schicksal. Materielle Wünsche, ausgeprägte Neigungen und Begabungen, Zwangshandlungen und Süchte, Unfähigkeiten und Ängste, - die gesamte Psyche, der Denk- und Gefühlsapparat werden geprägt von Meinungen, Urteilen, Sehnsüchten und Wünschen.

Der Mensch ist gewöhnt, sich nur mit dem Sichtbaren zu beschäftigen. Gedanken sind jedoch unsichtbar. Dennoch besitzen sie Kraft und Energie. Vor diesem Hintergrund ist es auch nicht egal und einerlei, WAS der Mensch denkt und fühlt. Daskalos, ein Weisheitslehrer aus Zypern, nannte diese Gedankenwesen "Elementale".

Wer intensiv etwas denkt oder wünscht und sich davon eine Vorstellung schafft, der erzeugt also ein solches Gedankenwesen. Vorstellung und Konzentration geben geistige Energie hinein. Je öfter und intensiver diese Vorstellung genährt wird, umso größer und stärker wird das Elemental. Irgendwann lässt man den Gedanken .wieder los. Solcherlei Vorgänge sind der Hintergrund des Satzes von Goethe "Ach, die Geister, die ich rief, die wird' ich nun nicht los!"

Elementale, insbesondere Sucht-Elementale kommen gerne überraschend, als Impuls. Hier ist der Beobachter gefordert, auch Impulse nur anzuschauen und nicht gleich spontan Folge zu leisten. Auf Grundlage des Resonanzgesetzes wissen wir, dass der Geist über die Materie herrscht und wir aus unseren Gedanken die Realität erschaffen können.

Dieser Faktor wird bei der Entstehung von Süchten und Ängsten zum Problem, denn jeder zielgerichtete Gedanke eines Menschen bildet im Äther augenblicklich eine Gedankenform mit einem

spezifischen Bewusstsein. Man kann sich diese als kleine Parasiten vorstellen, die sich sofort an die Aura heften und sich von Energien, welche diese Gedankenform füttern, ernähren.
Wenn diese Elementale sich einmal in der Aura des Menschen befinden, dann wollen sie mit Energie versorgt werden um ihr eigenes Überleben zu sichern. Wenn ein Mensch beispielsweise anfängt zu rauchen, dann bildet er entsprechende Gedankenformen, die das Rauchbedürfnis bedingen. Diese Gedankenformen, welche sich augenblicklich in Elementale verwandeln, sind eng verknüpft mit Attribut und Gefühlen beim Rauchen. Sie nähren sich von der Vorstellung der Entspannung, des Genusses und einer gewissen oralen Befriedigung. Der Körper reagiert mit Entzug, sobald er sich enthält und diese Elementale nicht „füttert". Prompt folgt der Impuls: "Rauche"!
Sie werden mir folgen können, wenn ich sage, dass es keinem Menschen möglich ist, etwas zu wünschen, bevor er nicht dessen Existenz kennt und schätzt. Gehen wir einmal davon aus, dass ich einen Gegenstand sehe, den die Menschen für kostbar halten, beispielsweise ein Brillantkollier.
Ich werde der Existenz dieses Gegenstandes durch mein Sehen gewahr. Und gehen wir ferner davon aus, dass ich ein Mensch bin, der ein starkes Verlangen nach Brillantkolliers besitzt. Was passiert nun? Psychische Materie sammelt sich um das Bild der Halskette. Ein starker Wunsch entsteht, dem die Gedanken folgen, wie ich an diese Halskette gelangen könnte. Um den Gegenstand entstehen eine Reihe von Elementalen, deren letztes Ziel das Erlangen dieses Kolliers ist.
Aber in unserem körperlichen Energiefeld können sich noch andere, fremde 'Energien' abspeichern. Selbst Häuser und Orte sind durchdrungen oder umgeben von 'lebendigen' Energiefeldern (auch Morphogenetische Felder), in denen sich **geistige Wesenheiten** etablieren können. Es sind meist Seelen oder Seelenaspekte Verstorbener, die aus verschiedenen Gründen nach dem physischen Tod an ein spezielles Energiefeld gebunden sind und

sich nicht trennen oder befreien können. Sie sind in der Emotion ihrer traumatischen Erfahrungen, in Schuldgefühlen, Angst, Verpflichtung oder Machtgelüsten verblieben und „leben" weiter im irdischen Bereich, was wir meistens ohne sensitive Ausbildung nicht wahrnehmen können..
Diese Konstrukte von Wünschen und Süchten (im Gegensatz zu konstruktiven Gedanken-Wünschen) sind mächtige Anteile von Emotionen, die im Mentalkörper produziert werden und die sich im Außen Resonanzmuster suchen, an denen sie mit vervielfachter Kraft andocken können. Schaffen wir also "böse" Elementale, die unserem Egoismus und einer destruktiven Persönlichkeit geschuldet sind, dann können diese Schwingungsfelder "äußere" Dämonen anziehen und unseren Ätherkörper schwächen bzw. blockieren.
Die herkömmliche Psychologie kümmert sich nicht um diese Phänomene oder schweigt dazu. Verständlicherweise liegt einerseits durch den im Christentum durchgeführten Exorzismus ein

Tabu auf diesem Thema, andererseits wird in unserer wissenschaftlich-rationalen Welt eine Besetzung oder die Konfrontation mit Elementalen/Emotionen als ein Makel empfunden, oder ist schlechthin für die meisten Menschen unvorstellbar, weil sie nur an das glauben, was sie mit ihrem 'drei-dimensionalen' Blick wahrnehmen können.
Belastungen durch Elementale können die Ursache sein z.B. bei Lebensunlust, Schwächegefühlen, geistiger Irritation, Konzentrationsschwäche, Therapieresistenz, starken Stimmungsschwankungen oder Depressionen.
Joshua Emanuel beschreibt diese Elementale: "Wenn der böse Geist den Menschen verlässt, dann geht er in wasserlose Gegenden, und wenn er zurückkehrt zu seiner Quelle, dann bringt er sieben, sogar noch mächtigere Geister-Elementale als er selbst, mit sich."

Jetzt müssen wir uns noch vor Augen führen, wie sich diese Elementale verhalten.
Es gibt zwei wesentliche Punkte. Zum ersten ergreifen sie Besitz vom Unterbewusstsein unserer Persönlichkeit, zum zweiten projizieren sie sich selbst nach außen, um den gewünschten Effekt zu bewirken, zu dessen Zweck sie erzeugt wurden.
Und wenn wir die Dinge in unserem Leben untersuchen, dann werden wir herausfinden, dass die meisten unserer Begierden sich erfüllt haben, früher oder später. Das wiederum hängt von der Kraft und Energie ab, mit der wir die Elementale laden.
Wenn eine Begierde erfüllt wurde, dann wird dieses Elemental seine Energie abgeben, sich entladen. Doch da es „gierig" ist, sein Leben zu verlängern, erschafft es ständig neue Begierden, sofern wir unter seinem Einfluss stehen, und das zulassen.

Solange wir beispielsweise Gewalt und Kriege politisch als Ausdrucks- und Gestaltungsmittel einsetzen, solange Armeen aufrechtgehalten werden und immense Summen in die Waffenproduktion fließen, und solange die Unterdrückung von Völkern geduldet wird - aus welchen offenen oder versteckten Anlässen dies auch immer passiert – solange werden kollektiv-unbewusst agierende Gewaltelementale weiter genährt werden. Und dieses Unterstützen von globaler, kollektiver Gewalt wird immer auch unsere persönlichen gewaltbezogenen Elementale verstärken. Darüber dürfen wir uns keiner Illusion hingeben.

Ich möchte an dieser Stelle noch einmal eingehen auf das Thema „Schlaf", weil wir uns dort in einem empfänglichen Bewusstseinsstadium befinden, der geradezu ein Bombardement von Elementalen ermöglicht.
Vielleicht haben Sie selbst schon festgestellt, dass viele Dinge, die wir uns bewusst oder unbewusst wünschen, vor oder während des Schlafes wieder in Erinnerung kommen.

Aus diesem Grunde ist es nützlich, jeden Abend vor dem Einschlafen einige Minuten der Selbstanalyse zu widmen. Jedenfalls ist dieser Zeitpunkt passend, um die eigenen Wünsche und Gedanken zu reflektieren, hinein zu fühlen, welche Glaubenssätze oder Handlungen während des Tages „Macht" über mich hatten. Wo keimen Wünsche oder Süchte, die mich umgeben und die anfangen „mein Selbst zu versklaven."
Gäbe es diese Fähigkeit zur selbstbezogenen Reflektion nicht, wäre die Rede von Einsicht, Selbstverständnis, Konfliktbearbeitung und willentlichen Entscheidungen gegenstandslos.
Hinter der „Maske Mensch" können sich dabei höchst unterschiedliche Prozesse abspielen, wobei das Ego eine entscheidende Rolle spielt. Das EGO rechtfertigt, verteidigt und räumt allenfalls ein, gedankenlos gewesen zu sein. Sein Biotop ist Ehrgeiz und die Ich-Bezogenheit, häufig um den Preis der Selbst-Täuschung.
Jahrzehntelang behaupteten die Evolutionsbiologen, dieser Drang nach Schein und Selbstbehauptung läge in unseren Genen. Nur so sei einst das Überleben in Kriegen und Hungersnöten möglich gewesen. Ein Plädoyer also für: Jeder gegen jeden, fressen oder gefressen werden, der Stärkere setzt sich durch. Ist das so?
Jüngere Erkenntnisse aus Hirnforschung und Sozialpsychologie deuten auf das genaue Gegenteil hin: Der Mensch ist demnach von Natur aus kooperativ. „Selbstlos siegt", resümiert Wissenschaftsautor Stefan Klein die aktuelle Forschung.
„Der Netteste überlebt", umschreibt der amerikanische Psychologie-Professor Dacher Keltner die neue Denkrichtung. Im Jahr 2011 hat Keltner an der renommierten Stanford University ein „Zentrum zur Erforschung des Mitgefühls und des Altruismus" gegründet. Den Leitspruch des Instituts lieferte der Dalai Lama: „Wenn du andere glücklich machen willst, habe Mitgefühl. Wenn du selbst glücklich werden willst, habe Mitgefühl."
Auch die Neurobiologie bestätigt das buddhistische Motto: Selbstlose Handlungen sorgen im Gehirn für die Ausschüttung

von Serotonin und Dopamin, den sogenannten Glücksbotenstoffen, wie Naomi Eisenberger von der University of California mit bildgebenden Verfahren nachwies.

Geben ist seliger denn nehmen, das behauptet nicht nur das Neue Testament, sondern bestätigt mittlerweile auch die Sozialforschung. So zeigte unter anderem Stephanie Brown von der University of Michigan, dass Menschen, die andere unterstützen, länger und zufriedener leben als andere.

Auch evolutionsbiologisch ergibt Altruismus offenbar Sinn. In mehreren Studien wurde anhand von Computersimulationen belegt, dass in der frühen Menschheitsgeschichte kooperatives Verhalten das langfristige Überleben der Gruppe sicherte, weil dadurch die Ressourcen optimal verteilt und größtmöglicher Schutz für alle gewährt wurde. Der in Gruppen tief verankerte Gerechtigkeitssinn, ihre Regeln und Normen sorgen vermutlich seitdem dafür, dass sich die meisten Mitglieder ans Teilen halten, dass sie fair und ehrlich sind und für „Trittbrettfahrer" keine Sympathien hegen.

Mittlerweile haben Schweizer Wissenschaftler sogar jenes Areal im Gehirn lokalisiert, in dem unsere egoistischen Impulse kontrolliert werden: der vordere Stirnlappen. Als die Forscher in einem Experiment bei freiwilligen Versuchspersonen diesen Hirnbereich mittels Magnetstimulation kurzfristig außer Gefecht setzten, handelten die Probanden egoistischer. Nach Ansicht der Hirnforscherin Daria Knoch von der Universität Basel könnte diese Beobachtung auch das impulsive und egoistische Verhalten vieler Teenager erklären: Denn bei ihnen arbeitet der vordere Stirnlappen noch nicht mit seinem vollen Funktionsumfang.

Diese kurze Abhandlung über das EGO und die Fragen nach Ursache und Wirkung sollten uns noch einmal vor Augen führen, wo wir möglicherweise selbst Energieraub betreiben und in Anspruch genommene Leistungen nicht ausgleichen, wo wir bei unseren Glaubenssätzen („ich will besser sein als die anderen"),

ethische oder persönliche Grenzen missachten. Dieses ist vor allem für mediale Menschen wichtig, da die Elementale sich massiv in ihrer Aura festsetzen und die intuitiven und heilerischen Begabungen blockieren.
Die Verursachung unbeseelter Energiefelder geht immer von lebenden Personen aus. Die intensivsten Felder entstehen durch Ängste und Zweifel. Dazu gehören an vorderster Stelle Existenz-, Todes- und Verlassenheitsängste.
Der Mensch allein ist nur bedingt in der Lage, beseelte und unbeseelte Energien abzulösen oder zu transformieren. Er kann allerdings Mediator sein zwischen den unterschiedlichen Frequenzebenen und die spirituellen Helfer aus der geistigen Welt bitten, bei der Problemlösung zu helfen. In den christlich orientierten Kulturkreisen werden diese Helfer als Engel bezeichnet.
Allerdings: Negative Felder, die durch Flüche und Verwünschungen entstanden sind, müssen vom Verursacher selbst zurückgenommen werden. Hier ist die Anrufung und Unterstützung duch Engel nicht zweckmäßig.
Wir haben neben unserem Schutzengel viele andere Engel, die uns mit Rat und auch mit Tat zur Seite stehen. Da gibt es einige Engel, die Experten in Geduld Nachsicht sind. Sie sind es dann, die uns mit leichten oder mittelschweren Prüfungen „testen", ob unser EGO immer noch das Sagen hat oder zur Zurückhaltung bereit ist. Andere Engel sind anwesend, um uns Mut zu machen. Wieder andere trösten uns in Situationen, in denen wir uns verloren vorkommen. Doch Engel leben unser Leben nicht für uns. Das ist unsere Aufgabe. Engel sind wie gute Lehrer. Wenn wir es denn wollen, dann können wir in der Stille – in der es leichter ist, Engel zu hören – unsere Engel um Hilfe bitten.
Der Schöpfergeist hat uns neben dem Leben als besonderes Gut unseren "freien Willen" geschenkt. Unsere Engel werden sich also nicht vorlaut einmischen, sondern stehen uns mit Rat und Tat zur Seite, wenn wir uns in Gedanken oder im Gebet auf ihre Hilfe besinnen. Gott, der alle Macht und alle Weisheit besitzt,

gab uns Menschen einen freien Willen, den er innerhalb seiner Grenzen respektiert. Freiwillig bedeutet nicht, dass wir alles Mögliche und Beliebige tun können, ohne dass dies Konsequenzen hätte. Wir sind für unsere Entscheidungen verantwortlich: „…denn was der Mensch sät, das wird er ernten. Wer auf sein Fleisch sät, der wird von dem Fleisch das Verderben ernten; wer aber auf den Geist sät, der wird von dem Geist das ewige Leben ernten" (Gal. 6, 7-8).

In diesem Zusammenhang ist es lehrreich, wie Paulus mit dem Knecht Onesimus, der sich in Rom bekehren ließ, umging. Philemon 8-9: „Darum, obwohl ich in Christus volle Freiheit habe, dir zu gebieten, was sich gebührt, will ich um der Liebe willen doch nur bitten." Und weiter in Vers 14: „Aber ohne deinen Willen wollte ich nichts tun, damit das Gute dir nicht abgenötigt wäre, sondern freiwillig geschehe.

Schutz-Suggestionen

Beim Umgang mit Fremd – und Negativenergien ist stets ein mentaler Aura-Schutz erforderlich. Niemand hat die Macht und das Recht, uns negativ zu manipulieren. Aber es liegt allein an uns, ob wir unsere Aura stark halten und mental (mittels Gedankenkraft) entscheiden, welche Energien wir an uns heranlassen und welche nicht. Nur weil jemand Ängste, Wut oder Neid an mir „auslassen" will, heißt das noch lange nicht, dass ich es zulasse! Manchmal ist der beste Schutz, aufzustehen und wegzugehen. Aber es geht auch mit einfachen Übungen, wie mit dem „Schutzdiamanten":

Legen sie ihre Arme bequem auf den Oberschenkeln ab; die Hände halten sie dabei vor dem Körper. Zeigefinger und Daumen der beiden Hände treffen jeweils ihr Gegenüber der anderen Hand an den Spitzen und bilden einen „Diamanten" (bzw. eine Tropfenform). Die übrigen Finger der rechten Hand sind leicht und natürlich gebogen und ruhen auf den übrigen Fingern der linken Hand. Indem sie ihre Hände auf diese Weise halten, bilden sie einen

Schutzdiamanten vor ihrem Körper, die ihren Energiekreislauf schließen. Diese Übung ist auch insofern praktisch, weil sie subtil ist und keiner merken kann, was sie machen und warum sie es tun. Hilfreich ist dabei, wenn sie zusätzlich folgende Schutzformel denken:

> **Wall Kristall, all überall, schließe mich ein,
> lasse nur Licht und Gottes Liebe hinein.**

Auch eine andere Übung ist eine wertvolle Unterstützung vor Clearings, wichtigen Begegnungen, Konferenzen oder einem Vorstellungsgespräch:
Legen sie die rechte Hand auf den Solarplexus und die linke Hand über die rechte. Sprechen oder denken sie sehr klar und deutlich:

> **Ein Engel beschützt mich, hält über mir Wacht.
> Er ist immer um mich, bei Tag und bei Nacht.
> Ich kann ihn nicht sehen, doch er hört mich immer,
> er passt auf mich auf, was immer ich tu.**

Ablösung von Elementalen/Emotionen:

*Ich rufe dich, unendliche Weisheit und Licht, in Allem, was ist.
Und ich rufe dich, Jesus Christus, mit all deinen Engeln. Ich bitte um Hilfe und Heilung. Aus Unverstand und Unwissenheit habe ich ein Gedankenmuster erschaffen, das immer stärker und grösser geworden ist.
Es quält mich schon lange, vielleicht schon mehrere Leben lang.
Nun bin ich bereit, es aufzulösen und zu befreien. Geliebte göttliche Macht, bitte hilf mir jetzt dabei. Nun rufe ich dich, meine Angst (oder Sucht, Wut, Schmerz, hier bitte die genaue*

*Bezeichnung). Komm' bitte zu mir, denn du bist ein Teil von mir, das habe ich jetzt erkannt.
Es tut mir sehr leid, dass ich ein Wesen mit einer solch leidenden Schwingungsfrequenz erschaffen habe. Als das Kind Gottes, das ich bin, habe ich in Unwissenheit gehandelt. Bitte vergib mir. Jetzt und Hier übernehme ich die Verantwortung gegenüber diesen Gedankenmustern und lasse dich frei. Ich will um deine Heilung bitten, damit du in Licht und Liebe wandeln kannst.
Ich entbinde dich deiner Aufgabe und danke dir.
Lieber Heiland, bitte hülle uns im Hier und Jetzt ein in dein Liebeslicht, damit wir beide als Einheit geheilt sind. Bitte löse die von mir geschaffene Energie auf, in deinem Licht und in deiner Liebe.
(Ein paar Minuten Zeit lassen, um seine Liebe wirken zu lassen.)
Danke, göttliche Allmacht!
Danke dir, göttliche Quelle!*

Ablösung von Verwünschungen und Flüchen:

*Geliebtes Hohes Selbst, geliebtes Inneres Kind, alle Geistführer- bitte helft mir, die folgende Verwünschung/Fluch
bei _____
im wechselseitigen Einvernehmen zurückzugeben.

_____ aus allen möglichen Verstrickungen zu entbinden, damit er unbehaftet und frei ist, um seinen Weg im Göttlichen Schöpfungsplan wieder uneingeschränkt gehen zu können.
Bitte helft mir, die ausgesprochene Verwünschung/Fluch aufzulösen.
Es handelt sich um das Ereignis ……………vergebt ihm, aller Zorn und Ärger sind ab sofort getilgt.*

*Alle Energie-Potentiale und Verbindungsfäden zu diesem
Ereignis werden aufgelöst und an das Universum zurückgegeben.
So geschehe es jetzt.
Ich bitte darum, dass alle energetischen Verdichtungen und
Daten aus der Aura und der individuellen Akasha-Chronik sowie
den Körperzellen von .... aufgelöst werden.*

*Hiermit sind endgültig alle Folgen und alle Einschränkungen der
vorliegenden Verwünschung/Fluch aufgehoben und beseitigt.
.... ist frei, zum höchsten Wohle aller.
Danke-Danke-Danke*

Epilog

"Wen die Götter lieben, den lassen sie jung sterben" - schon die alten Römer wussten, dass ein früher Tod den Ruhm beträchtlich steigern kann. Die Beispiele reichen von James Dean, über Elvis, Freddie Mercury, Whitney Housteon, Kurt Cobain, Michael Jackson, bis hin zur Sängerin Amy Winehouse. Aber sind diese „Götter" nicht unsterblich, auch wenn es sich „nur" um Pop-Idole handelt?
Elvis, der bekannteste Musiker seiner Zeit auf dem Planeten, Idol von Milliarden von Menschen, Idol einer neuen, aufstrebenden Zeit konnte doch nicht einfach tot sein. Das war unmöglich. Und so entstanden schon einige Jahre später bekannte Theorien, in denen es hieß, Elvis wäre gar nicht tot, er habe sich umoperieren lassen oder - noch schlimmer- sei von Aliens abgeholt worden. Mehr als 1000 Menschen behaupten, sie hätten Elvis nach seinem Tod noch einmal gesehen - als Urlauber auf Hawaii, verletzt bei einem Motorrad-unfall, beim Tanken oder im Supermarkt. Oder es geistert im Netz die Fantasie, dass Elvis in Wahrheit gar kein Mensch war, sondern ein Außerirdischer vom Mars. Er lebte einige Zeit auf der Erde, um uns zu studieren. Als er spürte, dass sein Ende näher rückte, reiste er zurück auf seinen Heimatplaneten. Solche kruden Theorien halten sich bis heute hartnäckig.

Wie anders war dies in der Frühzeit der Menschen! Da waren sie noch ganz in der Natur und im Himmel eingebettet. Und es gab keine digitalen Medien, auch keine ‚toten' Dinge, die sie abgelenkt und gestört hätten, waren sie doch von einer derart tiefen Naturverbundenheit und - als Folge davon - einer Feinfühligkeit ausgestattet, die keinen Raum ließ für schräge Verschwörungstheorien um den Tod und das Sterben. "Sie fühlten das Lebendige der Erde und des Himmels, und aus diesem Lebenszustand heraus die Weisheit und das Gesetz - die große Harmonie des Alls",

beschreibt Goethe es in seinen „Wahlverwandschaften". Genauso fühlten und schauten sie das Leben in den Geschöpfen von Stein, Pflanze, Tier, Mensch und Stern und sahen sowohl deren wie ihre eigene Abhängigkeit von den geistigen Kräften des Makrokosmos und des Mikrokosmos und das Wunder der All-Einheit von Körper-Geist und Seele.
Der Begriff "Seele" wird in der Psychologie selten benutzt. Dort heißt es anstelle von seelisch schlichtweg "psychisch", womit allerdings zumeist nicht die spirituelle Seele gemeint ist.
Bewusstsein hingegen ist ein untergeordneter Begriff, nämlich das, was mir bewusst ist. Und da ich aus vielen unbewussten Anteilen bestehe, ist meine Seele damit nicht komplett abgedeckt. Daher ist "Seele" ein übergreifender Begriff.
Neueste Ergebnisse aus der Quantenphysik lassen darauf schließen, dass es eine physikalisch beschreibbare Seele gibt, die im „Jenseits" weiter existiert.
Das Fundament für die revolutionäre These liefert das quantenphysikalische Phänomen der Verschränkung. Bereits Albert Einstein ist auf diesen seltsamen Effekt gestoßen, hat ihn aber als „spukhafte Fernwirkung" später zu den Akten gelegt.
Erst vor kurzem hat der Wiener Quantenphysiker Professor Anton Zeilinger den experimentellen Nachweis dafür geliefert, dass dieser Effekt in der Realität tatsächlich existiert.
Das Verschränkungsprinzip besagt folgendes: Wenn zwei Quantensysteme, beispielsweise Geist und Seele miteinander in Wechselwirkung treten, müssen diese fortan als ein Gesamtsystem betrachtet werden. Diese Verschränkung bleibt auch dann erhalten, wenn der Zeitpunkt der Wechselwirkung weit in der Vergangenheit liegt und die zwei Teilsysteme inzwischen über große Distanzen getrennt sind.
Professor Dr. Hans-Peter Dürr, ehemaliger Leiter des Max-Planck-Instituts für Physik in München, vertritt heute die Auffassung, dass der Dualismus kleinster Teilchen nicht auf die subatomare Welt beschränkt, sondern vielmehr allgegenwärtig

ist. Mit anderen Worten: Der Dualismus zwischen Körper und Seele ist für ihn ebenso real wie der „Welle-Korpuskel-Dualismus" kleinster Teilchen. Seiner Auffassung nach existiert ein universeller Quantencode, in der die lebende und tote Materie eingebunden sind. Dieser Quantencode soll sich über den gesamten Kosmos erstrecken.

Konsequenterweise glaubt Dürr aus rein physikalischen Erwägungen an eine Existenz nach dem Tode. In einem Interview erläuterte er dies wie folgt: „Was wir Diesseits nennen, ist im Grunde die Schlacke, die Materie, also das was greifbar ist. Das Jenseits ist alles Übrige, die umfassende Wirklichkeit, das viel Größere. Das, worin das Diesseits eingebettet ist. Insofern ist auch unser gegenwärtiges Leben bereits vom Jenseits umfangen." Auch andere Naturwissenschaftler wie der Biophysiker Prof. Dr. Markolf Niemz (47) von der Universität Heidelberg melden sich bei diesem Thema zu Wort: „Ich bin überzeugt, dass es eine Seele gibt, die unseren Körper mit dem Tod verlässt – und sie ist unsterblich."

Im englischen Sprachbereich sorgte aktuell der Bericht von Dr. Eben Alexander, der über 25 Jahre als Neurochirurg arbeitete, für Aufsehen. Im November 2008 fiel er aufgrund einer Erkrankung für drei Wochen in ein Koma. Nachdem er daraus wieder erwacht war, bestätigte er die Ergebnisse der bisherigen Forschung über außerkörperliche Zustände. In seinen Interviews beschreibt er immer wieder, dass er sein Dasein im außerkörperlichen Zustand als »viel realer« wahrgenommen habe als die physische Existenz, in der man von Augen, Ohren, Gehirnfunktionen usw. abhängig sei.

Die wissenschaftlichen Pioniere der Sterbeforschung machten unabhängig voneinander unzählige Male dieselbe Beobachtung, nämlich dass Menschen bei Nahtoderfahrungen als Geistwesen den Körper verlassen und hinterher genaue Angaben über das machen können, was geschehen ist, während sie klinisch tot waren. Elisabeth Kübler-Ross betont, dass es zahlreiche Fälle von blinden Menschen gibt, die nach einer Nahtoderfahrung beschrieben, wie der Operationssaal aussieht, welche Farbe der Fußboden hat, usw.

Der Mediziner van Lommel geht hingegen davon aus, dass Bewusstsein nicht von einem Körper abhängt. So sei auch das Internet "nicht im Laptop angesiedelt". Und wenn "wir den Fernseher ausschalten, haben wir keinen Empfang mehr, aber die Übermittlung besteht weiter." Lommel ist der Überzeugung, dass das Bewusstsein bereits vor der Geburt eines Menschen existiert und auch nach seinem Tod fortbesteht.

Für Günter Ewald dagegen, emeritierter Mathematikprofessor und Autor ("Auf den Spuren der Nahtoderfahrungen"), sind Nahtod-Erfahrungen Vorboten für ein neues Verständnis von Geist und Materie: "Etwas Neues liegt in der Luft. Ein neues Verstehen von Mensch und Welt - lange vorbereitet durch die Quantenphysik - scheint nun endlich um sich zu greifen."

Der Arzt, Neurologe und Psychiater Michael Schröter-Kunhardt beschäftigt sich seit vielen Jahren mit Nahtoderfahrungen und den Prozessen des Sterbens. Er vergleicht dabei unser Gehirn mit einem Computer, in dem ein vorinstalliertes Programmen integriert ist. Kommt es zu einer Nahtoderfahrung, wird aus seiner Sicht ein Sterbeerfahrungsprogramm abgerufen, das einen ganz bestimmten Sinn und Zweck verfolgt. Dieser besteht darin, uns simulativ auf ein Leben nach dem Tod vorzubereiten. „Bei den meisten Betroffenen stellen sich zuerst Gefühle wie Glück, Freude und Erhabenheit ein. Danach folgt ein Schwebegefühl, das mit einem außerkörperlichen Erlebnis einhergeht und bei dem die Menschen sich selbst von oben sehen. Unmittelbar darauf folgt das oft zitierte Tunnel-Erlebnis, durch den die Betroffenen hindurch fliegen - dem berühmten Licht am Ende des Tunnels entgegen. Hierbei tauchen sie in hellleuchtende, wunderschöne Landschaften ein, bevor sie dann auf Familienmitglieder oder religiöse Gestalten stoßen, die sie zu begrüßen scheinen. Irgendwann aber treffen diese auf eine Grenze, die ein Fluss oder

ein Berg sein kann. Dann verkehrt sich die Reise praktisch ins Gegenteil - zurück durch den Tunnel bis hin in den eigenen Körper hinein."
So sehr er durch seine Forschungen der Realität der NTE vertraut, begegnet Schröter-Kunhardt unter Wissenschaftskollegen einer zunehmenden Angst und Unsicherheit im Umgang mit solchen Sterbe-Erfahrungen. Das Thema scheint einfach zu heikel. Als er einmal der Heidelberger Ärzteschaft diese Thematik als Fortbildung angeboten hatte, lehnten die psychotherapeutischen Mediziner dies mit dem Hinweis ab, dass das Nahtod-Phänomen letzten Endes „reine Weltanschauung sei".
Aber auch in den Kliniken, in denen er gearbeitet hat, wurde das Thema grundsätzlich ignoriert. Es mangelt sowohl am Geld als auch an wissenschaftlicher Förderung, um dieses Phänomen ernsthaft zu untersuchen:
Sterbeerfahrungen sind immer noch ein Tabu-Thema, obwohl diese einen geradezu sensationellen Erkenntnisgewinn versprechen. Beispielsweise könnte die Neurobiologie die Sterbeerfahrungen nutzen, um neue Bewusstseins-, Geist- oder Gehirnkonzepte zu entwickeln. Noch aber scheint die verkopfte Wissenschaft nicht reif zu sein, um Angst und Ignoranz aufzubrechen.

Schlimm wird es dann, wenn "der allgemeine Konsens, der wissenschaftlich reproduzierbar sein muss", zur Wahrheit verklärt wird, die Andersdenkenden aber als "Verschwörungstheoretiker" verlacht und diffamiert werden. Um diesen Teufelskreis zu durchbrechen, ist es wichtig, sich nicht nur mit der Thematik zu beschäftigen, sondern aufkommende Fragen auch zu äußern, Gedanken mitzuteilen und seine Ängste zu überwinden. Herz und Verstand gleichermaßen zu achten. Oder wie Woody Allen es einmal formulierte: „Das Schwierigste am Leben ist es, Herz und Kopf dazu zu bringen, zusammenzuarbeiten."
Und, bezogen auf Fremdenergien und entkörperte Seelen, die immer noch am Irdischen festhalten, geht es nicht darum, etwas

„Dunkles" zu bekämpfen, sondern zu lernen, seine eigene Identität zu leben. Selbst-Bewusstsein zu entwickeln, dass wir stärker sind als einengende, angstbesetzte Energiefelder. Dass wir nicht zulassen, unsere individuelle körperliche Existenz mit Geistwesen zu teilen, nur weil sie den Tod nicht akzeptieren.
Dabei gilt es, Ja zu unserem Schatten zu sagen. Dieser Schatten (Lebensinhalte, die wir bekämpfen oder verdrängen) will uns zeigen, wo wir etwas blockieren, statt es zu akzeptieren und in das Leben zu integrieren.
Die Unterdrückung der Schattenanteile erfordert eine ungeheure Menge an Energie und Aufmerksamkeit, die in ihrer erlösten Form für unser Leben durchaus sinnvoll und nützlich sind.
Unbewusst verschwenden wir unheimlich viel Zeit und Energie darauf, unsere Schatten im Verborgenen zu halten, dass uns am Ende keine Zeit und Kraft mehr bleibt, um das Leben zu führen, das wir uns tief im Herzen wünschen.
Erst durch die Integration der Schattenaspekte, werden wir wieder „ganz", also wirklich heil und gesund. Wir können die Einheit in uns erfahren – und sie dann auch außerhalb von uns erleben.

Über den Autor:

Rüdiger Syring ist Dipl.-Psychologe, Baubiologe und Journalist. Über dreißig Jahre war er engagierter Sportreporter, Radio-Moderator und Chef v. Dienst beim Norddeutschen Rundfunk in Hamburg. Nach seiner Pensionierung widmete er sich dem ganzheitlichen Ansatz der Bioenergetik, Geomantie und den radionischen Heiltherapien. Zu seinen Seminarangeboten zählen neben der integralen Radiästhesie und Baubiologie vor allem Themenbereiche wie Clearing, Quantenheilung und die Neue Homöopathie nach Erich Körbler.
Rüdiger Syring wendet sich gegen den heutigen Zeitgeist und gegen das Gros der Politiker, Verlage und Journalisten, bei denen Verschweigen, Vertuschen und Verharmlosen Methode hat. In seinen Seminaren, Schriften und Büchern versucht er mit kritischen Beiträgen das Schweigen und die Ignoranz zu durchbrechen.
Als Idee, über die Grenzen von Zeit und Raum hinauszugehen, ist dieses neue Buch über den Tod und das Sterben entstanden.

Literaturverzeichnis

Rupert Sheldrake: Das schöpferische Universum; Die Theorie des Morphogenetischen Feldes/2008; Nymphenburger Verlag

Fritz-Albert Popp: Biophotonen-Neue Horizonte in der Medizin/2006; Karl F. Haug

A. Faller/M. Schünke: Der Körper des Menschen-Bau und Funktion/2012; Thieme Verlag

Charles Leadbetter: Die Astralwelt – Das Leben im Jenseits/ 2008; Aquamarin
William Walker Atkinson: Die Astralwelt-Reise durch die feinstofflichen Welten/2013; Aurinia

H.K. Challoner: Das Rad der Wiedergeburt/1989; Hirthammer

H. Niemz: Die geheime Physik des Zufalls. Quantenphänomene und Schicksal/2010

Ria Powers: Heimkehren ins Licht/1987; Falk Verlag

Allan Kardec: Geister und Medien/2004; Schirner Verlag

Doreen Virtue: Himmlische Führung; Kommunikation mit der geistigen Welt/2013; Koha

Sabrina Fox: Was die Seele sieht. Wege zum Inneren Frieden/ 2012; AMRA-Verlag

Arie Boogert: Wir und unsere Toten/2010; Urachhaus

Ursula Hansen: Den Tod erleben lernen/2014; Urachhaus

Carl Wickland: Dreissig Jahre unter den Toten/2000; Reichl- Verlag

Beate Imhof: Wie auf Erden so im Himmel/2012; Aquamarin

Edith Fiore: Besessenheit und Heilung/1997; Silberschnur

Arthur Ford: Es gibt ein Leben nach dem Tod/2005; Knaur TB

Raymond Moody: Leben nach dem Tod/2001; rororo

Sandra Ingmann: Wie wir uns von negativen Energien befreien/2009

Ernst Senkowski: Instrumentelle Transkommunikation. Dialog mit dem Unbekannten/2000; Fischer, R.G.

Maria Lautenschläger: Niemals geht man für immer/2014; Kindl-Edition

Bernhard Jacoby: Gesetze des Jenseits/2012; MensSana Knaur

Uwe Wolff: Das bricht dem Bischof das Kreuz/1999; Rowolt

Monica Scala: Der Exorzismus in der Katholischen Kirche/2012; Pustet

Alexandra Teuffenbach: Der Exorzismus. Befreiung vom Bösen/2007; Sankt Ulrich Verlag

Juliane Molitor: Übersinnliches + Okkultismus. Ein Blick in die Ewigkeit/2010

Varda Hasselmann: Welten der Seele-Transbotschaften/1993; Goldmann

Günther Heede: Heilung im Licht der Quantenphysik/2012; MatrixInform:Irsiana

Arthur Findlay: Gespräche mit Toten/1960; H. Bauer

Dietrich Klinghardt: Lehrbuch der Psycho-Kinesiologie/2004; Institut für Neurobiologie

Karl Frick: Licht + Finsternis/2005; Marix

Gertrud Hürlimann: Rute + Pendel/2005; Oesch Verlag

Michael J. Losier/Juliane Molitor: Das Gesetz der Anziehung – Meister werden in der Kunst des Lebens/2010; Heyne Verlag